高等职业教育法律类专业新形态系列教材

监狱执法管理

（工作手册）

主　编◎张　丽

撰稿人◎（依编写内容先后为序）

张　丽　陈媛媛　王桔成

马瑞娟　余安琦　王东轮

马　晔　朱福正　夏立新

中国政法大学出版社

2024·北京

图书在版编目（CIP）数据

监狱执法管理 / 张丽主编. -- 北京 ： 中国政法大
学出版社，2024. 7. -- ISBN 978-7-5764-1630-5

Ⅰ. D926.7

中国国家版本馆 CIP 数据核字第 2024B4W493 号

出 版 者	中国政法大学出版社
地　　址	北京市海淀区西土城路 25 号
邮　　箱	fadapress@163.com
网　　址	http://www.cuplpress.com (网络实名：中国政法大学出版社)
电　　话	010-58908435(第一编辑部) 58908334(邮购部)
承　　印	保定市中画美凯印刷有限公司
开　　本	787mm×1092mm　1/16
印　　张	13.5
字　　数	295 千字
版　　次	2024 年 7 月第 1 版
印　　次	2024 年 7 月第 1 次印刷
印　　数	1~4000 册
定　　价	46.00 元

前　言

　　《监狱执法管理》是高等职业教育司法警官院校刑事执行专业的专业核心课程。本教材是依据《国家职业教育改革实施方案》要求，结合高职院校学生的特点开发的活页式、工作手册式新形态教材。其特点是在习近平总法治思想指导下，全面落实"依法治监"要求，贯彻习近平总书记对政法队伍建设的指示精神，对接监狱行业标准，树立以学习者为中心的教学理念，落实以实训为导向的教学改革要求，培养监狱行业能够从事监狱刑罚执行工作的高素质技术技能警务人才。

　　本教材内容依据对监狱行业岗位需求与职业能力分析进行模块化处理，根据行业真实项目的工作流程，进行"模块—项目—工作任务"式教学处理。通过选取行业典型工作任务，由易到难递进式地培养学生的专业技能，让学生的技能提升与行业需求相适应，从而有效达成了教学目标。

　　本教材由主编张丽负责教材策划、大纲拟定和全书统稿。编写人员具体分工如下（按照编写内容的先后为序）：

　　张丽（浙江警官职业学院）：模块一；模块二项目一

　　陈媛媛（浙江警官职业学院）：模块二项目二

　　王桔成（浙江省第四监狱）：模块二项目三

　　马瑞娟（湖南司法警官职业学院）：模块二项目四工作任务一

　　余安琦（浙江警官职业学院）：模块二项目四工作任务二；模块四项目一、二

　　王东轮（浙江警官职业学院）：模块三

　　马晔（海南政法职业学院）：模块四项目三、四

　　朱福正（浙江省第四监狱）：模块五项目一、二、三、四

　　夏立新（浙江警官职业学院）：模块五项目五

　　本书由浙江警官职业学院组织编写，特邀深耕行业多年的专家和同类院校的教师参与了编写工作，在此致以衷心感谢。在编写过程中参阅和借鉴了相关教材、学术著作和网络资源，在此向原作者一并表示谢意。

由于编写者水平和经验有限，难免有错误和疏漏之处，敬请读者批评指正。

编　者

2024 年 3 月

目　录

模块一 │ 监狱执法管理概述

　　党的二十大报告指出："全面依法治国是国家治理的一场深刻革命，关系党执政兴国，关系人民幸福安康，关系党和国家长治久安。"全面推进依法治国，是促进社会公平正义、维护社会和谐稳定、确保党和国家长治久安的根本要求。监狱作为国家的刑罚执行机关，担当着惩罚改造罪犯、预防和减少犯罪，维护国家政治安全和社会安全稳定的重要职责和使命，可谓是依法治国的实践之所、法制文明的浓缩之地。刑罚执行，处于刑事司法的"末端"，依法对罪犯正确执行刑罚，是维护社会公平正义的最后一道防线。刑罚执行、矫正罪犯，都离不开监狱民警的执法工作，执法工作是贯穿监狱全部工作的总纲。因此规范监狱执法行为，提高监狱执法管理水平，是监狱执法工作的必然选择和重大使命。

项目一　监狱执法管理的概念和内容

一、工作任务导入

1. 对监狱、监狱人民警察、罪犯有什么认识？

2. 如何理解监狱执法管理的概念？

3. 监狱执法管理的内容包括哪些？

二、知识准备

（一）监狱执法管理的概念

监狱执法管理是我国监狱机关，根据人民法院的生效判决所确定的刑罚内容，用特定的手段和方式，依法对在监狱服刑罪犯实施有效惩罚与改造的刑事司法活动。

监狱执法管理的概念可以从以下几个方面理解。

1. 监狱执法管理的主体特定。监狱执法管理的主体是我国依法设立的监狱机关。《中华人民共和国监狱法》（以下简称《监狱法》）第 2 条第 1 款规定："监狱是国家的刑罚执行机关"，监狱执法管理的实施离不开专门的管理人员。《监狱法》第 5 条规定："监狱的人民警察依法管理监狱、执行刑罚、对罪犯进行教育改造等活动，受法律保护。"《监狱法》第 12 条第 2 款规定："监狱的管理人员是人民警察。"由此可见，监狱执法管理的主体是监狱人民警察。监狱执法主体的特定性是指监狱执法权专属于监狱人民警察，除此之外，任何人不得行使。

2. 监狱执法管理的对象特定。监狱执法管理的对象是在监狱内服刑的罪犯。《监狱法》第 2 条第 2 款规定："依照刑法和刑事诉讼法的规定，被判处死刑缓期二年执行、无期徒刑、有期徒刑的罪犯，在监狱内执行刑罚。"《监狱法》第 15 条第 2 款规定："罪犯在被交付执行刑罚前，剩余刑期在三个月以下的，由看守所代为执行。"这就明确了监狱执法管理的对象是被判处死刑缓期二年执行、无期徒刑、有期徒刑，并且在监狱内服刑的罪犯。监狱执法的相对人是特定的，仅对特定的罪犯执行刑罚。

3. 监狱执法管理的内容特定。监狱是国家的刑罚执行机关。监狱执法的内容是特定的，就是执行刑罚，惩罚与改造罪犯，进而预防和减少犯罪。监狱执法工作，从纵向来说，涉及罪犯从收押到释放的全过程、全领域的各种执法活动；从横向来看，监狱执法涉及监狱对罪犯的刑罚执行、狱政管理、劳动改造、教育改造、心理矫治、行为矫正、狱内侦查、生活卫生、奖惩考核等方方面面。

4. 监狱执法管理的根本目标是惩罚与改造。惩罚与改造是我国监狱工作的根本目标，当然也是监狱执法的根本目标。所谓惩罚，是指监狱通过各种有效的行刑手段和方式达到对罪犯自由剥夺和限制、惩罚和制裁、规训和教化等目的，从而实现行刑公平正义的刑事司法活动的总称。所谓改造，是指监狱通过各种有效的行刑手段和方式达到对罪犯思想转化、心灵净化、素质提升、能力培养、社会回归等改造目的，从而将罪犯由犯罪人转化为守法公民的刑事司法活动的总称。监狱执法通过对罪犯实施监禁，使罪犯与社会处于相对隔离状态，阻断了罪犯在社会上再犯罪的可能性，同时实现了一般预防和特殊预防。在服刑过程中，监狱执法通过一系列强有力的手段和方式惩治邪恶，达到让罪犯改恶从善、灵魂重塑、弃旧图新、重做新人的目的，最终实现监狱执法服务于惩罚与改造这一根本目标。

5. 监狱执法是采取特定的手段和方式开展的执法活动。由于监狱执法的对象为罪犯，且监狱执法的性质为剥夺自由的监禁刑，因而在监狱执法的手段和方式上具有明显的特定性、惩罚性和强制性。为了实现监狱执法的根本目标，监狱执法往往采取一系列具有惩罚性和强制性的特定手段开展活动，如以解决罪犯服刑中的刑罚事务的减刑、假释、暂予监外执行等为主要内容的刑罚执行手段；以对罪犯开展日常考核奖惩、处遇管理、通信和接见管理、警戒具和武器使用等为主要内容的狱政管理手段；以对罪犯服刑期间狱内再犯罪进行预测、预警、侦办、处理等为主要内容的狱内侦查手段；以对罪犯有效开展思想教育、文化教育、技术教育为主要内容的教育改造手段；以对罪犯服刑中科学合理组织生产劳动为主要内容的劳动改造手段；以满足和保障罪犯基本生活卫生需求，提高罪犯生活卫生水平为主要内容的生活卫生手段；以对罪犯科学开展日常考核、奖励、处罚等为主要内容的奖惩考核等手段。这些手段的有效实施和科学运作，不仅丰富了监狱执法的特定内容，而且为监狱执法的目标实现提供了有力保障。

（二）监狱执法管理的基本内容

监狱执法是一个庞大的有机体系，是监狱各种要素、各种手段、各个领域、各个环节相互联系、相互制约、相互渗透综合作用的系统工程。作为执法活动的主体——监狱机关，针对罪犯的执法活动从罪犯收监开始到罪犯服刑期满出监的整个环节，都与审判机关、公安机关、社区矫正机构、街道社区等存在工作衔接，更是和罪犯的社会支持系统存在着关联和交集。从实践来看，监狱执法活动不仅仅涉及人民警察对罪犯管理教育相关的各项事务制度和流程的完善，也包含对监狱整体布局、监狱执法环境等事务的管理，还包含监狱人民警察的执法意识的提升等。具体来讲，监狱执法管理的基本内容包括以下几个方面：

1. 刑罚执行。监狱刑罚执行是监狱机关依法执行审判机关在裁判中确定的刑罚，将人民法院已经发生法律效力的刑事判决和裁定付诸实施的活动。依据《监狱法》规定，刑罚执行管理制度包括收监制度、罪犯申诉、控告、检举处理制度、暂予监外执行制度、减刑制度、假释制度、刑满释放制度、刑释人员安置和救济制度等。

2. 狱政管理。狱政管理是指监狱对罪犯刑罚执行中所开展的所有行政事务性的执法管理活动。狱政管理制度主要包括：罪犯分类管理制度、罪犯通信会见制度、罪犯考核奖惩制度、罪犯生活卫生制度、警戒具和武器的使用制度等。

3. 教育改造和劳动改造。教育改造是指监狱运用教育这一手段对罪犯进行教育、培养、感化和挽救，从而使其早日成为守法公民的系统管理活动。教育改造也是监狱执法的重要内容之一，从罪犯入监教育中的认罪服法教育、撰写认罪悔过书、文化水平测试、劳动态度教育、人生观道德观教育到整个服刑中的日常教育、个别教育、集体讲评教育、系统的"三课"教育、亲情帮教、回归教育、出监教育、技能养成教育、就业创业教育等都属于教育改造的范畴。

劳动改造是指监狱运用劳动这一手段达到对罪犯进行惩戒、改造和造就目标的系统管理活动。劳动改造是监狱执法的重要内容之一，罪犯入监后劳动能力的评估测量、劳动岗位和劳动定额分配、岗前培训、出收工管理、现场管理、质量管理、安全管理、劳动奖惩和报酬发放等均属于劳动改造范围，也需要认真做好并严格执行的。

监狱执法管理的概念和内容

三、工作任务实施

（一）工作情境描述

下面表格是罪犯休息日不同时间段，民警工作内容和要完成任务清单的表格。查阅后，谈谈对监狱执法管理工作有何认识？

时间	工作内容	任务清单
7：00-7：30	起床管理	组织整理内务； 人数清点； 洗漱管理； 现场巡查和视频督查。
7：30-8：00 11：30-12：00 17：30-18：00	就餐管理	组织就餐； 组织打扫、整理、衣物晾晒； 服药管理； 现场巡查和视频督查。
8：00-11：30 13：30-16：15 18：00-20：30	活动管理	人数清点； 信件管理； 会见、电话管理； 谈话教育； 现场巡查和视频督查； 组织文娱活动。
12：00-13：30	午休管理	组织午休； 人数清点； 洗漱管理； 现场巡查和视频督查。
20：30-21：00	就寝管理	人数清点； 就寝检查； 犯情交接； 收尾整理。

（二）工作任务目标

1. 掌握监狱执法管理的概念，深刻理解其内涵。

2. 了解监狱执法管理的基本内容，深刻理解监狱人民警察在执法管理工作中的职权。

3. 熟悉《分监区民警一日工作流程规范》的主要内容。

（三）工作流程与活动

活动 1：任务确立（课前自学）。

活动 2：查阅学习《分监区民警一日工作流程规范》。

活动 3：讨论并回答问题：——①回答任务导入问题。②讨论工作情境描述的问题。③讨论并回答：要做一名合格的监狱人民警察应该具备哪些知识和能力？

活动 4：评价与总结。

项目二　监狱执法管理的依据和原则

一、工作任务导入

1. 监狱执法管理的依据有哪些？

2. 如何理解监狱执法管理原则的含义和要求？

二、知识准备

（一）监狱执法管理的依据

1. 法律依据。监狱执法管理必须有相关的法律依据，接受法律的规范，这是执法的前提。法律依据分为四个层次：一是全国人民代表大会制定的《中华人民共和国宪法》（以下简称《宪法》）、《中华人民共和国刑法》（以下简称《刑法》）和《中华人民共和国刑事诉讼法》（以下简称《刑事诉讼法》）等基本法律。二是全国人民代表大会常务委员会制定的《监狱法》《中华人民共和国人民警察法》（以下简称《人民警察法》）和《中华人民共和国国家赔偿法》（以下简称《国家赔偿法》）等其他法律。三是国务院制定的相关行政法规。四是司法部制定的相关行政规章。

（1）宪法和基本法律。宪法是实施监狱执法管理的根本性的法律依据，《宪法》第5条第1款规定，中华人民共和国实行依法治国，建设社会主义法治国家；第28条明确规定，国家惩办和改造犯罪分子；第33条第3款规定，国家尊重和保障人权。宪法的这些条款对监狱执法管理起到直接的指导作用。《刑法》和《刑事诉讼法》是刑事法律中的基本法律，为监狱执法提供了基本法律依据。

（2）其他法律。这里指全国人大常委会针对某一特殊领域制定的法律。《监狱法》第四章对狱政管理作了专门规定，是狱政管理最直接的法律依据。《人民警察法》《国家赔偿法》对人民警察的义务和纪律，以及执法活动中违法行为的赔偿责任等作了明确规定。

（3）相关行政法规。这是由国务院制定的与监狱行刑有关的行政法规，有《中华人民共和国人民警察使用警械和武器条例》（以下简称《人民警察使用警械和武器条例》）等。

（4）相关行政规章。主要指司法部制定的有关监狱工作的部门规章，主要有《监狱

7

服刑人员行为规范》《未成年犯管教所管理规定》《监狱教育改造工作规定》《监狱提请减刑假释工作程序规定》《罪犯离监探亲和特许离监规定》《外国籍罪犯会见通讯规定》等一系列行政规章及部门规范性文件。

除此之外，国家立法和司法机关相关的立法和司法解释及规定，也是监狱执法管理的依据。

2. 政策依据。作为国家的刑事执法活动，监狱执法管理活动自始至终接受国家刑事政策的指导和调整。其中，产生重大影响的刑事政策有宽严相济的刑事政策、给出路的刑事政策、区别对待的刑事政策、人道主义的刑事政策等。

（1）宽严相济的刑事政策。宽严相济是我国的基本刑事政策，贯穿于刑事立法、刑事司法和刑事执法的全过程，是惩办与宽大相结合政策的继承、发展和完善，是惩罚犯罪、预防犯罪、保护人民、保障人权、正确实施国家法律的指南。在监狱执法管理过程中贯彻宽严相济刑事政策，根据罪犯的具体情况，做到该宽则宽、当严则严；严中有宽、宽以济严；宽中有严、严以济宽。

（2）给出路的刑事政策。给出路是我国一直坚持的重要刑事政策。罪犯在监狱封闭空间服刑，备尝失去人身自由的痛苦，极易产生悲观失望甚至绝望的心态。如何帮助罪犯消除消极心态，激励其积极改过自新，给出路的政策是有效方法。先施痛苦，后给出路，让罪犯在痛苦之中看到希望，让罪犯在希望之中服刑改造。减刑、假释等引导和措施，便是给出路刑事政策的诠释。给出路的刑事政策，还表现在处理罪犯服刑期间的违规违法问题时，既要使罪犯承担相应责任，又要为其指明遵纪守法的道路，防止罪犯走上绝路。

（3）区别对待的刑事政策。区别对待是我国长期奉行的刑事政策。根据区别对待的刑事政策和监狱管理改革实际情况，监狱对罪犯实行分类管理。《监狱法》第39条第2款规定，监狱根据罪犯的犯罪类型、刑罚种类、刑期、改造表现等情况，对罪犯实行分别关押，采取不同方式管理。在此基础上，我国监狱还在探索实现刑罚执行个别化。

（4）人道主义的刑事政策。人道主义是我国长期坚持的刑事政策。根据关怀人、爱护人、尊重人的人道主义精神，监狱执法中对罪犯的基本权利加以全面保障，对罪犯在监禁处境中的待遇进行保障，并执行特许离监、暂予监外执行等人道主义措施。

3. 理论依据。监狱执法不是盲目的实践，而是在科学理论指导下有目的的实践活动。其理论依据主要体现在以下几个方面。

（1）监狱执法管理的指导思想。在中国特色社会主义新时代，监狱工作必须以习近平法治思想为指导。在坚持和落实习近平法治思想中，监狱执法应当做到依法管理，定分止争，良法善治。

（2）现代刑罚学研究成果。现代刑罚学原理是监狱执法管理的理论基础。监狱是我国的刑罚执行机关，执行刑罚是监狱的整体性功能，社会主义刑罚学的研究成果为监狱正确履行国家赋予的刑罚执行职能提供了精神食粮。

（3）现代管理学研究成果。当今，日新月异的现代管理科学飞速发展，有关管理的知识系统有了前所未有的充实、丰富和提高。以对罪犯管理为核心内容和基本对象的监狱执法管理，正在大量引进现代管理科学成果，并且以此为依据，不断充实、发展和提高。

（4）其他相关学科的研究成果。监狱执法管理是一个十分复杂的活动和过程。要更好地完成这个活动和过程，单靠某一种学科是很难取得效果的，因此必须大量引进相关学科的知识、原理和成果，作为自己的综合科学依据。我国的监狱执法管理涉及很多学科，如社会学、心理学、组织科学、行为科学、医学等。这些学科的研究成果都为监狱执法管理提供了重要的科学依据和理论依据。

4. 监狱执法的实践依据。

（1）中华人民共和国成立后监狱发展积累的实践经验。中华人民共和国成立后监狱工作是在老一辈无产阶级革命家的直接领导下创建并发展起来的。监狱在对罪犯剥夺人身自由的过程中，组织其从事劳动，使其监禁生活在劳动中度过，在劳动中完成自我改造。在此基础上，对罪犯的改造措施不断增加，劳动改造、教育改造、心理矫治和监管改造相互补充，相互协作，走出了一条改造罪犯的中国道路。例如，中华人民共和国成立初期，监狱就开始了"分关分押"，后经"分管分押""分押分管"的调整，到现在实际上已经形成了"分类分级分阶段"的管理模式，这一模式就是监管改造流程的核心要义。

我国监狱目前已建立起较为健全的制度体系，这些制度都是在长期的监管实务中逐步创制起来的，都是实践积累、提炼、鉴别的成果。对这些制度，要不断完善、笃行、珍视、呵护。

（2）我国监狱执法手段和模式在新时代的创新性发展。党的十八大以来，中国特色社会主义步入新时代，我国监狱工作也迎来快速发展时期，监狱执法手段和模式在新时代得到创新性发展。2021年司法部印发的《监狱计分考核罪犯工作规定》，将新时代我国监狱各种行之有效的执法手段和模式得以充分体现，这无疑是对我国监狱执法手段的充分肯定和大力传承。近些年来，我国广大监狱工作者开拓进取，勇于创新，在新的执法手段和模式上有所突破，如心理危机干预、内视观想、危险性评估、疫情管控、智慧矫正、数字化监狱等方面都取得了长足发展和重大成果。

（3）外国监狱管理制度和有益做法。改造罪犯的中国道路，绝不是一条闭关锁国的道路。我国监狱管理制度的不断发展和完善，一定程度上是因为我们打开了视野，遍观世界各国的监狱制度，从当代中国的国情出发，以人之长补己之短的结果。在吸收和借鉴外国监狱制度管理经验时，对其存在的问题和弊端要注意防范和避免；对其有益的做法，要注意结合我国监狱的实际情况予以借鉴和学习；要学蜜蜂采蜜而不要学蚂蚁搬家，要取其精华，不要照搬照抄。

（二）监狱执法管理的原则

1. 依法管理原则。

（1）依法管理原则的含义。依法管理原则是指在监狱执法管理工作中严格按照法律规定和规章对罪犯实施管理活动的基本准则。

依法管理是依法治国方略在监狱执法管理中的具体体现，对于规范民警权利、减少人治现象、保障罪犯的合法权益、规范管理具有重要的现实意义。同时，《监狱法》第5条规定："监狱的人民警察依法管理监狱、执行刑罚、对罪犯进行教育改造等活动，受法律保护。"

（2）依法管理原则的要求。

第一，提高法律知识水平，增强执法意识。我国现已初步形成了以监狱法为中心，以宪法、刑法、刑诉法等法律为支撑，以其他与监狱相关的法律、法规、规章为配套的，较为完备的刑事执行法律体系，为监狱工作提供了充分的法律依据和坚实的法律基础。因此，监狱必须依照法律实施管理，切实维护法律的权威和尊严。监狱人民警察要通晓监狱法和其他的有关法律，明确法定职权和义务，在切实保障罪犯的权利的同时，监督罪犯履行法定义务。同时，监狱人民警察要有正确的执法意识，严格按照法律规定办事，坚持廉洁自律，自觉规范自己的管理行为，切实保障各项管理活动的有效实施。

第二，依法实施监管，做到有法必依，执法必严，违法必究。在监狱执法管理的各个环节，从工作内容到工作程序，必须严格依法行事，做到规范而有序，防止出现主观臆断、任意行事的混乱现象。对于监狱人民警察管理过程中的违反法律的行为，应按照违法必究的规定严肃处理；对于属于国家刑事赔偿范围的职务违法行为，要按照国家规定进行刑事赔偿；对于服刑罪犯的违纪违法及犯罪行为，依法给予行政处罚或者追究刑事责任。

第三，依法保障罪犯的合法权益。《监狱法》第7条第1款对罪犯权益保障作出了明确规定，罪犯的人格不受侮辱，其人身安全、合法财产和辩护、申诉、控告、检举以及其他未被依法剥夺或者限制的权利不受侵犯。监狱在切实保障罪犯的合法权益的同时，要强制督导罪犯履行法律所规定的义务，包括遵守国家的法律法规和监狱统一制定的监规纪律；服从监管工作人员的管理教育；积极参加生产劳动；接受思想、文化、技术教育；爱护国家财产，保护公共设施；讲究文明礼貌，遵守社会公德；检举狱内犯罪活动；增强组织纪律性，参加集体活动；联系犯罪实际，接受改造等。

2. 严格管理原则。

（1）严格管理原则的含义。严格管理原则是指监狱依据国家的有关法律法规，通过建立健全严格的监管规章制度，制定标准，管理流程，并严格贯彻执行的基本准则。

（2）严格管理原则的要求。

第一，依法制定严格的规章制度。按照法律法规制定严格的规章制度是实施严格管理的基础。为此，司法部先后制定了《监管改造环境规范》《监狱服刑人员行为规范》《监狱计分考核罪犯工作规定》等规范制度，严格监管改造环境和罪犯的服刑改造行为，并通过考核奖惩，对罪犯违规违纪行为严惩不贷。

第二，依法严格执行管理制度。严格执行管理制度，落实到监管改造的每一个环节之中，必须做到两个方面：一是加强执行力，确保严格管理不打折；二是制度面前人人平等。只有这样才可能实现严格管理的效力，令罪犯心悦诚服，使严格管理顺利实施。

第三，努力做到严而有据、严而有理、严而有度、严而有方。严而有据，即必须有法律、法规的明文规定；严而有理，即在工作中要做到摆事实、讲道理，以理服人；严而有度，即严格但必须有节制，严而不苛，要以罪犯能够接受并对监管改造有利为前提；严而有方，即严格要讲究方法和技巧，使得罪犯能够理解并接受，而不是盛气凌人，简单粗暴。

第四，需要做到宽严相济。宽严需要相济，该宽时则宽，该严时则严，不能一刀切。这有两个方面：一是对不同的罪犯依法采用不同的策略。二是在不同事务的管理上宽严有别。对故意违纪的行为可适当严格处置，而对离监探亲、看病就医、通话时间等可放宽要求。

3. 科学管理原则。

（1）科学管理原则的含义。科学管理原则是指在监狱执法管理工作中，以科学理论为指导，按照惩罚和改造罪犯的客观规律，采用先进的管理方式方法和现代技术装备来管理罪犯的基本准则。

科学管理的要旨是以科学和理性代替经验主义，以先进代替落后，实事求是，并不断探索、创新更加有效、更加完善的管理体系，提高监管改造罪犯的质效。

（2）科学管理原则的要求。

第一，采用先进的理论和技术，进行科学管理。监狱民警需要更新落后的观念，不断学习先进的科学理论技术，特别是管理学、法学、教育学、社会学、心理学等相关学科的重要成果，用理论武装自己，掌握先进的管理方法和技术，用以指导实践。

在管理中要注意科学管理方式和方法的运用。加强管教结合，做到"寓教于管，管中有教，管教结合"，还应加强与罪犯的沟通，采用良好的领导方式和激励方式，使管理更有成效。

信息化、技术化、智能化是监狱执法管理发展的一种趋势。随着科学技术的快速发展，监狱在管理中要不断地引进先进的监控技术、防范技术、网络技术，积极探索"智能监管"的途径和方式。同时，监狱也应有计划地更新现有装备，积极采用现代科学装备，提高管理技术和设施装备的现代化程度。监狱民警也必须根据监狱的实际需要，学习并能运用相关的现代技术和现代装备。

第二，解放思想，坚持实事求是。贯彻科学管理原则，必须努力探索改造罪犯的客观规律并按照规律办事，这就需要解放思想，实事求是。思想僵化、墨守陈规就不能探索新时期改造罪犯的规律，不能适应时刻变化着的监管改造工作的实际需要。因此，要自觉把思想认识从那些不合时宜的观念、做法和体制的束缚中解放出来，发扬优良传统，坚持实事求是，一切从实际出发，在实践中不断创造新的经验。这是实施科学管理的思想基础和保障。

第三，兼收并蓄、开拓创新。贯彻科学管理的原则，必须视野开阔，借鉴世界各国监狱管理罪犯的先进经验，吸收、消化其他管理领域的成果，形成科学的管理机制。在新的形势下，监狱执法管理工作面临许多新情况、新问题，押犯构成、监管安全和狱内秩序等因素都存在一定的变数。这就要求管理者审时度势，稳中求变，因地制宜，不断推动现场管理的科学化、现代化建设。在管理中，只有开拓创新，才能有所突破、有所发展，才能适应管理工作不断发展的需要。只有与时俱进，体现时代性，把握规律性，富于创造性，管理工作才能跟上时代发展的步伐。

4. 文明管理原则。

（1）文明管理原则的含义。文明管理原则是指在监狱执法管理工作中，采用文明的管理方式和措施，建立文明的管理环境，依法给予罪犯人道主义待遇的基本准则。

（2）文明管理的要求。

第一，树立文明管理意识，提高监狱人民警察的文明修养。监狱人民警察应不断提高文明管理意识，树立人本管理的理念，同时加强监狱人民警察的职业道德建设，不断提高监狱人民警察的法律修养和文明修养。这是实现文明管理的一个重要前提。没有一个个自身修养程度较高的人民警察，就不可能组成一支文明化程度较高的人民警察队伍，没有一支文明化程度较高的人民警察队伍，就不可能实现文明管理。

第二，坚持依法实施文明的管理态度、方式、方法和手段。文明管理，首先意味着依法管理，离开法律的轨道，文明管理也就无从谈起。我国的现行法律凝聚着社会文明进步的成果，是建设社会主义政治文明的组成部分，依法办事本质上就是社会文明进步的重要标志。

文明管理，必须摒弃粗鲁的管理态度、方式、方法和手段，尊重罪犯的人格尊严，以人为本，建立和谐的警犯关系，而不是紧张、对立、甚至敌对的关系。应采用文明的管理方法和手段，做到以理服人，以情动人，以德育人，从言行上严格要求自己。

第三，为罪犯提供人道主义待遇。为罪犯提供人道主义待遇是文明管理的核心内容，直接关系到罪犯的合法权益，也关系着罪犯的改造。因此，监狱必须切实保障法律所规定的罪犯基本的生活、文化、教育、劳动、保护等各项待遇，并在法律允许的范围内，随着社会水平生活的提高，逐步提高罪犯的待遇，使罪犯处遇与社会发展水平相适应。

第四，建设文明规范的监管改造环境。监管改造环境，是惩罚与改造罪犯所必需的物质条件和精神条件的总和，也是直接体现和反映监狱文明管理程度的标志。可以说，没有一个文明的监管改造环境，就不可能实现真正意义上的文明管理。同样，实现文明管理必然要求建立文明的监管改造环境，良好的环境对矫治罪犯的不良行为、保证罪犯的身心健康、促进罪犯的改造有重要的作用。

5. 直接管理原则。

（1）直接管理原则的含义。直接管理原则是指监狱与罪犯建立畅通无阻的管理关系，并由监狱人民警察亲临监管一线，依法对罪犯行使监管权力的行为准则。

直接管理罪犯，是法律赋予监狱人民警察的职权，是作为管理者的人民警察与被管理者罪犯之间法律关系的体现，只有监狱人民警察才能对罪犯直接实施管理。我国《监狱法》规定，监狱的管理人员是人民警察，只有监狱人民警察才可以根据法律的规定行使对罪犯的管理权，不得将管理权交由他人特别是罪犯行使。

（2）直接管理原则的要求。

第一，增强依法直接管理的责任和意识。直接管理是法律赋予监狱民警的权利，也是民警的执法责任。落实直接管理原则，要求监狱人民警察要具备良好的执法意识，对职责范围内的事务必须亲自处理和解决，绝不允许交由他人特别是罪犯去办理。监狱人民警察必须认真履行法律赋予的职责，将罪犯的一切活动严格控制在视线之内，尽职尽责，忠于职守，绝不允许擅离职守，脱离岗位，办事不认真或"利用拐棍实施管理"的现象存在。

第二，建立并严格落实岗位责任制。为了强化直接管理的落实，应建立民警的岗位责任制。对每一名监狱人民警察的具体岗位、职责权限、工作内容、工作程序等方面作出具体明确的规定，形成既各负其责，又相互配合、相互协作、相互监督的工作机制。

第三，通晓业务知识。为了能够实施直接管理，监狱基层民警必须通晓狱政管理、刑罚执行、罪犯教育、劳动管理、刑事法律、罪犯心理健康等业务知识，并精通自己分管的工作业务。

第四，监狱人民警察落实对罪犯的直接管理。人民警察必须对罪犯活动的内容、行为、时空进行直接控制，在罪犯生活、劳动、学习、会见、室外活动等现场，必须有人民警察亲自指挥、监督和控制。在重要现场、重要时段和重点部位以及对于具有危险性的罪犯，要加强警力，严密监督控制。在罪犯转移现场的过程中，实施严密警戒，不留任何空当，切实做到罪犯 24 小时不脱管。

6. 公平、公正、公开的管理原则。

（1）公平、公正、公开管理原则的含义。

公平、公正、公开的管理原则是指在监狱执法管理工作中，监狱人民警察依法按照正义、公道的精神和要求，不偏不倚地处理各项事务并予以公开的基本原则。

公平是表达利益分配对称的规范要求和价值判断，它所强调的是衡量标准的"同一个尺度"。坚持公平就是不偏不倚地给予处遇，防止采用双重标准。在规则面前罪犯人人平等，民警对罪犯一视同仁，用同样的标准进行奖罚。公正是体现主流价值观中正义和公道的价值取向，它强调的是这种价值取向的正当性。反映在制度上，公正则要求实体公正和程序公正。对刑罚执行而言，公正的价值取向体现的是国家的意志。在执法管理中依法对罪犯实施惩罚和改造，并保障罪犯的合法权益就是公正。公开是将处理的事项公而告之，接受相关方的监督，防止暗箱操作。

（2）公平、公正、公开管理原则的要求。

第一，树立公平、公正、公开的执法管理理念和意识。监狱民警必须提高个人的职业道德素质，增强公平心、公正心、仁善心，依法行政，廉洁执法，在对罪犯的管理中严格要求自己，努力做到公平公正地对待每个罪犯，做好每件事。

第二，建立健全公平公正的管理制度。首先，监狱要做到在狱政管理制度上从实体内容和程序过程都保证公平公正；其次，要依法不断完善关于民警管理罪犯的内部考核制度，特别是对公平、公正、公开管理思想的落实上应采取切实有效的奖惩措施。

第三，实施狱务公开。狱务公开，是增强监狱执法透明度，促进执法公平正义，提升执法公信力的有效措施，监狱要根据中央的统一部署，进一步深化狱务公开。按照公开为常态，不公为例外原则，增强主动公开、主动接受监督意识，围绕监狱执法领域内罪犯及其亲属、社会公众关注度较高的重点和热点问题，进一步深化公开内容，创新公开方式方法，建立完善工作制度。要依托现代信息手段确保各项公开措施得到落实，切实推动执法的内容、方式、制度、服务公开，以公开促公正。

第四，保证罪犯申诉、检举、控告的渠道通畅。除了狱务公开的监督渠道，监狱还应当在狱内设立专门信箱，接受罪犯的申诉、检举、控告材料，并指定专人开启信箱，负责处理相关内容，保证罪犯申诉、控告、检举的渠道通畅。同时监狱应当从管理上入手，保证提出申诉、控告、检举、投诉、建议的罪犯免受打击报复。

监狱执法管理的依据和原则

三、工作任务实施

（一）工作情境描述

下面是民警 C 根据"一车一警"要求，带管车辆和驾驶员的详细描述：

1. 带管民警 C 对外来车辆的驾驶员进行纪律教育，并监督其穿戴好监狱统一的标识服，佩戴好《通行证》，车内放置《车辆通行证》。

2. 民警 A 带领外来车辆驾驶员 F，民警 C 刷卡，驾驶员 F 刷身份证，执勤武警比对身份。

3. 带管民警 C 用对讲机请求指挥中心放行车辆，指挥中心同意放行后，开启车行通道 A 门。带管民警 C 引导车辆驶入待检区。车行通道 A 门关闭。

4. 带管民警 C 刷卡，驾驶员 F 刷身份证，监管室民警比对身份，办理车辆进监登记手续，民警 C 签字确认。

5. 车辆过地探安检后，车行通道 B 门开启。带管民警 C 进入副驾驶室，车辆经门禁车行通道进入预定的监管劳动区域。

6. 车辆停靠作业，带管民警 C 监督驾驶员将车头朝内，发动机熄火，拔出点火钥匙，方向盘上锁，关好车窗，锁上车门。

7. 带管民警 C 亲自收管车辆钥匙，对驾驶员全程跟管，并严防驾驶员与罪犯单独接触。

8. 车辆装卸作业完毕后，带管民警 C 认真细致、全面彻底进行安全检查，绝对确保没有罪犯隐藏于车内、车底或无其他安全隐患。

9. 带管民警 C 将车钥匙交还驾驶员，方向盘解锁，破胎器解锁并移除。带管民警 C 坐上副驾驶室，车辆驶离监管劳动区域。

10. 带管民警 C 用对讲机请求指挥中心放行车辆，指挥中心同意放行后，开启车行通道 B 门。带管民警 C 引导车辆驶入待检区。车行通道 B 门关闭。

11. 监管室民警对车辆进行安检，带管民警 C 办理车辆离监手续。

12. 车行通道 A 门开启，车辆缓缓驶离监狱。

依据上述详细描述，请分析监狱"一车一警"带管车辆和驾驶员要求，贯彻了执法管理的哪些原则？

（二）工作任务目标

1. 掌握监狱执法管理的依据。

2. 能够恰当运用执法管理的基本原则完成执法任务。

（三）工作流程与活动

活动 1：任务确立（课前自学）。

活动 2：问题解答——对导入任务问题的 1~2 和工作情境描述的问题作答。

活动 3：评价与总结——教师评价和行业专家现场指导。

模块二 ｜ 刑务管理

　　党的二十大报告指出："公正司法是维护社会公平正义的最后一道防线。"这一重要论述深刻指出了公正司法对于全面依法治国、维护社会公平正义的重要意义，也为做好新时代司法工作、深化司法体制改革指明了方向、提出了要求。有法不依、执法不严、司法不公、司法腐败问题不仅严重败坏政法机关形象，严重损害党和政府形象，而且严重影响社会公平正义。具体体现在司法工作上，就要求在党的领导下，全面准确落实司法责任制，规范司法权力运行，强化制约监督，提高司法公信力，依法化、规范化、透明化办理每一个司法案件。

项目一　收监管理

一、工作任务导入

以下几种情形罪犯是否应当收监？

1. 被判处 1 年有期徒刑的盗窃犯，判决生效后余刑 75 天；

2. 被判处无期徒刑的尿毒症患者；

3. 罪犯王某，男，出生于 1980 年 3 月 4 日，因抢劫罪被判处有期徒刑 11 年。罪犯交付执行刑罚时，经检查，罪犯姓名不符，文书中缺少人民法院结案登记表；

4. 罪犯朱某被判无期徒刑，罪犯陆某被判处死刑缓期二年执行，在收监时已怀孕。

二、知识准备

（一）收监的含义

收监是指监狱将人民法院交付执行的符合法定条件的罪犯，依照法定程序收入监狱开始执行刑罚的刑事执法活动。

收监是国家刑罚执行权的一部分，监狱代表国家执行刑罚，监狱人民警察依法履行相关手续，办理收监执法的任务。

收监是刑罚执行的首要环节，标志着监狱对罪犯执行刑罚的开始，收监工作的质量对后续的刑罚执行具有重要的影响。准确完备地做好收监工作，就为今后的改造工作打下良好的基础，所以必须依法严肃认真地做好罪犯的收监工作。

（二）收监的对象

收监是将罪犯收押入监，但并非所有的罪犯都属于监狱收押的对象。根据《刑事诉讼法》和《监狱法》的规定，监狱收监的对象是指依法被判处死刑缓期二年执行、无期徒刑、有期徒刑的罪犯。《刑事诉讼法》第 264 条第 2 款中规定，对被判处有期徒刑的罪犯，在被交付执行刑罚前，剩余刑期在 3 个月以下的，由看守所代为执行。

（三）收监的条件

监狱刑罚执行是一项严肃的司法活动，所以在收监时必须严格把握法定的条件，以保证准确无误地执行刑罚。不符合收监条件的，监狱有权依照法律规定拒绝收监。一般来说，监狱对罪犯进行收监必须符合以下三个条件：

1. 刑事判决已经生效。人民法院对刑事被告人所作出的判决，只有在发生效力后，方可交付执行，不符合这个条件的，不予收监。

对于刑事判决已经发生法律效力的认定，《刑事诉讼法》第 259 条规定：

（1）已过法定期限没有上诉、抗诉的判决和裁定；

（2）终审的判决和裁定；

（3）最高人民法院核准的死刑的判决和高级人民法院核准的死刑缓期二年执行的判决。

2. 法律文书齐全、记载准确无误。《监狱法》第 16 条明确规定："罪犯被交付执行刑罚时，交付执行的人民法院应当将人民检察院的起诉书副本、人民法院的判决书、执行通知书、结案登记表同时送达监狱。监狱没有收到上述文件的，不得收监；上述文件不齐全或者记载有误的，作出生效判决的人民法院应当及时补充齐全或者作出更正；对其中可能导致错误收监的，不予收监。"

3. 罪犯身体状况一般应适宜在狱内服刑。《刑事诉讼法》第 265 条第 1~3 款规定：对被判处有期徒刑或者拘役的罪犯，有下列情形之一的，可以暂予监外执行：

（1）有严重疾病需要保外就医的；

（2）怀孕或者正在哺乳自己婴儿的妇女；

（3）生活不能自理，适用暂予监外执行不致危害社会的。

对被判处无期徒刑的罪犯，有前款第 2 项规定情形的，可以暂予监外执行。

对适用保外就医可能有社会危险性的罪犯，或者自伤自残的罪犯，不得保外就医。

对于具有暂予监外执行情形的收监罪犯，监狱可以提出书面意见，报省级以上监狱管理机关批准。

（四）收监的工作规程

1. 收押对象的身份核对。监狱对交付执行的罪犯进行收监时，应验明罪犯真实身份，根据送押审批表提供的花名册，逐一进行收押审核。对符合法定条件和本监狱收押对象的，经核对无误后，办理移交手续。

2. 法律文书检验。监狱在对罪犯收监时，必须仔细查验人民法院交付执行的法定文件：

（1）审查法律文书是否齐备。根据《监狱法》第 16 条规定，交付执行时必须具有人民检察院的起诉书副本、发生法律效力的人民法院的判决书（裁定书）、执行通知书和结案登记表（各一式两份）。

（2）审查刑事判决是否生效。即审查人民法院的刑事判决书在法定期限内该罪犯是否上诉，人民检察院是否抗诉，是否已经超过上述法定期限。

（3）审查法律文书的记载是否有误。法律文件的记载是否一致、清楚，是否与罪犯的情况相符。重点检查法律文书所记载的罪犯姓名、年龄、案由、刑罚种类、刑期以及刑期的起止日期记载是否准确。

如果上述法律文件不齐全或者记载有误，应当在作出生效判决的人民法院及时补充齐全或作出更正后予以收监，对其中可能导致错误收监的，不予收监。

3. 财物检查与移交。

监狱在收监时，押送机关移交罪犯个人财物的，负责收监的民警应当与押送人员办理罪犯个人财物的检查、核对、移交手续。

（1）核对现金账。如果有现金移交的，由监狱财务部门统一开具收据，制作现金移交清单一式三份，由押送民警签名和罪犯本人签名捺印确认。现金及时存入银行，打入罪犯个人帐户。

（2）对罪犯携带物品进行检查分类处置。罪犯一般日常生活物品，予以登记；罪犯的贵重物品予以封存，交由监狱代为保管，并开具清单和收据一式三份，分别由罪犯本人、分监区和监狱狱政管理部门保管。在罪犯释放时，如数发还；属于违禁品、危险品的予以销毁、没收，并开具罪犯入监销毁、没收物品清单，由罪犯本人和检查民警签字确认。

4. 与交付执行的公安机关正式办理移交手续。

经检查确认送交执行刑罚的罪犯符合收押条件的可以在收监后，由入监分监区（新收犯监狱）民警与交付执行的公安机关办理移交手续，在公安机关的《罪犯移交清单》上签字。

（五）入监管理

1. 身体检查。罪犯收监后，依照《监狱法》第 17 条"罪犯被交付执行刑罚，符合本法第十六条规定的，应当予以收监。罪犯收监后，监狱应当对其进行身体检查"的规定，对罪犯进行身体检查。

经身体检查，对具有暂予监外执行情形的收监罪犯，监狱可以提出书面意见，报省级以上监狱管理机关批准；发现罪犯有外伤、残疾或其他疾病，应详细记载，并要求罪犯在记载上签字捺印。

2. 安排生活事宜。罪犯收监后，入监分监区（新收犯监狱）应及时组织罪犯理发、洗澡，按照标准配发囚服和日常生活必需品，同时根据罪犯的犯罪性质、个体特征等因素妥善安排监舍和床位，编制罪犯小组。

3. 信息的采集与固定。新收罪犯入监后，监狱应当在规定的时间内完成罪犯信息采集任务。

（1）填写《罪犯入监登记表》。收押分监区对新收押罪犯进行阅档检查，了解罪犯的基本情况、家庭背景、成长史、是否为累犯、认罪服法情况、心理状况、在看守所关押期间的表现等，并根据收监的法律文件询问罪犯，再次进行核对，并填写《罪犯入监登记表》。

（2）组织罪犯拍摄拍照，存档。制作好指纹卡和音像资料，做好体貌特征卡，记录体貌特征，并输入信息库。

（3）对严重疾病鉴定，存档。发现罪犯有较严重的疾病或残疾的，负责收监的监区应当向监狱狱政管理部门提出鉴定申请，经狱政管理部门委托鉴定机构后，把鉴定结论、鉴定资料归入罪犯副档保存。

（4）制作心理健康档案。收押分监区对新收罪犯进行心理测试，并结合心理咨询面谈情况，进行心理诊断，制作心理健康档案。

4. 履行告知义务。

（1）服刑权利和义务告知。《监狱法》第 7 条规定："罪犯的人格不受侮辱，其人身安全、合法财产和辩护、申诉、控告、检举以及其他未被依法剥夺或者限制的权利不受侵犯。罪犯必须严格遵守法律、法规和监规纪律，服从管理，接受教育，参加劳动。"显然，监狱作为国家刑罚执行机关，既应当履行惩罚和改造罪犯的职责，又应当保障罪犯合法权利不受侵犯；罪犯作为正在监狱服刑的人，应当依法严格履行法律法规和监规纪律规定的服刑义务。因此，监狱在罪犯入监后应当及时告知罪犯其合法权利和履行的法定义务。

（2）通知罪犯家属。根据《刑事诉讼法》第 264 条和《监狱法》第 20 条的规定，罪犯被收监后，监狱自收监之日起 5 日内通知家属，向罪犯亲属发出《罪犯入监通知书》。没有亲属的罪犯，监狱可以通知其原所在单位、基层组织或者原居住地公安机关；若罪犯属外国籍的，应当按双边领事条约规定的期限通知罪犯所属国驻华使领馆。

5. 入监教育。为了使罪犯尽快适应监狱严格的服刑生活，并引导其认罪悔罪，确立改造目标，收监后按照入监教育的内容和程序进行 2 个月左右的入监教育。在入监教育所有科目按规定完成后，组织对罪犯进行考试考核，根据教育考核结果和入监评估情况，结合罪犯的刑期、身体、年龄、特长、捕前职业能力以及入监教育期间的表现，对新犯进行分配。

6. 制作罪犯档案。新收押罪犯监区（分监区）及时建立罪犯材料档案。将公安机关送达的法律文件、凭证，罪犯入监登记表、罪犯个人体貌卡归入正档、副档各一份；罪犯健康检查表、心理测试结果、罪犯个人自传、罪犯入监教育小结等材料归入副档。正档交由监狱狱政管理部门管理，副档由分监区保管使用。

收监

三、工作任务实施

（一）工作情境描述

1. 查看《罪犯入监登记表》示例，思考并回答：入监时要掌握罪犯的个人信息有哪些？怎样获得这些信息？

罪犯入监登记表

单位：浙江 省××监狱 编号：330620010034 入监日期 2002 年 8 月 7 日

姓 名	李××		别名	无	性别	男	一寸免冠照片
民 族	汉	出生日期	1963 年 10 月 27 日	文化程度	初中		
捕前职业	农民	原政治面貌	群众	特长	无		
身份证号	3307191963102763××			口音	浙江兰溪口音		
籍贯（国籍）	××省兰溪市			原户籍所在地	××省兰溪市××镇××村××号		
家庭住址	××省兰溪市××镇××村××号				婚姻状况	离异	
拘留日期	2000 年 7 月 8 日		逮捕机关	浙江省兰溪市公安局		逮捕日期	2000 年 8 月 1 日
判决书号	（2001）浙法刑终字第 22 号		判决机关	浙江省高级人民法院		判决日期	2001 年 2 月 16 日
罪 名	故意杀人罪				刑 种	死缓	
刑 期	死缓				附加刑	剥夺政治权利终身	
曾受何种处罚	无						

个人简历	起时	止时	所在单位	职业（业）
	1970 年 9 月	1976 年 6 月	兰溪市××小学	学生
	1976 年 9 月	1979 年 6 月	兰溪市××中学	学生
	1979 年 6 月	1980 年 5 月	兰溪市××镇××村	农民
	1992 年 8 月	2000 年 7 月	兰溪市××有限公司	打工
	2000 年 7 月	2000 年 12 月	兰溪市公安局看守所	
	2000 年 12 月	至今	浙江省××监狱	服刑

主要犯罪事实	2000年7月17日早上6时30分,罪犯李××因其嫂周××不让其烧早饭,即对周用啤酒瓶、铁耙打、菜刀、柴刀等砍了周××10余刀,致使周××脑功能衰竭死亡。						
家庭人员及主要社会关系	关系	姓名	出生日期	政治面貌	工作单位职务(业)	住 址	电 话
	父亲	李××	1935年3月14日	群众	在家务农	兰溪市××镇××村××号	0579-××××××
	母亲	赵××	1936年11月12日	群众	在家务农	兰溪市××镇××村××号	0579-××××××
	姐姐	李××	1957年3月24日	群众	在家务农	兰溪市××镇××村××号	138×××××××
	哥哥	李××	1955年8月28日	群众	在家务农	兰溪市××镇××村××号	0579-××××××
同案犯	姓名	性别	出生日期	捕前职业	罪名	刑期	家庭住址

2. 贾某，男，1956年4月1日出生，贾某在2011年至2021年间，利用担任××市某区委副书记、区政府区长、区人大常委会主任、市人民政府副市长等职务便利，为一些房产公司、建筑装饰公司等单位和个人谋取利益，先后非法收受人民币150万元、美元9500元、购物卡11万元和价值12.49万元的物品，合计180余万元。贾某为企业和个人在开发项目、人防费缓减、争取路政工程、获得支农资金等方面提供了帮助。2009年3月6日被发案地最高人民法院以受贿罪判处有期徒刑15年。另外，贾某捕前为省人大代表，副厅级干部；贾之妻王×以受贿罪被同案判处有期徒刑10年，在某女子监狱服刑；其子贾×，以受贿罪判处有期徒刑8年，在某监狱服刑。

（1）针对该犯，入监教育应该怎样进行？

（2）制定该犯的个体矫正方案。

（二）工作任务目标

1. 掌握收监的条件，能够按照收监的流程完成收监工作。

2. 熟悉入监管理内容，能够完成入监管理工作。

（三）工作流程与活动

活动1：任务确立（课前自学）。

活动2：问题解答——①回答工作任务导入问题。②回答工作情境描述1的问题。③回答工作情境描述2中的第1个问题。

活动3：方案制订——工作情境描述2的第2任务制订方案。

活动4：项目实训——校内实训场地模拟收监流程。

活动5：评价与总结——教师评价和行业专家在线指导。

项目二　罪犯刑罚变更执行

工作任务一　减刑

一、工作任务导入

罪犯闫某某因犯窝藏毒品罪被判处有期徒刑 9 年，服刑期间共获得表扬 5 次。闫某某曾因犯盗窃罪被判处有期徒刑 7 年，剥夺政治权利 1 年。在本次考核期内，闫某某 29 次违反监规共被扣 194 分。其中，2020 年 5 月 9 日，其在车间因与他犯争执动手，被扣 30 分；2020 年 8 月 10 日，其在监房因琐事与他犯发生争执并动手，被扣 50 分；2021 年 4 月 19 日，其因与他犯发生矛盾，动手打架，情节较轻，被扣 10 分。2021 年 9 月 13 日，执行机关提出减刑建议。

罪犯闫某某是否符合减刑的条件？

二、知识准备

（一）减刑的含义

减刑，是指对于被判处管制、拘役、有期徒刑和无期徒刑的犯罪分子，在刑罚执行期间，由于确有悔改或者立功表现，因而将其原判刑罚予以适当减轻的一种刑罚执行制度。

减轻原判刑罚有两层含义：一是将原判较重的刑种减为较轻的刑种，如把无期徒刑减为有期徒刑，但有期徒刑不能减为拘役或者管制；二是将原判较长的刑期减为较短的刑期，即把有期徒刑、拘役、管制的刑期缩短。

其他刑罚执行中减轻的情形不同于刑法意义上的减刑制度。例如，被判死刑缓期二年执行的罪犯两年执行期满，由于在两年执行期间没有故意犯罪，因而刑种发生变更，将死刑改为无期徒刑或者有期徒刑。这种死刑缓期二年执行期满后改变刑种的刑罚执行措施虽然也具有减刑性质，可它是死刑制度的内容之一，不同于减刑制度。在实务操作中，执行机关对死刑缓期二年执行期满罪犯提出改变刑种的书面意见，习惯也称为减刑，下文中的减刑就包括这种情形。又如，罚金刑在执行中也涉及减轻的问题，我国《刑法》第 53 条第 2 款规定，由于遭遇不能抗拒的灾祸缴纳罚金确实有困难的，可以酌情减少或者免除。这种罚金的减轻不是因为罪犯有悔改或立功表现，而是依据其实际负担能力而采取的变通执行措施。还有附加剥夺政治权利在执行中也存在减轻的问题，我国《刑法》第 57 条第 2 款规定，在死刑缓期执行减为有期徒刑或者无期徒刑减为有期徒刑的时候，应当把附加剥夺政治权利的期限改为 3 年以上 10 年以下。这只是随着主刑的减轻而对附加刑的一种调整，而非实务操作上的减刑。

（二）减刑的条件

《刑法》第 78 条规定，被判处管制、拘役、有期徒刑、无期徒刑的犯罪分子，在执行期间，如果认真遵守监规，接受教育改造，确有悔改表现，或者有立功表现的，可以减刑；有下列重大立功表现之一的，应当减刑：

（1）阻止他人重大犯罪活动的；

（2）检举监狱内外重大犯罪活动，经查证属实的；

（3）有发明创造或者重大技术革新的；

（4）在日常生产、生活中舍己救人的；

（5）在抗御自然灾害或者排除重大事故中，有突出表现的；

（6）对国家和社会有其他重大贡献的。

减刑以后实际执行的刑期不能少于下列期限：

（1）判处管制、拘役、有期徒刑的，不能少于原判刑期的 1/2；

（2）判处无期徒刑的，不能少于 13 年；

（3）人民法院依照本法第 50 条第 2 款规定限制减刑的死刑缓期执行的犯罪分子，缓期执行期满后依法减为无期徒刑的，不能少于 25 年，缓期执行期满后依法减为 25 年有期徒刑的，不能少于 20 年。

根据以上规定，减刑分为可以减刑、应当减刑两种。可以减刑与应当减刑的对象条件和限度条件相同，只是实质条件有所区别。对犯罪分子适用减刑，必须符合下列条件：

1. 对象条件。减刑只适用于被判处管制、拘役、有期徒刑、无期徒刑的犯罪分子。只要是被判处该四种刑罚之一的犯罪分子，无论其犯罪行为是故意还是过失，是重罪还是轻罪，是危害国家安全罪还是其他性质的犯罪，只要具备了法定的减刑条件，都可以减刑。

《刑法》第 50 条第 2 款对减刑的对象条件进行了限制。对被判处死刑缓期执行的累犯以及因故意杀人、强奸、抢劫、绑架、放火、爆炸、投放危险物质或者有组织的暴力性犯罪被判处死刑缓期执行的犯罪分子，人民法院根据犯罪情节等情况可以同时决定对其限制减刑。这主要是考虑到以往我国《刑法》对减刑未作次数限制，有些死缓犯被减为无期徒刑或有期徒刑后，在执行过程中仍被不断减刑，导致最后实际执行的刑期过于短。

2. 实质条件。减刑的实质条件，因减刑的种类不同而有所区别。

"可以"减刑的实质条件，是犯罪分子在刑罚执行期间认真遵守法律法规及监规，接受教育和改造，确有悔改表现或者有立功表现。根据《最高人民法院关于办理减刑、假释案件具体应用法律的规定》第3条的规定，确有悔改表现是指同时具备以下条件：①认罪悔罪；②遵守法律法规及监规，接受教育改造；③积极参加思想、文化、职业技术教育；④积极参加劳动，努力完成劳动任务。

老年罪犯、患严重疾病罪犯、身体残疾罪犯（以下简称老病残犯）的计分考核应当主要考察其实际表现，并酌情确定相关考核指标。对基本丧失劳动能力或者生活难以自理的前述罪犯，能够认真遵守法律法规及监规，接受教育改造，均应当视为"确有悔改表现"。

对职务犯罪，破坏金融管理秩序和金融诈骗犯罪，组织、领导、参加、包庇、纵容黑社会性质组织犯罪等罪犯，不积极退赃、协助追缴赃款赃物、赔偿损失，或者服刑期间利用个人影响力和社会关系等不正当手段意图获得减刑、假释的，不认定其"确有悔改表现"。

罪犯在刑罚执行期间的申诉权利应当依法保护，对其正当申诉不能不加分析地认为是不认罪悔罪。

依照《刑法》分则第八章贪污贿赂罪判处刑罚的原具有国家工作人员身份的罪犯，符合减刑条件的，拒不认罪悔罪，或者确有履行能力而不履行或者不全部履行生效裁判中财产性判项的，一般不予减刑。

根据《最高人民法院关于办理减刑、假释案件具体应用法律的规定》第4条第1款的规定，具有下列情形之一的，可以认定为有立功表现：①阻止他人实施犯罪活动的；②检举、揭发监狱内外犯罪活动，或者提供重要的破案线索，经查证属实的；③协助司法机关抓捕其他犯罪嫌疑人的；④在生产、科研中进行技术革新，成绩突出的；⑤在抗御自然灾害或者排除重大事故中，表现积极的；⑥对国家和社会有其他较大贡献的。

"应当"减刑的实质条件，是犯罪分子在刑罚执行期间有重大立功表现。根据《最高人民法院关于办理减刑、假释案件具体应用法律的规定》第5条的规定，具有下列情形之一的，应当认定为有"重大立功表现"：①阻止他人实施重大犯罪活动的；②检举监狱内外重大犯罪活动，经查证属实的；③协助司法机关抓捕其他重大犯罪嫌疑人的；④有发明创造或者重大技术革新的；⑤在日常生产、生活中舍己救人的；⑥在抗御自然灾害或者排除重大事故中，有特别突出表现的；⑦对国家和社会有其他重大贡献的。

3. 限度条件。被判处管制、拘役、有期徒刑的罪犯减刑后，实际执行的刑期不能少于原判刑期的1/2，其起始时间自判决执行之日起计算。

被判处无期徒刑的罪犯被减刑后，实际执行的刑期不能少于13年，其起始时间应当自无期徒刑判决确定之日起计算。

对死刑缓期执行的罪犯经过一次或几次减刑后，其实际执行的刑期不得少于15年，死刑缓期执行期间不包括在内。

被限制减刑的死刑缓期执行罪犯，缓期执行期满后依法减为无期徒刑的，其实际执行的刑期不能少于 25 年；因有重大立功表现缓期执行期满后依法减为 25 年有期徒刑的，其实际执行的刑期不能少于 20 年，死刑缓期执行期间均不包括在内。

死刑缓期执行的期间，从判决确定之日起计算。死刑缓期执行减为无期徒刑或者有期徒刑的刑期，从死刑缓期执行期满之日起计算。

（三）减刑办理的具体规定

1. 减刑的起始时间、减刑幅度和减刑的间隔期。减刑的起始时间是指罪犯从入监到首次减刑时应符合一定的服刑时间，减刑的起始时间自判决执行之日起计算，一般从入监之日起算。

减刑的幅度，有期徒刑罪犯的减刑幅度是指罪犯一次减刑所减的期限，无期徒刑或死刑缓期执行罪犯的减刑幅度是指减刑后的剩余刑期，从裁定减刑之日起计算。

减刑的间隔是指罪犯两次减刑之间的间隔期限，具体是指前一次减刑裁定送达之日起至本次减刑报请之日止的期间。

2. 有期徒刑罪犯的减刑规定。被判处有期徒刑的罪犯减刑起始时间为：不满 5 年有期徒刑的，应当执行 1 年以上方可减刑；5 年以上不满 10 年有期徒刑的，应当执行 1 年 6 个月以上方可减刑；10 年以上有期徒刑的，应当执行 2 年以上方可减刑。有期徒刑减刑的起始时间自判决执行之日起计算。

确有悔改表现或者有立功表现的，一次减刑不超过 9 个月有期徒刑；确有悔改表现并有立功表现的，一次减刑不超过 1 年有期徒刑；有重大立功表现的，一次减刑不超过 1 年 6 个月有期徒刑；确有悔改表现并有重大立功表现的，一次减刑不超过 2 年有期徒刑。

被判处不满 10 年有期徒刑的罪犯，两次减刑间隔时间不得少于 1 年；被判处 10 年以上有期徒刑的罪犯，两次减刑间隔时间不得少于 1 年 6 个月。减刑间隔时间不得低于上次减刑减去的刑期。

罪犯有重大立功表现的，可以不受上述减刑起始时间和间隔时间的限制。

3. 无期徒刑罪犯的减刑规定。被判处无期徒刑的罪犯在刑罚执行期间，符合减刑条件的，执行 2 年以上，可以减刑。减刑幅度为：确有悔改表现或者有立功表现的，可以减为 22 年有期徒刑；确有悔改表现并有立功表现的，可以减为 21 年以上 22 年以下有期徒刑；有重大立功表现的，可以减为 20 年以上 21 年以下有期徒刑；确有悔改表现并有重大立功表现的，可以减为 19 年以上 20 年以下有期徒刑。无期徒刑罪犯减为有期徒刑后再减刑时，减刑幅度依照有期徒刑罪犯的减刑规定执行。两次减刑间隔时间不得少于 2 年。

罪犯有重大立功表现的，可以不受上述减刑起始时间和间隔时间的限制。

4. 死刑缓期执行罪犯的减刑规定。被判处死刑缓期执行的罪犯减为无期徒刑后，符合减刑条件的，执行 3 年以上方可减刑。减刑幅度为：确有悔改表现或者有立功表现的，可以减为 25 年有期徒刑；确有悔改表现并有立功表现的，可以减为 24 年以上 25 年以下有期徒刑；有重大立功表现的，可以减为 23 年以上 24 年以下有期徒刑；确有悔改表现并有重大立功表现的，可以减为 22 年以上 23 年以下有期徒刑。

被判处死刑缓期执行的罪犯减为有期徒刑后再减刑时，比照被判处无期徒刑的罪犯的减刑规定办理。

5. 从严减刑的情形。

（1）"三类罪犯"、危安犯、恐怖活动犯罪罪犯、毒品犯罪、累犯、财产判项不履行、八类暴力犯、数罪并罚的情形。对符合减刑条件的职务犯罪罪犯，破坏金融管理秩序和金融诈骗犯罪罪犯，组织、领导、参加、包庇、纵容黑社会性质组织犯罪罪犯，危害国家安全犯罪罪犯，恐怖活动犯罪罪犯，毒品犯罪集团的首要分子及毒品再犯，累犯，确有履行能力而不履行或者不全部履行生效裁判中财产性判项的罪犯：

第一，被判处10年以下有期徒刑的，执行2年以上方可减刑，减刑幅度应当比照有期徒刑罪犯的减刑规定从严掌握，一次减刑不超过1年有期徒刑，两次减刑之间应当间隔1年以上。

第二，对被判处10年以上有期徒刑的以及因故意杀人、强奸、抢劫、绑架、放火、爆炸、投放危险物质或者有组织的暴力性犯罪被判处10年以上有期徒刑的罪犯，数罪并罚且其中两罪以上被判处10年以上有期徒刑的罪犯，执行2年以上方可减刑，减刑幅度应当比照有期徒刑罪犯的减刑规定从严掌握，一次减刑不超过1年有期徒刑，两次减刑之间应当间隔1年6个月以上。

第三，被判处无期徒刑的以及因故意杀人、强奸、抢劫、绑架、放火、爆炸、投放危险物质或者有组织的暴力性犯罪的罪犯，确有履行能力而不履行或者不全部履行生效裁判中财产性判项的罪犯，数罪并罚被判处无期徒刑的罪犯，符合减刑条件的，执行3年以上方可减刑，减刑幅度应当比照无期徒刑罪犯的减刑规定从严掌握，减刑后的刑期最低不得少于20年有期徒刑；减为有期徒刑后再减刑时，减刑幅度比照有期徒刑罪犯的减刑规定从严掌握，一次不超过1年有期徒刑，两次减刑之间应当间隔2年以上。

第四，对被判处死刑缓期执行的以及因故意杀人、强奸、抢劫、绑架、放火、爆炸、投放危险物质或者有组织的暴力性犯罪的罪犯，确有履行能力而不履行或者不全部履行生效裁判中财产性判项的罪犯，数罪并罚被判处死刑缓期执行的罪犯，减为无期徒刑后，符合减刑条件的，执行3年以上方可减刑，一般减为25年有期徒刑，有立功表现或者重大立功表现的，可以比照死刑缓期执行罪犯的减刑规定减为23年以上25年以下有期徒刑；减为有期徒刑后再减刑时，减刑幅度比照有期徒刑罪犯的减刑规定从严掌握，一次不超过一年有期徒刑，两次减刑之间应当间隔二年以上。

罪犯有重大立功表现的，可以不受上述减刑起始时间和间隔时间的限制。

（2）犯贪污贿赂罪的原具有国家工作人员身份的罪犯的减刑。依照《刑法》分则第八章贪污贿赂罪判处刑罚的原具有国家工作人员身份的罪犯：

第一，被判处有期徒刑的。被判处10年以上有期徒刑，符合减刑条件的，执行3年以上方可减刑；被判处不满10年有期徒刑，符合减刑条件的，执行2年以上方可减刑。

确有悔改表现或者有立功表现的，一次减刑不超过6个月有期徒刑；确有悔改表现并有立功表现的，一次减刑不超过 9 个月有期徒刑；有重大立功表现的，一次减刑不超过 1 年有期徒刑。

被判处 10 年以上有期徒刑的，两次减刑之间应当间隔 2 年以上；被判处不满 10 年有期徒刑的，两次减刑之间应当间隔 1 年 6 个月以上。

第二，被判处无期徒刑的。被判处无期徒刑，符合减刑条件的，执行 4 年以上方可减刑。

确有悔改表现或者有立功表现的，可以减为 23 年有期徒刑；确有悔改表现并有立功表现的，可以减为 22 年以上 23 年以下有期徒刑；有重大立功表现的，可以减为 21 年以上 22 年以下有期徒刑。

无期徒刑减为有期徒刑后再减刑时，减刑幅度比照以上被判处有期徒刑的规定执行。两次减刑之间应当间隔 2 年以上。

第三，被判处死刑缓期执行的。被判处死刑缓期执行的，减为无期徒刑后，符合减刑条件的，执行 4 年以上方可减刑。

确有悔改表现或者有立功表现的，可以减为 25 年有期徒刑；确有悔改表现并有立功表现的，可以减为 24 年 6 个月以上 25 年以下有期徒刑；有重大立功表现的，可以减为 24 年以上 24 年 6 个月以下有期徒刑。

减为有期徒刑后再减刑时，减刑幅度比照本规定第 2 条的规定执行。两次减刑之间应当间隔 2 年以上。

第四，其他规定。对拒不认罪悔罪的，或者确有履行能力而不履行或者不全部履行生效裁判中财产性判项的，不予假释，一般不予减刑。

罪犯有重大立功表现的，减刑时可以不受上述起始时间和间隔时间的限制。

（3）限制减刑罪犯的减刑。被限制减刑的死刑缓期执行罪犯，减为无期徒刑后，符合减刑条件的，执行 5 年以上方可减刑。减刑间隔时间和减刑幅度参照被判处死刑缓期执行的罪犯的减刑规定。

被限制减刑的死刑缓期执行罪犯，减为有期徒刑后再减刑时，一次减刑不超过 6 个月有期徒刑，两次减刑间隔时间不得少于 2 年。有重大立功表现的，间隔时间可以适当缩短，但一次减刑不超过一年有期徒刑。

（4）又故意犯罪罪犯的减刑。被判处有期徒刑、无期徒刑的罪犯或者被判处死刑缓期执行的罪犯减刑后，在刑罚执行期间又故意犯罪，新罪被判处有期徒刑的，自新罪判决确定之日起 3 年内不予减刑；新罪被判处无期徒刑的，自新罪判决确定之日起 4 年内不予减刑。

罪犯在死刑缓期执行期间又故意犯罪，未被执行死刑的，死刑缓期执行的期间重新计算，减为无期徒刑后，5 年内不予减刑。

6. 从宽减刑的情形。

（1）未成年犯的减刑。对在报请减刑前的服刑期间不满 18 周岁，且所犯罪行不属于

《刑法》第 81 条第 2 款规定情形（指对累犯以及因故意杀人、强奸、抢劫、绑架、放火、爆炸、投放危险物质或者有组织的暴力性犯罪被判处 10 年以上有期徒刑、无期徒刑的犯罪分子）的罪犯，认罪悔罪，遵守法律法规及监规，积极参加学习、劳动，应当视为确有悔改表现。

对上述罪犯减刑时，减刑幅度可以适当放宽，或者减刑起始时间、间隔时间可以适当缩短，但放宽的幅度和缩短的时间不得超过规定中相应幅度、时间的 1/3。

（2）老病残犯的减刑。老年、身体残疾（不含自伤致残）、患严重疾病罪犯是一种"特殊罪犯"。"老年罪犯"是指报请减刑、假释时年满 65 周岁的罪犯。"患严重疾病罪犯"是指因患有重病，久治不愈，而不能正常生活、学习、劳动的罪犯。"身体残疾罪犯"是指因身体有肢体或者器官残缺、功能不全或者丧失功能，而基本丧失生活、学习、劳动能力的罪犯，但是罪犯犯罪后自伤致残的除外。

基本丧失劳动能力、生活难以自理的老年、身体残疾、患严重疾病的罪犯，能够认真遵守法律法规及监规，接受教育改造，应视为确有悔改表现，减刑的幅度可以适当放宽，起始时间、间隔时间可以相应缩短。

对身体残疾罪犯和患严重疾病罪犯进行减刑、假释，其残疾、疾病程度应由法定鉴定机构依法作出认定。对刑罚执行机关提供的证明罪犯患有严重疾病或者有身体残疾的证明文件，人民法院应当审查，必要时可以委托有关单位重新诊断、鉴定。

对基本丧失劳动能力，生活难以自理的上述罪犯减刑时，减刑幅度可以适当放宽，或者减刑起始时间、间隔时间可以适当缩短，但放宽的幅度和缩短的时间不得超过本规定中相应幅度、时间的 1/3。

7. 不得减刑的情形。罪犯在判决前和服刑期间均拒不交代其真实身份的，除法定应当减刑的情形外，不得减刑。

对被判处终身监禁的罪犯，在死刑缓期执行期满依法减为无期徒刑的裁定中，应当明确终身监禁，不得再减刑或者假释。

（四）减刑的提请程序

监狱提请减刑，应当由分监区或者未设分监区的监区人民警察集体研究，监区长办公会议审核，监狱刑罚执行部门审查，监狱减刑假释评审委员会评审，监狱长办公会议决定。

省、自治区、直辖市监狱管理局刑罚执行部门审查监狱依法定程序提请的减刑建议并出具意见，报请分管副局长召集减刑假释评审委员会审核后，报局长审定，必要时可以召开局长办公会议决定。

1. 分监区集体评议。提请减刑，应当根据法律规定的条件，结合罪犯服刑表现，由分监区人民警察集体研究，提出提请减刑建议，报经监区长办公会议审核同意后，由监区报送监狱刑罚执行部门审查。

分监区、直属分监区或者未设分监区的监区人民警察集体研究以及监区长办公会议审核情况，应当有书面记录，并由与会人员签名。

监区或者直属分监区提请减刑，应当报送下列材料：

（1）《罪犯减刑审核表》；

（2）监区长办公会议或者直属分监区、监区人民警察集体研究会议的记录；

（3）终审法院裁判文书、执行通知书、历次减刑裁定书的复印件；

（4）罪犯计分考核明细表、罪犯评审鉴定表、奖惩审批表和其他有关证明材料；

（5）罪犯确有悔改表现或者立功、重大立功表现的具体事实的书面证明材料。

2. 监区长办公会审核。监区长办公会由监区负责人及相关监区分管负责人或主要负责人列席会议。会议由监区主要负责人主持，会议的记录应当由专人负责并保管。参加监区长办公会的全体警察，应当在听取分监区报告的基础上，对分监区报送的拟提请减刑罪犯的案件，和不予提请减刑的决定，逐一进行审核。监区长办公会审核下列事项：

（1）分监区报送的拟提请减刑罪犯的基本情况是否真实、书证材料是否齐全；

（2）分监区报送的拟提请减刑的罪犯是否具备法定的减刑条件；

（3）分监区不予提请减刑的决定是否有充分的根据；

（4）分监区对疑义、异议事项的调查是否符合程序，处理是否符合规定；

（5）监区认为需要审核的其他事项。

监区长办公会决定撤销提请的，监区应当将有关罪犯的案卷退还罪犯所在的分监区；监区长办公会决定退回分监区补充材料的，有关分监区应当将书证材料补充齐全后，重新报送监区；监区长办公会决定调查核实的，监区主要负责人应当指派警察进行调查，调查完毕后，应向监区主要负责人提交书面的调查结论，监区主要负责人应及时将调查结论告知与会警察；监区长办公会决定同意提请的，参加监区长办公会审核的全体警察应当逐份在分监区随罪犯案卷报送的《罪犯减刑审核表》亲笔签名。

审核后监区对审核结果在所辖分监区进行公示，公示期间有异议的罪犯可以向监区反映，公示结束后报狱政管理（或刑罚执行）部门审查。

3. 狱政管理或刑罚执行部门审查。监狱狱政管理（或刑罚执行）部门收到监区报送的拟提请减刑的案卷后，应当就下列事项进行审查：

（1）需提交的材料是否齐全、完备、规范；

（2）罪犯确有悔改或者立功、重大立功表现的具体事实的书面证明材料是否来源合法；

（3）罪犯是否符合法定减刑的条件；

（4）提请减刑的建议是否适当。

经审查，对材料不齐全或者不符合提请条件的，应当通知监区或者直属分监区补充有关材料或者退回；对相关材料有疑义的，应当提讯罪犯进行核查；对材料齐全、符合提请条件的，应当出具审查意见，连同监区或者直属分监区报送的材料一并提交监狱减刑假释评审委员会评审。

实践中，监狱狱政管理（或刑罚执行）部门的经办警察审查案卷后，可（或应当）根据地方规定以书面形式提出同意提请、同意提请并变更减刑幅度、撤销提请的审查意见。监狱狱政管理（或刑罚执行）部门负责人应当对审查意见进行审核并亲笔签名；监狱狱政管理（或刑罚执行）部门认为应当撤销提请或者变更减刑幅度的，监狱狱政管理（或刑罚执行）部门负责人应当在监狱提请减刑假释评审委员会评审时作详细报告。

浙江省相关规定还要求监狱法制部门应当在刑罚执行部门提交监狱评审委员会评审前，对"三类罪犯"的提请减刑案件进行审核。

4. 监狱提请减刑假释评审委员会评审。监狱狱政管理（或刑罚执行）部门应当将对拟提请减刑案件审查的意见，于监狱提请减刑假释评审委员会召开会议前，送达减刑假释评审委每个成员。参加减刑假释评审委会议的警察，应当就是否同意提请减刑逐一表明意见。减刑假释评审委会议应当作出同意提请、同意提并变更减刑幅度或撤销提请的决定。

减刑假释评审委评审后，应当将提请减刑的罪犯名单以及减刑意见在监狱内（分监区等）公示。公示内容应当包括罪犯的个人情况、原判罪名及刑期、历次减刑情况、提请减刑的建议及依据等。公示期限为5个工作日。公示期内，如有警察或者罪犯对公示内容提出异议，需要进行调查核实的，减刑假释评审委主要负责人应当指派警察进行调查核实。负责调查的警察调查完毕后，应向被指派人提交书面的调查结论。

减刑假释评审委完成评审和公示程序后，进行复议，形成复议结论，应当将拟提请减刑的建议和评审报告，报请监狱长办公会审议决定，同时在监狱狱政管理（或刑罚执行）部门审查的基础上形成督导意见。

5. 监狱长办公会审议。监狱长办公会议由监狱负责人参加，会议的召开由监狱长决定并主持。监狱狱政管理（或刑罚执行）、监察、法制等部门负责人列席监狱长办公会议。监狱长办公会决定提请减刑的，由监狱长在《罪犯减刑审核表》上签署意见，并组织制作《提请减刑建议书》，连同有关案卷材料一并报送人民法院裁定，或者报送省监狱管理局审核。

监狱提请减刑后人民法院下达裁定前，发现被提请减刑的罪犯有严重违反监规纪律行为经查证属实的或有犯罪嫌疑的，监狱应当通过提请减刑假释评审委员会评审和监狱长办公会审议决定，书面向人民法院申请撤销原提请减刑建议。

6. 省监狱管理局审核。对被判处死刑缓期二年执行的罪犯提请减刑，和对被判处无期徒刑的罪犯提请减刑，监狱应当报送省监狱管理局审核。

省监狱管理局审核同意对罪犯提请减刑的，由局长在《罪犯减刑审核表》上签署意见，加盖省监狱管理局公章。监狱狱政管理（或刑罚执行）部门应当依法及时向省高级人民法院报送提请减刑的案卷。

（五）减刑的呈报程序

对于犯罪分子的减刑，由执行机关向中级以上人民法院提出减刑建议书。人民法院应当组成合议庭进行审理，对确有悔改或者立功事实的，裁定予以减刑。非经法定程序不得减刑。

裁定的法院：①被判处有期徒刑和被减刑为有期徒刑的罪犯的减刑，由监狱提出建议，提请罪犯服刑地的中级人民法院裁定；②被判处死刑缓期二年执行的罪犯的减刑，以及被判处无期徒刑的罪犯的减刑，由监狱提出建议，经省、自治区、直辖市监狱管理局审核同意后，提请罪犯服刑地的高级人民法院裁定。

减刑

三、工作任务实施

（一）工作情境描述

某监狱服刑罪犯吴某某，男，1990年1月21日出生，籍贯重庆奉节县。2009年10月30日吴某某曾因犯盗窃罪被判处有期徒刑2年，并处罚金3000元。2015年8月26日凌晨，公安机关对吴某某的租房进行搜查时，发现并扣押疑似甲基苯丙胺的白色晶状颗粒共13包，从中检出甲基苯丙胺成分，共计167.49克。2016年3月22日，该犯因非法持有毒品罪被判处有期徒刑10年6个月，并处罚金2万元，刑期起止日期为2015年8月26日至2026年2月25日，于2016年4月7日入监服刑。吴某某曾于2019年1月30日、2020年12月28日分别被裁定减刑7个月、8个月。本次考核周期自2020年9月1日至2023年6月30日止，共34个月。本考核周期内，吴某某获得5个表扬，获2021年度监狱改造积极分子以及2022年度监狱改造积极分子，罚金已全部履行。

根据上述资料，请完成以下任务：

1. 罪犯吴某某是否符合减刑的条件？

2. 罪犯吴某某是否具有减刑从严或从宽情形？

3. 若你是办案民警，该案件的提请程序应该如何进行？

4. 请根据以上信息填写该案件的《罪犯减刑审核表》。

罪犯减刑审核表

单位：   罪犯编号：

姓名		别名/自报名		性别		出生日期	年 月 日
籍贯		民族		入监时间			年 月 日
家庭住址							
一审判决机关		判决字号			判决时间		年 月 日
终审判决机关		判决字号			判决时间		年 月 日
罪名				原判刑期			
原判刑期起止				原剥夺政治权利			
刑期变动	加减刑情况						
	现刑期止日			剥夺政治权利期限变化			
原判财产性判项							
财产性判项履行情况							
前科情况							
主要犯罪事实							
从严情形				从宽情形			

改造表现	计分考核总月数	考核自 年 月 日至 年 月 日止，共 个月	
	最低起始（间隔）时间		起报表扬数
	本次起始（间隔）时间		考核结果　　　　分
	奖励情况		
	惩罚情况		

关于罪犯 　　　减刑案评议评审处理意见如下：

部门	呈 报 意 见	部门	呈 报 意 见
分监区意见	签字：　　　　盖　章 　　　　　年　月　日	分监区公示	
监区意见	签字：　　　　盖　章 　　　　　年　月　日	刑罚执行科意见	经办人：　　　年 月 日 部门负责人：　　　盖章 　　　　　年　月　日
评审委员会意见	签字：　　　　盖　章 　　　　　年　月　日	评审委员会公示	
监狱长办公会审议意见	签字：　　　　　　　　　　　　　　　　　　盖　章 　　　　　　　　　　　　　　　　　　　年　月　日		

（二）工作任务目标

1. 掌握减刑的条件，能够判断是否符合减刑条件。

2. 熟悉减刑办理的具体规定，能够提出适当的减刑建议。

3. 熟悉减刑呈报的流程，能够完成减刑呈报所需材料。

（三）工作流程与活动

活动 1：任务确立（课前自学）。

活动 2：问题解答——①回答任务导入问题。②讨论工作情境描述的任务 1~3。

活动 3：方案制订——完成工作情境描述的第 4 个任务。

活动 4：项目实训——校内实训场地模拟减刑的呈报流程。

活动 5：评价与总结——教师评价和行业专家在线指导。

工作任务二　假释

一、工作任务导入

罪犯鞠某某因犯非法运输珍贵、濒危野生动物制品罪，被判处有期徒刑 10 年 6 个月，并处罚金 2 万元。2017 年 1 月 24 日、2018 年 10 月 31 日分别被减刑 9 个月。罪犯鞠某某在服刑期间，能认罪服判；认真遵守法律法规及监规，接受教育改造；积极参加各项学习；积极参加劳动；先后共获得表扬 4 次。另外，该罪犯已被执行原判刑期 1/2 以上，罚金刑已履行完毕，报请假释时已年满 75 周岁，属于老年罪犯，且身患肝癌，被认定为病犯。经执行机关评估，该犯假释后没有再犯罪的危险。社区矫正机构提交了社区矫正环境评估调查报告，认为该犯具备社区矫正条件。2021 年 4 月 2 日，执行机关提出假释建议。

罪犯鞠某某是否符合假释的条件？

二、知识准备

（一）假释的含义

假释是对被判处有期徒刑、无期徒刑的犯罪分子，在执行一定刑期之后，因其遵守监规，接受教育和改造，患有严重疾病或确有悔改表现，不致再危害社会，而附条件地将其予以提前释放的制度。对假释的犯罪分子，在假释考验期限内，依法实行社区矫正，如果没有在假释考验期限内犯新罪，也没有发现在判决宣告以前还有其他罪没有判决，也没有违反法律、行政法规或者国务院有关部门关于假释的监督管理规定的行为，那么假释考验期满，就认为原判刑罚已经执行完毕，并公开予以宣告。

被宣告假释的犯罪分子，应当遵守下列规定：

（1）遵守法律、行政法规，服从监督；

（2）按照监督机关的规定报告自己的活动情况；

（3）遵守监督机关关于会客的规定；

（4）离开所居住的市、县或者迁居，应当报经监督机关批准。

（二）假释的条件

被判处有期徒刑的犯罪分子，执行原判刑期 1/2 以上，被判处无期徒刑的犯罪分子，实际执行 13 年以上，如果认真遵守监规，接受教育改造，确有悔改表现，没有再犯罪的危险的，可以假释。如果有特殊情况，经最高人民法院核准，可以不受上述执行刑期的限制。

罪犯既符合假释条件，又符合减刑条件的，可以优先适用假释。

1. 对象条件。被判处有期徒刑、无期徒刑的犯罪分子才能够被假释。而被判处死刑缓期执行的罪犯减刑后，可以予以假释。

被暂予监外执行的罪犯，符合法定假释条件的，可以假释。

看守所留所执行刑罚的罪犯一般不适用假释。

2. 实质条件。假释的实质条件是"认真遵守监规，接受教育改造，确有悔改表现，没有再犯罪的危险的"。从以上规定可以看出假释不要求有立功表现或者重大立功表现，但对犯罪分子决定假释时，应当考虑其假释后对所居住社区的影响。

根据《最高人民法院关于办理减刑、假释案件具体应用法律的规定》第 3 条第 1 款的规定，确有悔改表现是指同时具备以下条件：①认罪悔罪；②遵守法律法规及监规，接受教育改造；③积极参加思想、文化、职业技术教育；④积极参加劳动，努力完成劳动任务。

老病残犯的计分考核应当主要考察其实际表现，并酌情确定相关考核指标。对基本丧失劳动能力或者生活难以自理的前述罪犯，能够认真遵守法律法规及监规，接受教育改造，均应当视为"确有悔改表现"。

对职务犯罪，破坏金融管理秩序和金融诈骗犯罪，组织、领导、参加、包庇、纵容黑社会性质组织犯罪等罪犯，不积极退赃、协助追缴赃款赃物、赔偿损失，或者服刑期间利用个人影响力和社会关系等不正当手段意图获得减刑、假释的，不认定其"确有悔改表现"。

罪犯在刑罚执行期间的申诉权利应当依法保护，对其正当申诉不能不加分析地认为是不认罪悔罪。

认定"没有再犯罪的危险"时，除了符合认真遵守监规，接受教育改造，确有悔改表现外，还应当根据犯罪的具体情节、原判刑罚情况，在刑罚执行中的一贯表现，罪犯的年龄、身体状况、性格特征，假释后生活来源以及监管条件等因素综合考虑。

3. 时间条件。被判处有期徒刑的犯罪分子，要求执行原判刑期 1/2 以上才可以假释；被判处无期徒刑的犯罪分子，要求实际执行 13 年以上的刑期才可以假释。如果有特殊情况，经最高人民法院核准，可以不受上述执行刑期的限制。

死刑缓期执行罪犯减刑后假释的，实际执行的刑期不得少于 15 年，死刑缓期执行期间不包括在内。

4. 禁止条件。对累犯以及因故意杀人、强奸、抢劫、绑架、放火、爆炸、投放危险物质或者有组织的暴力性犯罪被判处 10 年以上有期徒刑、无期徒刑的犯罪分子，不得假释。

因前款情形和犯罪被判处死刑缓期执行的罪犯，被减为无期徒刑、有期徒刑后，也不得假释。

对于生效裁判中有财产性判项，罪犯确有履行能力而不履行或者不全部履行的，不予假释。

罪犯在判决前和服刑期间均拒不交代其真实身份的，不得假释。

依照《刑法》第 86 条规定（又犯罪、漏罪、违法假释监管规定等）被撤销假释的罪犯，一般不得再假释。但被撤销假释的罪犯，如果罪犯对漏罪曾作如实供述但原判未予认定，或者漏罪系其自首，符合假释条件的，可以再假释。

（三）假释考验期

有期徒刑的假释考验期限，为没有执行完毕的刑期；无期徒刑的假释考验期限为 10 年。

假释考验期限，从假释之日起计算。

在假释考验期内，被宣告假释的犯罪分子，应当遵守下列规定：

（1）遵守法律、行政法规，服从监督管理；

（2）按照监督机关的规定报告自己的活动情况；

（3）遵守监督机关关于会客的规定；

（4）离开居住的市、县或者迁居，应当报经监督机关批准。

如果被假释的犯罪分子在假释考验期限内有违反法律、行政法规或者国务院公安部门有关假释的监督管理规定的行为，尚未构成新的犯罪的，应当依照法定程序撤销假释，收监执行未执行完毕的刑罚。如果被假释的犯罪分子在假释考验期限内犯新罪，应当撤销假释，依照刑法第 71 条的规定实行数罪并罚。

（四）从严假释的情形

具有下列情形之一的，假释时应当从严掌握：

（1）危害国家安全犯罪罪犯；

（2）恐怖活动犯罪罪犯；

（3）邪教组织犯罪的组织者、策划者、指挥者和骨干分子；

（4）犯罪集团首要分子；

（5）组织、领导、参加、包庇、纵容、入境发展黑社会性质组织犯罪罪犯；

（6）恶势力组织的首要分子以及主犯；

（7）毒品再犯；

（8）依照刑法分则第八章贪污贿赂罪判处刑罚的原具有国家工作人员身份的罪犯；

（9）三次以上被追究刑事责任或者缓刑、暂予监外执行期间又犯罪的罪犯；

（10）在服刑期间有行凶、逃跑等严重破坏监狱管理秩序的罪犯；

（11）刑罚执行期间又故意犯罪的罪犯；

（12）针对未成年人实施犯罪的罪犯或者纠集、教唆未成年人实施犯罪的罪犯；

（13）拐卖妇女儿童的罪犯；

（14）故意伤害致人死亡的罪犯；

（15）有吸毒史且本次服刑时间未满3年的罪犯；

（16）开设赌场犯罪罪犯，因赌博受到治安处罚或者被判处拘役、管制后3年内又犯赌博罪的罪犯；

（17）具有其他应当从严假释情形的罪犯。

（五）从宽假释的情形

对下列罪犯适用假释时可以依法从宽掌握：

（1）过失犯罪的罪犯、中止犯罪的罪犯、被胁迫参加犯罪的罪犯；

（2）因防卫过当或者紧急避险过当而被判处有期徒刑以上刑罚的罪犯；

（3）犯罪时未满18周岁的罪犯；

（4）基本丧失劳动能力、生活难以自理，假释后生活确有着落的老病残犯；

（5）患严重疾病或者残疾的老年罪犯；

（6）有未满8周岁子女需要抚养的女性罪犯；

（7）已丧偶或者丈夫正在服刑，有未满16周岁子女确需本人抚养的女性罪犯；

（8）具有其他可以从宽假释情形的罪犯。

罪犯既符合法定减刑条件，又符合法定假释条件的，可以优先适用假释。

年满80周岁、身患疾病或者生活难以自理、没有再犯罪危险的罪犯，既符合减刑条件，又符合假释条件的，优先适用假释。

（六）先行羁押的折抵

被判处有期徒刑的罪犯假释时，执行原判刑期1/2的时间，应当从判决执行之日起计算，判决执行以前先行羁押的，羁押一日折抵刑期一日。

被判处无期徒刑的罪犯假释时，刑法中关于实际执行刑期不得少于13年的时间，应当从判决生效之日起计算。判决生效以前先行羁押的时间不予折抵。

被判处死刑缓期执行的罪犯减为无期徒刑或者有期徒刑后，实际执行15年以上，方可假释，该实际执行时间应当从死刑缓期执行期满之日起计算。死刑缓期执行期间不包括在内，判决确定以前先行羁押的时间不予折抵。

（七）假释间隔期

罪犯减刑后又假释的，间隔时间不得少于1年；对一次减去1年以上有期徒刑后，决定假释的，间隔时间不得少于1年6个月。

罪犯减刑后余刑不足2年，决定假释的，可以适当缩短间隔时间。

（八）假释的提请程序

监狱提请假释，应当由分监区或者未设分监区的监区人民警察集体研究，监区长办公会议审核，监狱刑罚执行部门审查，监狱减刑假释评审委员会评审，监狱长办公会议决定。

省、自治区、直辖市监狱管理局刑罚执行部门审查监狱依法定程序提请的假释建议并出具意见，报请分管副局长召集减刑假释评审委员会审核后，报局长审定，必要时可以召开局长办公会议决定。

1. 分监区集体评议。提请假释，应当根据法律规定的条件，结合罪犯服刑表现，由分监区人民警察集体研究，提出提请假释建议，报经监区长办公会议审核同意后，由监区报送监狱刑罚执行部门审查。

分监区、直属分监区或者未设分监区的监区人民警察集体研究以及监区长办公会议审核情况，应当有书面记录，并由与会人员签名。

监区或者直属分监区提请假释，应当报送下列材料：

（1）《罪犯假释审核表》；

（2）监区长办公会议或者直属分监区、监区人民警察集体研究会议的记录；

（3）终审法院裁判文书、执行通知书、历次减刑裁定书的复印件；

（4）罪犯计分考核明细表、罪犯评审鉴定表、奖惩审批表和其他有关证明材料；

（5）罪犯确有悔改表现或者立功、重大立功表现的具体事实的书面证明材料。

2. 监区长办公会审核。监区长办公会由监区负责人及相关监区分管负责人或主要负责人列席会议。会议由监区主要负责人主持，会议的记录应当由专人负责并保管。参加监区长办公会的全体警察，应当在听取分监区报告的基础上，对分监区报送的拟提请假释罪犯的案件和不予提请假释的决定，逐一进行审核。监区长办公会审核下列事项：

（1）分监区报送的拟提请假释罪犯的基本情况是否真实、书证材料是否齐全；

（2）分监区报送的拟提请假释的罪犯是否具备法定的假释条件；

（3）分监区不予提请假释的决定是否有充分的根据；

（4）分监区对疑义、异议事项的调查是否符合程序，处理是否符合规定；

（5）监区认为需要审核的其他事项。

监区长办公会决定撤销提请的，监区应当将有关罪犯的案卷退还罪犯所在的分监区；监区长办公会决定退回分监区补充材料的，有关分监区应当将书证材料补充齐全后，重新报送监区；监区长办公会决定调查核实的，监区主要负责人应当指派警察进行调查，调查完毕后，应向监区主要负责人提交书面的调查结论，监区主要负责人应及时将调查结论告知与会警察；监区长办公会决定同意提请的，参加监区长办公会审核的全体警察，应当逐份在分监区随罪犯案卷报送的《罪犯假释审核表》亲笔签名。

审核后监区对审核结果在所辖分监区进行公示，公示期间有异议的罪犯可以向监区反映，公示结束后报监狱狱政管理（或刑罚执行）部门审查。

3. 监狱狱政管理（或刑罚执行）部门审查。监狱狱政管理（或刑罚执行）部门收到监区报送的拟提请假释的案卷后，应当就下列事项进行审查：

（1）需提交的材料是否齐全、完备、规范；

（2）罪犯确有悔改或者立功、重大立功表现的具体事实的书面证明材料是否来源合法；

（3）罪犯是否符合法定假释的条件；

（4）提请假释的建议是否适当。

经审查，对材料不齐全或者不符合提请条件的，应当通知监区或者直属分监区补充有关材料或者退回；对相关材料有疑义的，应当提讯罪犯进行核查；对材料齐全、符合提请条件的，应当出具审查意见，连同监区或者直属分监区报送的材料一并提交监狱减刑假释评审委员会评审。提请罪犯假释的，还应当委托县级司法行政机关对罪犯假释后对所居住社区影响进行调查评估，并将调查评估报告一并提交。

实践中，监狱狱政管理（或刑罚执行）部门的经办警察审查案卷后，应当根据地方规定以书面形式提出同意提请假释、撤销提请假释的审查意见。监狱狱政管理（或刑罚执行）部门负责人应当对审查意见进行审核并亲笔签名；监狱狱政管理（或刑罚执行）部门认为应当撤销提请假释的，监狱狱政管理（或刑罚执行）部门负责人应当在监狱提请减刑假释评审委员会评审时作详细报告。

浙江省相关规定还要求监狱法制部门应当在刑罚执行部门提交监狱评审委员会评审前，对"三类罪犯"的提请假释案件进行审核。

4. 监狱提请减刑假释评审委员会评审。监狱狱政管理（或刑罚执行）部门应当将对拟提请假释案件审查的意见，于监狱提请减刑假释评审委员会召开会议前，送达评审委每个成员。参加减刑假释评审委会议的警察，应当就是否同意提请假释逐一表明意见。减刑假释评审委会议应当作出同意提请或撤销提请的决定。

减刑假释评审委评审后，应当将提请假释的罪犯名单以及假释意见在监狱内（分监区等）公示。公示内容应当包括罪犯的个人情况、原判罪名及刑期、历次减刑情况、提请假释的建议及依据等。公示期限为 5 个工作日。公示期内，如有警察或者罪犯对公示内容提出异议，需要进行调查核实的，减刑假释评审委主要负责人应当指派警察进行调查核实。负责调查的警察调查完毕后，应向被指派人提交书面的调查结论。

减刑假释评审委完成评审和公示程序后，进行复议，形成复议结论，应当将拟提请假释的建议和评审报告，报请监狱长办公会审议决定，同时在监狱狱政管理（刑罚执行）部门审查的基础上形成督导意见。

5. 监狱长办公会审议。监狱长办公会议由监狱负责人参加，会议的召开由监狱长决定并主持。监狱狱政管理（或刑罚执行）、监察、法制等部门负责人列席监狱长办公会议。监狱长办公会决定提请假释的，由监狱长在《罪犯假释审核表》上签署意见，并组织制作《提请假释建议书》，连同有关案卷材料一并报送人民法院裁定，或者报送省监狱管理局审核。

监狱提请假释后人民法院下达裁定前，发现被提请假释的罪犯有严重违反监规纪律行为经查证属实的或有犯罪嫌疑的，监狱应当通过提请减刑假释评审委员会评审和监狱长办公会审议决定，书面向人民法院申请撤销原提请假释建议。

6. 省监狱管理局审核。对被判处无期徒刑的罪犯提请假释，监狱应当报送省监狱管理局审核。

省监狱管理局审核同意对罪犯提请假释的，由局长在《罪犯假释审核表》上签署意见，加盖省监狱管理局公章。监狱狱政管理（或刑罚执行）部门应当依法及时向省高级人民法院报送提请假释的案卷。

（九）假释的呈报程序

对犯罪分子的假释，由执行机关向中级以上人民法院提出假释建议书。人民法院应当组成合议庭进行审理，对确有悔改表现，无再犯罪危险的，裁定予以假释。非经法定程序不得假释。

裁定的法院：①被判处有期徒刑和被减刑为有期徒刑的罪犯的假释，由监狱提出建议，提请罪犯服刑地的中级人民法院裁定；②被判处无期徒刑的罪犯的假释，由监狱提出建议，经省、自治区、直辖市监狱管理局审核同意后，提请罪犯服刑地的高级人民法院裁定。

假释

三、工作任务实施

（一）工作情境描述

罪犯尚某某，男，1986 年 3 月 18 日出生，山东省济南市莱芜区人，因犯抢劫罪被判处有期徒刑 9 年，并处罚金人民币 1 万元；犯抢夺罪被判处有期徒刑 8 年，并处罚金 26 000 元；数罪并罚，决定对其执行有期徒刑 13 年 6 个月，并处罚金 36 000 元。该犯曾于 2016 年 12 月 26 日被裁定减去有期徒刑 1 年，至本次提请时余刑 5 个月 25 天。罪犯尚某某在本次提请期间获表扬 8 次，家属代其缴纳罚金 36 000 元，当地司法行政机关调查评估认为罪犯适合社区矫正。自 2017 年 1 月至本次提请假释期间，罪犯尚某某共有 10 次违纪行为，分别被扣除 20 分、55 分、30 分、30 分、10 分、10 分、5 分、5 分、30 分、20 分，改造表现一般。刑罚执行机关建议对其假释。

根据上述材料，请回答以下问题：

1. 请分析罪犯尚某某是否存在假释从严或者从宽情形？如果有，存在哪些情形？

2. 如果你是办案民警，是否认同对罪犯尚某某的假释提请建议？为什么？

3. 本案应该由哪个法院进行裁定？

（二）工作任务目标

1. 掌握假释的条件，能够判断是否符合假释条件。

2. 熟悉从严假释的内容，能够提请假释建议。

3. 熟悉假释呈报的流程，能够完成假释呈报所需材料。

（三）工作流程与活动

活动1：任务确立（课前自学）。

活动2：问题解答——①回答任务导入问题。②回答工作情境描述的3个问题。

活动3：方案制订——能够根据工作情境描述情况的制作《提请假释建议书》。

活动4：项目实训——校内实训场地模拟假释的呈报流程。

活动5：评价与总结——教师评价和行业专家在线指导。

工作任务三 暂予监外执行

一、工作任务导入

被告人龙某，男，27岁，待业人员。1995年以来，其多次进行盗窃活动，其窃得钱财价值人民币15 000多元。1996年2月，某县人民法院以盗窃罪判处被告人龙某有期徒刑8年，交付执行1年后，该县人民法院又于1997年2月20日作出裁定："龙某原判有期徒刑8年，现改为监外执行。"县法院决定对龙犯实行监外执行的原因是：龙某系家中独子，父母早亡，与祖母共同生活，为人孝顺。其祖母现年88岁，无他人照顾。1997年2月以来，其祖母生病住院，急需龙某照顾。本着革命人道主义的精神，现决定将龙某予以监外执行。

县人民法院对龙某所作的监外执行的裁定是否合法？为什么？

二、知识准备

（一）暂予监外执行的含义

暂予监外执行是指对被判处无期徒刑、有期徒刑或者拘役的罪犯由于具有法律所规定的某种特殊情况而暂时变更刑罚执行场所和刑罚执行方式的一种制度。暂予监外执行制度是我国刑罚执行制度的重要组成部分。它是由于某种法定原因出现，通过一定程序，将法院所判处的监禁刑暂时改变为非监禁刑的刑罚执行方法。罪犯的刑期不因刑罚执行场所的变更而中断，刑期连续计算。当暂予监外执行的原因消失或者发生某种新的情形，仍需收监执行。监外执行是变更刑罚执行场所和方式的重要制度之一，适用于被人民法院依法判处拘役、有期徒刑或者无期徒刑且具有法律规定的某种特殊情形的犯罪人。监外执行的实质是因特殊情况的出现而将监禁刑转为非监禁刑。它在刑事诉讼和刑罚执行过程中均可出现。

对暂予监外执行的罪犯，依法实行社区矫正，由其居住地的社区矫正机构负责执行。

（二）暂予监外执行的适用对象

适用暂予监外执行的对象，是被判处无期徒刑、有期徒刑或者拘役的罪犯，或者已经减为有期徒刑的罪犯。需要注意的是对判处无期徒刑的罪犯，只有怀孕或者正在哺乳自己婴儿的妇女才可以被暂予监外执行。而被判处有期徒刑、拘役或者已经减为有期徒刑的罪犯只要具备三种实质条件之一即可。

（三）暂予监外执行的实质条件

1. 被判处有期徒刑或者拘役的罪犯适用条件。对于被判处有期徒刑、拘役的或者已经减为有期徒刑的罪犯，有下列情形之一的，可以暂予监外执行：

（1）有严重疾病需要保外就医的；

（2）怀孕或者正在哺乳自己婴儿的妇女；

（3）生活不能自理，适用暂予监外执行不致危害社会的。

2. 被判处无期徒刑罪犯的适用条件。对被判处无期徒刑的罪犯，符合怀孕或者正在哺乳自己婴儿的妇女的，可以暂予监外执行。

3. 不得暂予监外执行的情形。对需要保外就医或者属于生活不能自理，但适用暂予监外执行可能有社会危险性，或者自伤自残，或者不配合治疗的罪犯，不得暂予监外执行。

对职务犯罪、破坏金融管理秩序和金融诈骗犯罪，组织、领导、参加、包庇、纵容黑社会性质组织犯罪的罪犯适用保外就医应当从严审批，对患有高血压、糖尿病、心脏病等严重疾病，但经诊断短期内没有生命危险的，不得暂予监外执行。

4. 从严适用暂予监外执行的情形。对在暂予监外执行期间因违法违规被收监执行或者因重新犯罪被判刑的罪犯，需要再次适用暂予监外执行的，应当从严审批。

对需要保外就医或者属于生活不能自理的累犯以及故意杀人、强奸、抢劫、绑架、放火、爆炸、投放危险物质或者有组织的暴力性犯罪的罪犯，原被判处死刑缓期二年执行或者无期徒刑的，应当在减为有期徒刑后执行有期徒刑 7 年以上方可适用暂予监外执行；原被判处 10 年以上有期徒刑的，应当执行原判刑期 1/3 以上方可适用暂予监外执行。

对未成年罪犯、65 周岁以上的罪犯、残疾人罪犯，适用前款规定可以适度从宽。

对患有《保外就医严重疾病范围》的严重疾病，短期内有生命危险的罪犯，可以不受上述关于执行刑期的限制。

（四）暂予监外执行的诊断、检查、鉴别程序

对在监狱服刑的罪犯需要暂予监外执行的，监狱应当组织对罪犯进行病情诊断、妊娠检查或者生活不能自理的鉴别。罪犯本人或者其亲属、监护人也可以向监狱提出书面申请。

监狱组织诊断、检查或者鉴别，应当由监区提出意见，经监狱刑罚执行部门审查，报分管副监狱长批准后进行诊断、检查或者鉴别。

对于患有严重疾病或者怀孕需要暂予监外执行的罪犯，委托省级人民政府指定的医院进行病情诊断或者妊娠检查。

对于生活不能自理需要暂予监外执行的罪犯，由监狱罪犯生活不能自理鉴别小组进行鉴别。

对罪犯的病情诊断或妊娠检查证明文件，应当由 2 名具有副高以上专业技术职称的医师共同作出，经主管业务院长审核签名，加盖公章，并附化验单、影像学资料和病历等有关医疗文书复印件。

对于生活不能自理的鉴别，应当由监狱罪犯生活不能自理鉴别小组审查下列事项：

（1）调取并核查罪犯经 6 个月以上治疗、护理和观察，生活自理能力仍不能恢复的材料；

（2）查阅罪犯健康档案及相关材料；

（3）询问主管人民警察，并形成书面材料；

（4）询问护理人员及其同一监区 2 名以上罪犯，并形成询问笔录；

（5）对罪犯进行现场考察，观察其日常生活行为，并形成现场考察书面材料；

（6）其他能够证明罪犯生活不能自理的相关材料。

审查结束后，鉴别小组应当及时出具意见并填写《罪犯生活不能自理鉴别书》，经鉴别小组成员签名以后，报监狱长审核签名，加盖监狱公章。

监狱应当向人民检察院通报对罪犯进行病情诊断、妊娠检查和生活不能自理鉴别工作情况。人民检察院可以派员监督。

（五）对社区影响的调查

监狱、看守所对拟提请暂予监外执行的罪犯，应当核实其居住地。需要调查其对所居住社区影响的，可以委托居住地县级司法行政机关进行调查。监狱对需要调查评估其对所居住社区影响或核实保证人具保条件的，填写《拟暂予监外执行罪犯调查评估委托函》，附带原刑事判决书、减刑裁定书复印件以及罪犯在服刑期间表现情况材料，委托居住地县级司法行政机关进行调查，并出具调查评估意见书。

（六）保证人的条件和义务

罪犯需要保外就医的，应当由罪犯本人或者其亲属、监护人提出保证人，保证人由监狱、看守所审查确定。

罪犯没有亲属、监护人的，可以由其居住地的村（居）民委员会、原所在单位或者社区矫正机构推荐保证人。

保证人应当向监狱、看守所提交保证书。

保证人应当同时具备下列条件：

（1）具有完全民事行为能力，愿意承担保证人义务；

（2）人身自由未受到限制；

（3）有固定的住处和收入；

（4）能够与被保证人共同居住或者居住在同一市、县。

罪犯在暂予监外执行期间，保证人应当履行下列义务：

（1）协助社区矫正机构监督被保证人遵守法律和有关规定；

（2）发现被保证人擅自离开居住的市、县或者变更居住地，或者有违法犯罪行为，或者需要保外就医情形消失，或者被保证人死亡的，立即向社区矫正机构报告；

（3）为被保证人的治疗、护理、复查以及正常生活提供帮助；

（4）督促和协助被保证人按照规定履行定期复查病情和向社区矫正机构报告的义务。

（七）暂予监外执行的提请程序

1. 罪犯本人或其亲属、监护人提出保证人。罪犯需要保外就医的，应当由罪犯本人或其亲属、监护人提出保证人。无亲属、监护人的，可以由罪犯居住地的村（居）委会、原所在单位或者县级司法行政机关社区矫正机构推荐保证人。监狱刑罚执行部门对保证人的资格进行审查，填写《保证人资格审查表》，并告知保证人在罪犯暂予监外执行期间应当履行的义务，由保证人签署《暂予监外执行保证书》。

2. 监区人民警察集体研究。对符合办理暂予监外执行条件的罪犯，监区人民警察应当集体研究，提出提请暂予监外执行建议。

3. 监区长办公会议初审。经对于监区提出的提请暂予监外执行建议，监区长办公会议进行审核，审核同意后，报送监狱刑罚执行部门审查。

监区提出提请暂予监外执行建议的，应当报送下列材料：

（1）《暂予监外执行审批表》；

（2）终审法院裁判文书、执行通知书、历次刑罚变更执行法律文书；

（3）《罪犯病情诊断书》《罪犯妊娠检查书》及相关诊断、检查的医疗文书复印件，《罪犯生活不能自理鉴别书》及有关证明罪犯生活不能自理的治疗、护理和现场考察、询问笔录等材料；

（4）监区长办公会议记录；

（5）《保证人资格审查表》《暂予监外执行保证书》及相关材料。

4. 监狱刑罚执行部门审查。监狱刑罚执行部门收到监区对罪犯提请暂予监外执行的材料后，应当就下列事项进行审查：

（1）提交的材料是否齐全、完备、规范；

（2）罪犯是否符合法定暂予监外执行的条件；

（3）提请暂予监外执行的程序是否符合规定。

经审查，对材料不齐全或者不符合提请条件的，应当通知监区补充有关材料或者退回；对相关材料有疑义的，应当进行核查。对材料齐全、符合提请条件的，应当出具审查意见，由科室负责人在《暂予监外执行审批表》上签署意见，连同监区报送的材料一并提交监狱暂予监外执行评审委员会评审。

此外，监狱刑罚执行部门应当核实暂予监外执行罪犯拟居住地，对需要调查评估其对所居住社区影响或核实保证人具保条件的，填写《拟暂予监外执行罪犯调查评估委托函》，附带原刑事判决书、减刑裁定书复印件以及罪犯在服刑期间表现情况材料，委托居住地县级司法行政机关进行调查，并出具调查评估意见书。

5. 监狱暂予监外执行评审委员会评审。监狱暂予监外执行评审委员会应当召开会议，对刑罚执行部门审查提交的提请暂予监外执行意见进行评审，提出评审意见。

监狱可以邀请人民检察院派员列席监狱暂予监外执行评审委员会会议。

6. 公示或公告。监狱暂予监外执行评审委员会评审后同意对罪犯提请暂予监外执行的，应当在监狱内进行公示。公示内容应当包括罪犯的姓名、原判罪名及刑期、暂予监外执行依据等。

公示期限为 3 个工作日。公示期内，罪犯对公示内容提出异议的，监狱暂予监外执行评审委员会应当进行复核，并告知其复核结果。

对病情严重必须立即保外就医的，可以不公示，但应当在保外就医后 3 个工作日内在监狱公告。

7. 向人民检察院征求意见。公示无异议或者经复核异议不成立的，监狱应当将提请暂予监外执行相关材料送人民检察院征求意见。征求意见后，监狱刑罚执行部门应当将监狱暂予监外执行评审委员会暂予监外执行建议和评审意见连同人民检察院意见，一并报请监狱长办公会议审议。

监狱对人民检察院意见未予采纳的，应当予以回复，并说明理由。

8. 监狱长办公会议决定。监狱长办公会议决定提请暂予监外执行的，由监狱长在《暂予监外执行审批表》上签署意见，加盖监狱公章，并将有关材料报送省、自治区、直辖市监狱管理局。

人民检察院对提请暂予监外执行提出的检察意见，监狱应当一并移送办理暂予监外执行的省、自治区、直辖市监狱管理局。

决定提请暂予监外执行的，监狱应当将提请暂予监外执行书面意见的副本和相关材料抄送人民检察院。

监狱决定提请暂予监外执行的，应当向省、自治区、直辖市监狱管理局提交提请暂予监外执行书面意见及下列材料：

（1）《暂予监外执行审批表》；

（2）终审法院裁判文书、执行通知书、历次刑罚变更执行法律文书；

（3）《罪犯病情诊断书》《罪犯妊娠检查书》及相关诊断、检查的医疗文书复印件，《罪犯生活不能自理鉴别书》及有关证明罪犯生活不能自理的治疗、护理和现场考察、询问笔录等材料；

（4）监区长办公会议、监狱评审委员会会议、监狱长办公会议记录；

（5）《保证人资格审查表》《暂予监外执行保证书》及相关材料；

（6）公示情况；

（7）根据案件情况需要提交的其他材料。

已委托县级司法行政机关进行核实、调查的，应当将调查评估意见书一并报送。

（八）暂予监外执行的审批程序

对罪犯适用暂予监外执行，分别由下列机关决定或者批准：

①在交付执行前，由人民法院决定；②在监狱服刑的，由监狱审查同意后提请省级以上监狱管理机关批准；③在看守所服刑的，由看守所审查同意后提请设区的市一级以上公安机关批准。

对有关职务犯罪罪犯适用暂予监外执行，还应当依照有关规定逐案报请备案审查。

此处根据《监狱暂予监外执行程序规定》详细说明监狱管理机关审批的流程。

1. 监狱管理局刑罚执行部门审查。省、自治区、直辖市监狱管理局收到监狱报送的提请暂予监外执行的材料后，应当进行审查。

对病情诊断、妊娠检查或者生活不能自理情况的鉴别是否符合暂予监外执行条件，由生活卫生部门进行审查；对上报材料是否符合法定条件、法定程序及材料的完整性等，由刑罚执行部门进行审查。

审查中发现监狱报送的材料不齐全或者有疑义的，刑罚执行部门应当通知监狱补交有关材料或者作出说明，必要时可派员进行核实；对诊断、检查、鉴别有疑义的，生活卫生部门应当组织进行补充鉴定或者重新鉴定。

审查无误后，应当由刑罚执行部门出具审查意见，报请局长召集评审委员会进行审核。

2. 监狱管理局局长办公会议或者评审委员会决定。监狱管理局局长认为案件重大或者有其他特殊情况的，可以召开局长办公会议审议决定。

监狱管理局对罪犯办理暂予监外执行作出决定的，由局长在《暂予监外执行审批表》上签署意见，加盖监狱管理局公章。

对于病情严重需要立即保外就医的，省、自治区、直辖市监狱管理局收到监狱报送的提请暂予监外执行材料后，应当由刑罚执行部门、生活卫生部门审查，报经分管副局长审核后报局长决定，并在罪犯保外就医后3日内召开暂予监外执行评审委员会予以确认。

监狱管理局应当自收到监狱提请暂予监外执行材料之日起15个工作日内作出决定。

批准暂予监外执行的，应当在5个工作日内，将《暂予监外执行决定书》送达监狱，同时抄送同级人民检察院、原判人民法院和罪犯居住地县级司法行政机关社区矫正机构。

不予批准暂予监外执行的，应当在5个工作日内将《不予批准暂予监外执行决定书》送达监狱。

人民检察院认为暂予监外执行不当提出书面意见的，监狱管理局应当在接到书面意见后15日内对决定进行重新核查，并将核查结果书面回复人民检察院。

监狱管理局批准暂予监外执行的，应当在10个工作日内，将暂予监外执行决定上网公开。

（九）暂予监外执行的交付程序

1. 交付准备工作。省、自治区、直辖市监狱管理局批准暂予监外执行后，监狱应当核实罪犯居住地，书面通知罪犯居住地县级司法行政机关社区矫正机构并协商确定交付时间，对罪犯进行出监教育，书面告知罪犯在暂予监外执行期间应当遵守的法律和有关监督管理规定。

罪犯应当在《暂予监外执行告知书》上签名，如果因特殊原因无法签名的，可由其保证人代为签名。

监狱将《暂予监外执行告知书》连同《暂予监外执行决定书》交予罪犯本人或保证人。

2. 监狱派员押送。监狱应当派员持《暂予监外执行决定书》及有关文书材料，将罪犯押送至居住地，与县级司法行政机关社区矫正机构办理交接手续。

罪犯因病情严重需要送入居住地的医院救治的，监狱可与居住地县级司法行政机关协商确定在居住地的医院交付并办理交接手续，暂予监外执行罪犯的保证人应当到场。

3. 后续收尾工作。罪犯交付执行后，监狱应当在 5 个工作日内将罪犯交接情况通报人民检察院。

罪犯原服刑地与居住地不在同一省、自治区、直辖市，需要回居住地暂予监外执行的，监狱应当及时办理出监手续并将交接情况通报罪犯居住地的监狱管理局，原服刑地的监狱管理局应当自批准暂予监外执行 3 个工作日内将《罪犯档案转递函》《暂予监外执行决定书》以及罪犯档案等材料送达罪犯居住地的监狱管理局。

罪犯居住地的监狱管理局应当在 10 个工作日内指定一所监狱接收罪犯档案，负责办理该罪犯的收监、刑满释放等手续，并书面通知罪犯居住地县级司法行政机关社区矫正机构。

（十）及时收监的情形

对暂予监外执行的罪犯，有下列情形之一的，应当及时收监：

（1）发现不符合暂予监外执行条件的；

（2）严重违反有关暂予监外执行监督管理规定的；

（3）暂予监外执行的情形消失后，罪犯刑期未满的。

对于人民法院决定暂予监外执行的罪犯应当予以收监的，由人民法院作出决定，将有关的法律文书送达公安机关、监狱或者其他执行机关。

不符合暂予监外执行条件的罪犯通过贿赂等非法手段被暂予监外执行的，在监外执行的期间不计入执行刑期。罪犯在暂予监外执行期间脱逃的，脱逃的期间不计入执行刑期。

罪犯在暂予监外执行期间死亡的，执行机关应当及时通知监狱或者看守所。

暂予监外执行

三、工作任务实施

（一）工作情境描述

王某，男，1956 年 9 月出生，户籍所、居住地均为黑龙江省哈尔滨市。1998 年 5 月，因犯受贿罪被哈尔滨市中级人民法院依法判处有期徒刑 15 年，羁押于哈尔滨监狱，刑期自 1998 年 5 月 5 日起至 2019 年 12 月 22 日止。2009 年 4 月 27 日，哈尔滨市中级人民法院裁定王某减刑 1 年，刑期自决定之日起至 2018 年 12 月 22 日止。2015 年 2 月 15 日，王某及其家属提出暂予监外执行申请，理由是其患有严重疾病高血压。

1. 请分析王某是否符合暂予监外执行的条件？

2. 对王某的病情诊断应符合哪些程序要求？

假设经过病情诊断，王某确实符合暂予监外执行的条件，黑龙江省监狱管理局决定对其暂予监外执行。哈尔滨监狱遂将王某移交到哈尔滨市某区司法局，由居住地司法所对王某进行监管。社区矫正前期，王某病情稳定，表现尚可，其本人能够遵守相关监管规定，每月向司法所汇报病情，每 3 个月配合司法所工作人员进行病情复查。自 2018 年 12 月，王某无正当理由不按时提交病情复查情况，哈尔滨市司法局矫正大队工作人员与司法所工作人员按照《社区矫正实施办法》第 23 条之规定，给予王某警告处罚。王某态度蛮横，以不应该进行病情复查为由拒绝在询问笔录上签字。随后，司法工作人员对王某进行批评教育并要求王某到司法所接受教育训诫遭到其拒绝，其本人拒绝改正、拒不配合司法所工作。

3. 根据王某以上的行为，对王某应该如何处理？

（二）工作任务目标

1. 掌握暂予监外执行的条件，能够判断是否符合暂予监外执行。

2. 熟悉暂予监外执行办理的程序性规定，能够办理暂予监外执行。

3. 了解暂予监外执行收监的情形和程序。

（三）工作流程与活动

活动 1：任务确立（课前自学）。

活动 2：问题解答——①回答任务导入问题。②回答工作情境描述的 3 个问题。

活动 3：方案制订——能够根据工作情境描述情况的制作《暂予监外执行审批表》。

活动 4：项目实训——校内实训场地模拟办理暂予监外执行的流程。

活动 5：评价与总结——教师评价和行业专家在线指导。

项目三 罪犯申诉、控告、检举

工作任务一 申诉

一、工作任务导入

涉及以下申诉的几种情形应当如何处理和应对？

1. 罪犯将申诉材料用信封装好封口投入信箱，信封上写明寄给某人民法院或人民检察院，民警该如何处理？

2. 罪犯将申诉材料用信封装好封口投入信箱，信封上写明寄给某司法机关某个领导，民警该如何处理？

3. 罪犯将申诉材料直接交给管教民警，民警该如何处理？

4. 罪犯自己没有能力写申诉材料，要求民警提供帮助，民警该如何处理？

5. 罪犯向司法机关递交材料超过 6 个月没有回复，怀疑被监狱扣压或认为相关司法机关违法超期不办理，民警该如何回复？

6. 监狱认为罪犯的判决或裁定确有可能错误的，应当如何处理？

7. 罪犯申诉被多次驳回，是否可以继续申诉，是否应认定为无理缠诉，是否影响其减刑、假释？

二、知识准备

（一）申诉的概念和种类

申诉是指公民对有关自身及他人的权益问题，向司法机关或有关国家机关申诉理由，请求处理的行为。申诉的种类有：

1. 依处理程序不同，可分为诉讼程序的申诉和非诉讼程序的申诉。前者指公民对已发生法律效力的判决或裁定认为确有错误时，依法向人民法院或人民检察院提出申请，请求重新处理的行为；后者指公民对国家机关、政党和团体等组织给予的行政处分或处理不服时，向原机关或上级机关申诉理由，请求重新处理的行为。

2. 依实体内容不同，可分为刑事申诉、民事申诉和行政申诉。刑事申诉直接涉及罪犯生效的判决或裁定等实体内容；民事申诉主要涉及罪犯合法财产分割与继承、婚姻关系解除与确认等内容；行政申诉则涉及罪犯证照吊销（如律师执业证、注册会计师证等）、资格剥夺等内容。本教材主要围绕罪犯刑事申诉展开分析。

（二）罪犯刑事申诉的含义及情形

1. 罪犯刑事申诉的含义。罪犯刑事申诉是指罪犯对已发生法律效力的刑事判决或裁定认为确有错误，依法向人民法院或人民检察院提出申请，要求变更处罚或撤销原判的一种活动。它主要有四大特征：一是罪犯刑事申诉是在判决、裁定生效以后提出的；二是罪犯刑事申诉可能但不必然引起审判监督程序，即再审程序；三是罪犯刑事申诉没有期限和次数的限制，在任何时候都可以申诉，且即便申诉被驳回也可以再申诉；四是罪犯刑事申诉不影响判决、裁定的执行。

2. 罪犯刑事申诉的情形。

（1）无罪的申诉。这主要涉及下列几种情况：其一是受公安机关刑讯逼供、诱供而作虚假供述；其二是冒名顶替、代人受过等原因被判刑，罪犯事后又反悔的；其三是经过对法律的研读，认为自己的行为不能完全符合相关罪名的构成要件。

（2）量刑过轻的申诉。这种情形很少见，主要发生在老年人犯罪、过失犯罪以及亲情犯罪当事人身上。罪犯希望法院加重对自己的量刑甚至要求极刑，来安抚受害者的愤怒，来弥补自身的罪恶，或者通过求死来寻求解脱。

（3）量刑过重的申诉。这是最为常见的申诉事由。同一个省份，不同地区对相类似的案情量刑上可能差距很大；同一个地区，对本省籍和外省籍人员量刑上也会有一些差别。至于一些结果加重犯，罪犯可能对罪行危害性认识不足，从而走上申诉之路。

（4）罪名定性不准的申诉。如金融领域的一些罪名，专业性非常强，审判中律师和法官可能会对当事人定罪产生一些分歧；如抢劫罪、强奸罪加重情节之认定，因作案环境和作案手段不同认定就会不同，罪犯会以存在的分歧为由申诉。

（5）刑期计算不当的申诉。这主要是那些曾经被取保候审、监视居住、撤销缓刑或假释、暂予监外执行收监、再审重判的罪犯，办案机关可能因某种疏忽造成刑期计算差错。

（三）相关法律的规定

1.《刑事诉讼法》有关规定。

第252条规定，当事人及其法定代理人、近亲属，对已经发生法律效力的判决、裁定，可以向人民法院或者人民检察院提出申诉，但是不能停止判决、裁定的执行。

第275条规定，监狱和其他执行机关在刑罚执行中，如果认为判决有错误或者罪犯提出申诉，应当转请人民检察院或者原判人民法院处理。

2.《监狱法》有关规定。

第21条规定，罪犯对生效的判决不服的，可以提出申诉。对于罪犯的申诉，人民检察院或者人民法院应当及时处理。

第 23 条规定，罪犯的申诉、控告、检举材料，监狱应当及时转递，不得扣压。

第 24 条规定，监狱在执行刑罚过程中，根据罪犯的申诉，认为判决可能有错误的，应当提请人民检察院或者人民法院处理，人民检察院或者人民法院应当自收到监狱提请处理意见书之日起 6 个月内将处理结果通知监狱。

（四）罪犯申诉的意义

1. 能帮助罪犯实现权利受损之救济。在相当长一段时期，罪犯对刑事判决或裁定不服欲行申诉，相关政策有限制性规定，如申诉被驳回再申诉就被视为无理缠诉，会影响罪犯减刑。监狱制度上也要求管教民警要做好罪犯的思想工作，甚至将长期坚持申诉的作为顽固犯进行攻坚转化。随着法治进程的推进，特别是《监狱法》的颁布实施，对罪犯申诉权的保护有专门的条款作了明确规定，但仍然有民警受习惯思想的影响，认为罪犯申诉是在找麻烦。"没有救济就没有真正的权利"，因而保障罪犯的申诉权，依法处理罪犯的申诉事由，不仅是个重要的理念问题，而且是个严肃的执法问题。

2. 能纠正和避免司法及执法上的冤假错案。全国先后平反了湖北省"佘祥林案"、河北"李久武案"、云南"杜培武案"、河南"赵作海案"、内蒙古"呼格吉勒图案"等重大冤假错案。从经验教训看，这些冤案和公安机关刑讯逼供以及有关部门随意剥夺当事人的申诉权利有关。保障罪犯的申诉权，相当于对以往办案过程的再次梳理与反思，有助于发现和纠正执法瑕疵，维护当事人合法权益。

3. 能提升国家机关的执法权威。受暴力驱使、强权威慑等因素影响，有的犯罪嫌疑人在审讯、审判等环节作出了虚假的供述。投入监禁改造后，有的幡然悔悟，走上了申诉之路。监狱机关若能正确对待罪犯的申诉，有助于提升自身的执法公信力与信誉度。

（五）罪犯申诉的处理流程

监狱民警收到罪犯的申诉材料后，应根据申诉内容，依法及时作出处理。具体环节如下：

1. 做好情况登记。罪犯如果通过监狱设立的信箱投递申诉材料，负责处理信件的民警应首先区分是否属于检查的范围，如果是寄给监狱上级机关或司法机关的信件不得检查应直接邮寄，但寄给任何机关具体个人的信件都应当检查。罪犯如果直接交给管教民警，民警应在专门的登记本上做好登记并由罪犯本人签名，同时及时转交监狱刑罚执行部门。监狱刑罚执行部门也应对申诉人的基本情况及申诉主要内容进行登记，并由交接民警签字存证。

2. 及时转送材料。监狱刑罚执行部门对申诉材料进行复制存档后，应及时将原件向人民法院或其他有管辖权的司法机关转递，不得扣压。寄交凭证应复印后转交罪犯本人，原件存档。

3. 依法进行处理。如果监狱认为判决或裁定可能有错误的，应当制作《对罪犯刑事判决提请处理意见书》，依法提请有管辖权的人民检察院或者人民法院处理。

4. 及时反馈意见。如果人民法院或人民检察院对罪犯申诉有回复的，监狱应及时将回复函送达申诉人签收。监狱依据《监狱法》规定提请的《对罪犯刑事判决提请处理意见书》，人民检察院或者人民法院应当自收到监狱提请处理意见书之日起 6 个月内将处理结果通知监狱，监狱应跟踪、催办后续的处理。

5. 做好教育普法工作。罪犯往往会认为申诉材料交给监狱，就属于《监狱法》规定的由监狱提请的范畴了，超过 6 个月没有回复，就认为是监狱没有及时转递或司法机关不作为。管教民警应及时做好个别谈话教育工作，答疑解惑，告知申诉材料交给监狱绝大多数是予以转递，法律没有规定司法机关的处理期限，只有监狱认为判决或裁定可能有错误的以监狱名义提请处理的才有 6 个月的办理期限，以消除申诉罪犯认识上的误区。

（六）注意事项

1. 不能将罪犯申诉和其计分考核、刑事奖励挂钩。《最高人民法院关于办理减刑、假释案件具体应用法律若干问题的规定》（已失效）第 2 条规定，对罪犯申诉不应不加分析地认为是不认罪悔罪。虽然监狱机关在呈报罪犯刑事奖励时，在其实质性要件中都有"认罪服法"的前置性要求，但只要能服从管理教育，按正常渠道申诉，一般就可认定是"认罪服法"。在计分考核中也不能有差别的对待。

2. 应为罪犯申诉建立相应的引导和帮助机制。为保障罪犯的申诉权，监狱机关应建立相应的工作机制，理顺罪犯申诉通道，保证罪犯申诉行得通、落实快、有反馈。如果罪犯对刑事判决或裁定不服，监狱应在可能的条件下，为罪犯撰写刑事申诉状提供帮助，及时转递相关材料，为律师代理申诉提供便利。

申诉

三、工作任务实施

（一）工作情境描述

罪犯李某（男，1977 年 5 月 21 日出生，汉族，四川省江安县人，初中文化，因故意伤害罪被判无期徒刑）。李某案件十分曲折。1998 年 9 月 1 日因故意伤害罪被宜宾市翠屏区法院判有期徒刑 10 年，1998 年 12 月 26 日送四川省宜宾监狱服刑。2000 年 3 月 9 日因另两名同伙归案宜宾中院决定再审，最终在经历了长达 8 年 7 个月的审理八次判决裁定后于 2005 年 12 月 15 日判处其无期徒刑，2006 年 4 月 4 日送四川省自贡监狱服刑，2009 年 6 月 30 日因地震被转嘉陵监狱，2018 年 9 月 3 日调浙江服刑。该犯一直以来对原判决不服，而且另外两名同案犯都出书面证明其在故意伤害案件中事先不知情，过程中没有动刀，对因刀伤引起的一死一重伤的后果不应该承担同等责任，要求改判，同时对其在宜宾监狱服刑的时间要求折抵刑期。但因为之前的判决书、裁定书监狱都没有，监狱没有主动介入处理，二十多年来李犯的申诉都石沉大海。2019 年 4 月 11 日该犯通过写大字报在摄像头下举牌的形式向司法部驻在式检查组反映其问题，2019 年 7 月 3 日，李某早上穿着写有"还我公道"字样的囚服出工，被民警制止后言语偏激，扬言要不惜一切代价达到目的，被高戒管理。

在二十多年的牢狱生涯中李某对政法机关的仇视心理与日俱增，如果得不到合理的回复，极有可能引发极端报复行为。最终监狱通过向四川高院递交提起处理意见书，为李某成功折抵刑期。

1. 该犯的申诉方式和行为是否影响其"认罪服法"的认定？是否会影响其减刑？

2. 监狱应该如何明法释理，做好该犯的思想工作？

3. 监狱在办理罪犯的申诉事宜中如何根据具体情况恰当处理？

4. 该案例给我们什么样的启示？如何将《监狱法》第 24 条落到实处？

（二）工作任务目标

1. 熟悉罪犯刑事申诉的情形。

2. 掌握罪犯"认罪服法"的认定标准。

3. 掌握罪犯申诉的处理流程，履行法定义务，防范执法风险。

（三）工作流程与活动

活动 1：任务确立（课前自学）。

活动 2：问题解答——对工作导入问题和工作情境描述中问题 1~3 作答。

活动 3：对工作情境描述中问题 4 开展讨论。

活动 4：评价与总结——教师评价和行业专家介绍案例的办理。

工作任务二　控告

一、工作任务导入

下列在实际工作中出现的控告权保障和滥用方面出现的情形如何采取有效的措施加以避免？

1. 某监狱为了保护控告人，把信箱安装在没有监控的洗漱间，结果经常被人用水泼洒导致材料内容无法识别。

2. 某监狱基层分监区、监区为了"家丑不外扬"，安排值班员看守信箱，阻止罪犯投递材料，甚至用钩子或双面胶将材料取出，并在集体教育时给控告行为定性为扰乱改造秩序。

3. 随着监控全覆盖的实施，罪犯投递材料完全在监控下面，加大了罪犯的心理压力。

4. 基层监区、分监区采取联号包夹的措施制止罪犯直接找监狱相关工作人员包括领导，文盲罪犯既不会写材料又无法直接找上级反映情况，其控告权无法保障。

5. 有的罪犯"唯恐天下不乱"，采取写匿名信的方式捏造、夸大事实诬告、陷害管教民警，导致管教民警工作积极性受到打击不愿管事。

二、知识准备

（一）控告的概念

1. 控告的法律含义。控告是指公民对国家机关及其工作人员的失职、违纪、违法、犯罪行为提出指控，并请求有关机关进行制裁的行为。

控告一般是由被侵害人或其近亲属提出，主要是基于维护自身权益。本教材重点讨论罪犯控告的处理。

2. 罪犯控告的含义。罪犯控告，指罪犯对监狱机关和其他国家工作人员的失职、违纪、违法、犯罪行为，向有关机关进行揭发、控诉，并请求依法予以处理的行为。

（二）相关法律的规定

1.《刑事诉讼法》有关规定。

第 110 条第 1 款规定，任何单位和个人发现有犯罪事实或者犯罪嫌疑人，有权利也有义务向公安机关、人民检察院或者人民法院报案或者举报。

第 110 条第 2 款规定，被害人对侵犯其人身、财产权利的犯罪事实或者犯罪嫌疑人，有权向公安机关、人民检察院或者人民法院报案或者控告。

第 111 条规定，报案、控告、举报可以用书面或者口头提出。接受口头报案、控告、举报的工作人员，应当写成笔录，经宣读无误后，由报案人、控告人、举报人签名或者盖章。接受控告、举报的工作人员，应当向控告人、举报人说明诬告应负的法律责任。但是，只要不是捏造事实，伪造证据，即使控告、举报的事实有出入，甚至是错告的，也要和诬告严格加以区别。公安机关、人民检察院或者人民法院应当保障报案人、控告人、举报人及其近亲属的安全。报案人、控告人、举报人如果不愿公开自己的姓名和报案、控告、举报的行为，应当为他保守秘密。

第 112 条规定，人民法院、人民检察院或者公安机关对于报案、控告、举报和自首的材料，应当按照管辖范围，迅速进行审查，认为有犯罪事实需要追究刑事责任的时候，应当立案；认为没有犯罪事实，或者犯罪事实显著轻微，不需要追究刑事责任的时候，不予立案，并且将不立案的原因通知控告人。控告人如果不服，可以申请复议。

2.《监狱法》有关规定。

第 7 条第 1 款规定，罪犯的人格不受侮辱，其人身安全、合法财产和辩护、申诉、控告、检举以及其他未被依法剥夺或者限制的权利不受侵犯。

第 22 条规定，对罪犯提出的控告、检举材料，监狱应当及时处理或者转送公安机关或者人民检察院处理，公安机关或者人民检察院应当将处理结果通知监狱。

第 23 条规定，罪犯的申诉、控告、检举材料，监狱应当及时转递，不得扣压。

（三）罪犯控告权的保护

控告权作为法律规定的公民权利应当受到保护。对罪犯控告权的保护关键在于畅通罪犯诉求反映的渠道，实践中可以采取以下措施：

1. 对民警做好宣传教育，提高认识。保护罪犯的控告权，让民警在各方监督下工作，可以提高民警的执法水平，防微杜渐，避免出现违纪违法行为。对民警的工作失误、违纪违法行为争取在监狱内部处理也是对民警最好的保护。

2. 改变信箱设立的方式。为适应监控全覆盖的新形势，保证罪犯在没有监视的情况下无压力的行使控告权，可以在罪犯监舍大厅设立综合信箱，将罪犯所有信箱特别是与亲属信箱合并，由监狱相关部门开启分类处理信件，将寄给亲属的信件转给分监区（监区）处理，其他信件按职能分工处理，这样对投递控告信的罪犯起到了很好的保护作用。

3. 对罪犯口头反映情况不得制止。有的罪犯出于文化程度等因素的限制，要求找监狱领导或相关部门反映情况，管教民警不得以任何理由和方式进行限制，而应该积极地帮助联系，但对于监狱上级和来宾来监视察出于安全的需要应禁止罪犯借机越级反映。

4. 监狱可采用问卷调查的方式畅通罪犯的诉求。监狱可采取问卷调查的方式收集罪犯的诉求，并将收集到的诉求根据职能分工及时予以回复。

5. 监狱可以开通线上投诉举报的方式畅通罪犯的控告渠道。浙江省监狱系统运用教育改造子网设置专门的有控告功能的模块"心声直通车"，保证罪犯每月至少一次网上表达诉求的机会，罪犯可以根据自己的诉求自主选择处理的部门，相关部门应当在规定的期限内给予处理并回复。

（四）罪犯控告的处理流程

罪犯如果控告的对象非本监狱的工作人员，应当根据控告对象的不同及时转递到有管辖权的国家机关，不得扣压和延误。如果控告的事项涉及本监狱，则由监狱内设职能部门进行处理。通行做法如下：

1. 罪犯控告材料之处理。

（1）信箱管理与开启。监狱内设置的局长、监狱长信箱或综合信箱，由监狱纪监、法制、狱侦等部门负责管理联合开箱，每半个月至少开启一次。

（2）材料登记及转递。罪犯的控告材料一般由监狱纪委检察部门负责登记，经监狱领导批示后，于5日内转相关职能部门处理。内容涉及民警执法管理层面的，一般由法制科调查回复；涉及监内生活卫生问题的，由生活卫生科或医务部门调查回复；罪犯的控告材料若涉及民警违法违纪行为的，由监狱纪监部门调查处理。

（3）查处结果反馈。监狱对具名的控告材料作出处理或转交有关部门后，于5日内通知具名的罪犯。如果罪犯控告材料没有具名，监狱有关部门在查处后，也应及时将查处情况及处理意见通过合适的渠道或载体在监内予以反馈。

2. 罪犯控告材料处理技能。要求参与调查处理罪犯控告事项的民警要有高度负责的精神，必须出于公心，扎实细致地做好相关工作。

（1）要积极做好控告人的思想工作。针对具名的控告人，参与相关事项调查的民警要详细了解控告人的控告材料中的有关细节内容，尽量掌握最真实的第一手材料；针对个别控告人有思想顾虑、不愿说出真实情况的情形，调查者要讲清政策及利害关系，必要时可采取保护性措施将其调离原关押监区。

（2）要对控告内容进行深入透彻地分析。从执法实务看，一些控告材料没有具名者，如果控述的材料要素齐全、事实充分，那么调查起来就会很顺利；如果控述内容是间接引用、含糊不清、大概笼统式地描述，则要进行深入地分析，以确定针对性的调查处理方案；如果控告内容涉及民警一些重大违纪或是犯罪情节，承办部门应当尽可能通过思想工作使相关民警能主动交待自己的问题，争取从轻处理。如果控告内容是自己曾经分管或经手的，则应主动提出回避，以确保调查处理的公正性。

（3）要从保护民警免受刑事追究的角度积极开展工作。有的案件如果控告人的合理诉求得到满足，能平息控告事项，就尽可能采取解决其合理诉求的方式实现案结事了。如果达到国家赔偿的条件，要争取通过非诉讼途径解决，可以与控告人谈判达成协议，避免影响监狱声誉和引发对民警的责任追究。如果涉事民警的行为可能被追究刑事责任的，应积极与检察机关、人民法院沟通，争取通过符合不起诉、免于刑事处罚的要件达到以党纪、政纪处分避免民警被刑事追究的目标。同时通过案件的办理开展警示教育，使全体民警都受到教育避免违法犯罪。

（4）要旗帜鲜明地维护民警的执法权威。对于控告人故意捏造事实和证据诬告陷害民警的，要给予严厉打击，必要时通过法律途径追究诬告人的刑事责任。实践中诬告人往往采取投递匿名信件的方式进行控告，监狱也不能采取息事宁人的方式不了了之，而应该采取笔迹鉴定等技侦手段追查诬告者，给予必要的处罚直至追究刑事责任以打击歪风邪气，为民警的正常执法提供支持。

控告

三、工作任务实施

（一）工作情境描述

某监狱罪犯卢某某（故意伤害，无期，文盲），在 2020 年 10 月临近刑满时摆脱罪犯连包控制，冲到正在巡查的监狱领导面前控告民警存在迫害行为，如两次不给减刑，或指使其他罪犯"整"他，致其腰断了，眼睛瞎了，向监狱索赔 50 万。

经调查的确存在一次因其在中心医院住院导致考核材料没有本人签名，民警嫌麻烦未及时给其呈报减刑的情况；卢某某患有腰间盘突出症，行走不便而并非腰断了。

关于眼睛问题，卢某某病历显示 2017 年 10 月 4 日因"右眼球下出血 1 天"予以氧氟沙星眼药水等对症治疗。2020 年 1 月 21 日中心医院眼科检查：右眼视力 0.05、左眼视力 0.6，无矫正，初步诊断：右眼角膜白斑、虹膜前粘；右眼陈旧性外伤。但眼睛受伤的原因已无法查证，当时没有进行证据固定。

根据描述，谈谈对罪犯控告工作的看法。

（二）工作任务目标

1. 熟悉罪犯控告权保障的具体措施。

2. 掌握罪犯诬告陷害的认定标准。

3. 掌握罪犯控告事项的处理流程。

4. 恰当处理该罪犯的控告事项，能够防范执法风险。

（三）工作流程与活动

活动 1：任务确立（课前自学）。

活动 2：问题解答——对工作导入问题 1~3 作答。

活动 3：对工作导入问题 4 和工作情境描述的问题开展讨论。

活动 4：评价与总结——教师评价和行业专家介绍案例的办理。

工作任务三　检举

一、工作任务导入

监狱民警收到罪犯以下检举事项应当如何处理？

1. 罪犯检举监内其他罪犯违规违纪行为。

2. 罪犯检举监内其他罪犯违法犯罪行为。

3. 罪犯检举其他监狱罪犯违法犯罪行为。

4. 罪犯检举社会人员违法犯罪行为。

二、知识准备

（一）检举的概念

1. 检举的含义。检举是指向有关部门或组织揭发他人违反党纪、政纪、违法、犯罪的问题并要求查处的行为。检举人与检举事由不必要有直接联系。

2. 罪犯检举的含义。罪犯检举是指罪犯对其他罪犯的违规违纪行为和监狱内外的违法犯罪活动向有关机关进行揭发，请求依法处理的行为。

3. 检举和控告的区别。检举和控告有相似之处，但也有明显区别，主要有两大区别：

（1）主体不同：控告人是直接或间接的受害人，或是受害人的法定代理人或其亲属；检举人一般是与违法犯罪活动没有直接关系的人，既不是同案人，也不是被害人。

（2）目的不同：控告一般是为了保护自身的权益；而检举大多是出于义愤和正义感，

为的是维护公共或集体的利益。

（二）相关法律的规定

《监狱法》有关规定如下：

第7条第1款规定，罪犯的人格不受侮辱，其人身安全、合法财产和辩护、申诉、控告、检举以及其他未被依法剥夺或者限制的权利不受侵犯。

第22条规定，对罪犯提出的控告、检举材料，监狱应当及时处理或者转送公安机关或者人民检察院处理，公安机关或者人民检察院应当将处理结果通知监狱。

第23条规定，罪犯的申诉、控告、检举材料，监狱应当及时转递，不得扣压。

第29条规定，被判处无期徒刑、有期徒刑的罪犯，在服刑期间确有悔改或者立功表现的，根据监狱考核的结果，可以减刑。有下列重大立功表现之一的，应当减刑：

（1）阻止他人重大犯罪活动的；

（2）检举监狱内外重大犯罪活动，经查证属实的；

（3）有发明创造或者重大技术革新的；

（4）在日常生产、生活中舍己救人的；

（5）在抗御自然灾害或者排除重大事故中，有突出表现的；

（6）对国家和社会有其他重大贡献的。

（三）罪犯检举权的保护

检举权作为法律规定的公民权利应当受到保护。对罪犯检举权的保护关键在于畅通罪犯诉求反映的渠道，实践中可以采取以下措施：

1. 对民警做好宣传教育，提高认识。保护罪犯的检举权，是动员一切力量对违法犯罪行为作斗争的需要，也是鼓励罪犯互相监督打击罪犯违规违纪行为的需要。实践中民警对于罪犯检举社会或其他监狱的违法犯罪行为都能依法保护，及时登记转递材料。但有的民警对罪犯检举其他罪犯违规违纪行为比较抵触，认为增加了工作量，影响了改造秩序的稳定，特别是对越级检举，认为"家丑不外扬"，影响了单位、部门的形象，故有限制罪犯检举甚至给罪犯"穿小鞋"的情况发生。事实上合理利用和管控罪犯之间的矛盾，鼓励罪犯之间互相监督，有利于我们掌握犯情，实现耳聪目明，防范监管安全事故发生。

2. 改变信箱设立的方式。为适应监控全覆盖的新形势，保证罪犯在没有监视的情况下无压力的行使检举权，可以在罪犯监舍大厅设立综合信箱，将罪犯所有信箱如检举、控告箱与亲属信箱合并，由监狱相关部门开启分类处理信件，这样对投递检举材料的罪犯起到了很好的保护作用。

3. 监狱可以开通线上投诉举报的方式畅通罪犯的检举渠道。浙江省监狱系统运用教育改造子网设置专门的有检举功能的模块"心声直通车"，保证罪犯每月至少一次网上表达诉求的机会，罪犯可以根据自己需要检举的事项自主选择处理的部门，相关部门应当在规定的期限内给予处理并回复。

（四）罪犯检举材料之处理

1. 信箱管理与开启。监狱内的检举箱（综合信箱），一般由监狱纪监和狱侦部门共同管理，每月定期联合开启。

2. 材料登记与转递。罪犯的检举材料由监狱纪委监察部门负责登记，并交监狱领导根据内容不同批转有关部门处理。如检举内容涉及监内其他罪犯违规违纪的由狱侦部门调查，一般的违规违纪也可由所在的监区、分监区调查，但应当隐去检举人信息；涉及罪犯又犯罪行为的，由狱侦部门立案侦查；检举内容涉及其他监狱罪犯违法犯罪行为的由狱侦部门 5 日内转交有关监狱查处；检举内容涉及社会人员违法犯罪行为的，由狱侦部门 5 日内转交有关司法机关查处。

3. 处理情况反馈。狱侦部门将具名的罪犯检举材料作出处理或转交有关部门后，于 5 日内通知具名的罪犯。

4. 兑现奖励政策。罪犯的检举材料，经查证属实应进行有立功、重大立功表现的认定，尚不足以认定为有立功、重大立功表现的，给予专项加分；具名的检举材料无法查证的，民警应告知调查结果，对其开展个别谈话教育；检举材料属于诬陷的，视情节作出严肃处理。

（五）罪犯检举材料处理技能

罪犯检举材料能否及时、有效地得到处理，关联检举人改造积极性之发挥，关联监舍改造正气之发扬，关联执法机关工作能力之考验。特别是涉及监内违法犯罪之检举材料，管教民警必须高度重视，立即开展相关调查工作。具体应把握好以下几点：

1. 以事实为依据，以法律为准绳。对罪犯检举的事实成立的，应该按法律和规定进行处理，不能以罪犯检举的目的是打击报复而压案不查，否则既是一种失职行为，也会导致罪犯向更高一级的机关检举，从而造成工作的被动甚至产生执法风险。

2. 要保护检举罪犯不受打击报复。监狱内活动范围小，信息传播得快，管教民警得到有关监内罪犯违法违规的检举材料后，要从保护检举人的角度考虑调查的方案。如涉及违禁品的，要对所有罪犯的物品进行全面检查，而不能只搜查被检举的对象；如涉及知情人单一的，要选择恰当的时机进行，而不宜立即进行调查甚至让举报人出面对质；如涉及以物易劳、产值交易、违规汇款等事项的，也应开展针对所有罪犯的全面调查，而不能只针对目标对象进行调查。如果检举人因各种原因被暴露的，要及时采取环境调动等方式进行保护，避免矛盾激化导致行凶报复事件的发生。

3. 要跟踪检举材料的处理。对于检举社会和其他监狱的违法犯罪材料，监狱相关部门除了要及时登记转递外，还应跟踪查处的进展和结果，并及时向检举人反馈。

检举

三、工作任务实施

（一）工作情境描述

某监狱罪犯唐某，1998 年 3 月因抢劫、盗窃罪被判无期徒刑，2001 年减为 19 年有期徒刑，2003 年至 2011 年先后四次减刑 4 年 7 个月。2013 年新疆兵团六师中院裁定假释。假释考验期 2013 年 10 月 14 日至 2015 年 11 月 28 日止。2014 年 6 月 17 日又因盗窃被刑拘，2014 年 11 月 5 日富阳法院判盗窃罪 1 年 9 个月，撤销假释合并执行 3 年 8 个月投监服刑。案件评查中富阳法院院长发现原判决没有将其减刑撤销，2016 年 10 月 20 日提起再审撤销了唐某 2003 年至 2011 年四次有期徒刑的减刑，合并执行 8 年。唐某不服提起上诉，上诉被驳回。提起申诉，也被驳回。

2018 年 6 月唐某为了引起监狱的重视以假装自杀为要挟，被处禁闭。自此，唐某心态彻底变坏，以检举他犯违规、民警执法问题为由各种"折腾"。2021 年 3 月 7 日晚上唐某发现与之有矛盾的罪犯钟某使用了监狱配发的学习之用 U 盘后没有上交给民警，他故意等熄灯民警撤出之后于 22 点 50 分左右按响报警铃直接向监狱指挥中心报警。第二天分监区民警对其调查做笔录时，指责其越级报告，动机就是为了打击报复，没有对钟犯作扣分处理，只是取消钟犯的基础分 1 分。唐某更加怀恨在心而且对钟犯盯得更紧，2021 年 5 月 18 日 13 点 55 分又发现钟犯跨分监区传递 U 盘，就向监狱狱政支队举报，狱政支队经过调查对钟某作出了扣分处理。此后唐某称他检举违规的行为被民警打击报复，授意小组长对其承担的产品工序低估工时，使其完不成劳动任务并影响了其考核分和劳动报酬。2022 年 6 月 16 日刑满释放时经监狱评估作为必送对象，但其拒绝民警送其回家，扬言要到监狱局、检察院上访。后经承担必送任务的民警耐心做思想工作，承诺保证对其反映的问题进行调查处理并给予答复，唐某才同意回原籍。

根据描述，谈谈对罪犯检举工作的看法。

（二）工作任务目标

1. 熟悉罪犯检举权保障的具体措施。

2. 知晓民警应该如何正确对待罪犯的检举行为。

3. 掌握罪犯检举事项的处理流程，能够恰当处理罪犯的检举事项，防范执法风险。

（三）工作流程与活动

活动 1：任务确立（课前自学）。

活动 2：问题解答——对工作导入问题作答。

活动 3：对工作情境描述的问题开展讨论。

活动 4：评价与总结——教师评价和行业专家介绍案例的办理。

项目四　刑罚执行终结

工作任务一　释放

一、工作任务导入

2019 年 5 月的一天，罪犯王某在劳动车间操作机器时，因注意力不集中，与人闲聊，导致右手卷入滚轮，食指、中指、无名指大部分粉碎性骨折。后经某市医院精心医治，仍有一些指节功能不能完全恢复。事件发生后，经调查，得知王某操作此机器已有 3 年，对机器性能已是十分熟悉，这事完全是其过于自信、疏忽大意所致。考虑到王某余刑尚长，为消除其改造疑虑，一方面，监狱派人对其进行生活关爱和精神安慰，许诺出狱后给予其一定的经济补偿；另一方面，待其出院后，积极为其调换劳动岗位，尽量不因其手指伤残而使改造成绩受到太大影响。

2022 年 9 月，王某刑满在即。刑释前 1 个月，王某向监狱提出右手伤残鉴定之事，由于其所在监区领导、监狱分管领导都已调整，该监有关部门均无引起足够重视，也未带其前去作伤残鉴定。刑释前 3 日，王某找监狱有关领导，提出 2 万元的伤残补助之事。监狱根据《罪犯工伤补偿办法（试行）》有关规定，拟给予 2000 元补偿，但遭到王某拒绝。王某释放后，以服刑劳动时造成右手残疾，监狱不作伤残鉴定，自己谋生十分困难为由，多次向中央及省级有关部门写信反映诉求，并带其家人数次到监狱讨"说法"，要求监狱发放一次性伤残补偿款 10 万元。2022 年底，经监狱与户籍地街道、司法、民政等部门广泛沟通与协商，以监狱出 1.5 万元补助款，外加当地政府以物质救济和岗位扶持而告终结。

上述案例，说明了监狱在对伤残罪犯出监管理环节还存在哪些问题？

二、知识准备

释放是指监狱依法解除对在监狱服刑罪犯的监禁并恢复其人身自由的行刑活动。根据我国的立法和监狱工作实践，释放包括刑满释放、裁判释放（宣告无罪、改判较轻刑罚已执行期满）和特赦释放。其中刑满释放是主要形式，其他两类释放除释放的依据不同外，办理释放的手续基本相同。依法做好释放工作，对于准确执行法律规定、保障公民合法权利，以及促进罪犯顺利回归社会、预防和减少重新犯罪，都具有重要的积极意义。

（一）释放程序的启动及相关工作

罪犯刑满释放程序应当在释放前 3 个月启动。

1. 出监教育。按照出监规划和工作流程开展出监教育。出监教育的核心任务是以促进罪犯平稳重返社会为目的，着力提升其回归社会的适应能力，通过短时期的强化教育、检验、总结改造成绩，巩固改造成果。通过教育、实际接触和情境模拟等方法，使罪犯重新适应社会的发展变化和重新开始家庭生活。通过接受必要的职业培训或个人创业指导，获取立足社会的谋生本领。

2. 释放审批。出监分监区刑罚执行员对人民法院的执行通知书所确定的释放日期和服刑期间刑期发生的变动情况，进行认真核对，准确掌握释放时间，并填写《罪犯释放审批表》，报监狱狱政管理部门审核。

3. 释放通知。

（1）在罪犯释放前 1 个月向罪犯居住地公安机关或司法行政机关寄发《刑满释放人员通知书》，使有关部门提前做好安置帮教的准备工作。

（2）释放前安排罪犯拨打亲情电话，由罪犯本人通知家属，要求罪犯明确告知家属出监的具体时间，通话后在亲情电话审批本上注明受话人与罪犯的关系，受话人的家庭地址、联系电话，是否来监狱接罪犯出监等情况。

（3）罪犯因假释或减刑裁定后提前释放等紧急情况，由分监区民警用监区指定的固定电话通知罪犯家属，通话情况进行录音固定。

（4）对患精神疾病、严重疾病等特殊罪犯的释放通知，罪犯所在分监区应提前 15 天与其家属取得联系，明确交接的具体时间和具体事项，如正在住院治疗或抢救的，通知家属到罪犯住院的医院办理释放手续；对于家属不愿接回的，应与当地司法安置部门联系，遇到其他不能及时办理释放手续等特殊情况的，及时上报监狱狱政管理部门进行处置。

（5）罪犯临近释放，但罪犯被公安部门押回重审的，应提早向监狱狱政管理部门汇报，由其提前 15 天与押回重审的公安部门联系，明确交接的有关事项。

4. 释放证明的开具与领取。

（1）罪犯释放证明（释放证）由监狱狱政管理部门根据《罪犯释放审批表》确定的日期，并根据档案资料进行再次核对后开具。

（2）罪犯释放证一般由监区管教股内勤领取（或监区领导指定民警并提前电话告知），领取时间一般在释放前 3 个工作日内，领取时应先核对罪犯姓名、刑期、释放时间等基本信息，并签名确认。

5. 释放前谈话与矛盾化解。

（1）分监区在罪犯释放出监前一周应安排刑释前谈话。

（2）对谈话中反映出的各种矛盾或纠纷应及时化解，对不能处置或处置有困难的及时上报监区或监狱作进一步处理。

（3）对服刑期间有过意外伤害、患有严重疾病、自伤自残等情况，出监后可能会出现问题或产生矛盾纠纷的，按索情锁证工作要求做好证据固定工作。

（4）对有意外伤害、患有严重疾病的罪犯，表示出监后生活确实有困难的，应积极主动与罪犯户籍所在地的帮教部门、民政部门联系，争取给予必要的救助措施。

6. 账目和财物核对。

（1）分监区在罪犯释放出监前3天内，开具罪犯账目对账单，由罪犯本人进行签字确认，交监区财务股核对审查，由会计签字后取回归入副档。

（2）罪犯当月的劳动津贴按实际参加劳动的天数和规定的结算标准进行结算，填写《释放罪犯劳动报酬（零星）发放单》报监区审批，并准备好现金，于释放时经罪犯本人签字确认后发放。

（3）核对罪犯有无交由监狱（一般为入监监区）代为保管的贵重物品，对罪犯入监时有贵重物品的，应提前1天将罪犯的姓名、入监时间、物品名称等告知入监监区，便于核对。

（4）新生服装的准备，为刑释罪犯领取一套新生服装，备出监时使用。

（5）根据刑释罪犯返回原籍或居住地行程的交通费用情况，按照《刑释、假释人员路费发放规定》的标准进行核定，向监区提出路费发放的书面申请和具体金额，经监区主管部门审核和分管领导审批后，预支现金。

（二）释放工作流程

释放是刑罚执行的最后环节，标志着监狱对罪犯执行刑罚的结束，是一项极其严肃的执法活动，务必严格、规范，确保罪犯安全出狱，顺利回归社会。

1. 对刑释人员及携带物品进行检查。办理罪犯释放的民警将释放罪犯带至监狱大门AB门之间时，进行搜身和携带物品检查，更换服装。

2. 释放验证。

（1）释放证交监管室民警，对罪犯的基本情况信息进行再次核对，核对确认无误的准予释放。

（2）由监管室民警在释放登记本上填写释放证编号、罪犯姓名、释放日期，由释放罪犯签字捺印，办理民警签字确认。

（3）由释放罪犯在释放证存根上签字，释放证存根归入罪犯离监档案。

3. 释放出监。

（1）释放证核对无误后当场释放，释放过程在监控下进行。

（2）交给释放证的同时，交还代为保管的银行卡、发放路费和当月的劳动报酬，由释放罪犯签字确认。

（3）存有贵重物品的，由释放罪犯确认无误后，在罪犯贵重物品领取本上签字捺印确认，同时收回罪犯贵重物品存入凭证。

罪犯释放处理

三、工作任务实施

（一）工作情境描述

陈某，浙江衢州人，先后因盗窃罪、故意伤害罪、放火罪三次判刑入狱，最后一次刑满释放时已是 73 岁。他体弱多病，妻子早年改嫁，服刑期间亲属和其断绝来往，出狱后要想投亲靠友几乎不大可能。如果你是分管民警，如何处理关于陈某释放之事？

（二）工作任务目标

1. 掌握罪犯释放工作流程，能够办理释放。

2. 能够处置释放工作中的常见问题。

（三）工作流程与活动

活动 1：任务确立（课前自学）。

活动 2：问题解答——对工作任务导入问题作答。

活动 3：方案制定——分组讨论，并针对工作情境描述中陈某释放制定工作方案。

活动 4：评价与总结——教师评价和行业专家在线指导（课后拓展）。

工作任务二 罪犯死亡处理

一、工作任务导入

某监狱罪犯刘某，×年×月×日因打架斗殴严管处理，3 个月后因再次违规受到戴铐处理。期间刘某用手铐撞击铁栅栏自伤自残，导致双手腕表皮破损；队列训练时又摔倒，造成额头和双膝盖擦伤。次月初，送监狱医院就诊，就诊结果为"脑内胶质瘤"；后又转送至某省级医院就诊，结论为"颅内占位性病变，胶质瘤"。当月末，刘某死亡。当日下午，刘某家属以"手腕、膝盖表皮挫伤、身上脓疮和延误诊疗"为由向监狱提出强烈质疑；次日又纠集几十人赶到监狱，以拉横幅、要求限期赔偿等方式向监狱施压。不久，其家属到省城上访；其间，其家属曾多次欲强行挤上监狱公务用车等形式进行要挟，并极力阻碍尸体的正常解剖。最终以给予罪犯家属一定的经济补助，终将这起历时多月的、由罪犯死亡引发的监狱执法危机事件得以了结。

根据上述案例，请简要分析：

1. 该案例中民警在处理患病罪犯违规行为时，存在哪些执法不当行为？

2. 民警在处理罪犯死亡事件时，有哪些注意事项？

二、知识准备

（一）罪犯死亡的原因和种类

在刑罚执行领域，罪犯死亡可分为正常死亡和非正常死亡两种。正常死亡主要表现为罪犯突发性严重疾病如心肌梗塞、脑血管疾病等因素引起的生理性死亡；非正常死亡主要有罪犯自杀、他杀、事故致死三种，其中"他杀"既包括来自民警层面的体罚虐待、刑讯逼供致死，也包括来自同监罪犯的行凶报复、互殴致死等，"事故致死"常见表现形式有工伤、触电、火灾、车祸等事件引起的罪犯死亡。在国外，不同国家对罪犯死亡也有不同的分类。如美国矫正机构将罪犯死亡分为：自然死亡、自杀死亡、艾滋病死亡、不知原因或其他死亡、执行死刑死亡、谋杀死亡、意外事故死亡、脱逃死亡等。

（二）罪犯死亡的处置规程

司法实践中，发现罪犯死亡迹象时，事发单位监狱民警应当及时判明罪犯有无脉搏、呼吸、体温等生命特征，有抢救可能的，应当就地进行人工呼吸等急救，或者立即送就近医院抢救。从某省监狱系统处置狱内的罪犯死亡事件看，主要有以下操作规程：

1. 立即报告。发现罪犯死亡后，事发单位值班民警应立即向本单位上级领导和监狱主管职能部门报告；监狱主管职能部门接到报告后，应立即向主管副监狱长或值班监狱领导报告；监狱领导接到报告后，应立即向省局职能部门负责人或省局总值班室报告。罪犯死亡后，监狱应在 24 小时内书面报告省局，通知原判人民法院；发生重大、特大非正常死亡案件，监狱应在 8 小时内向省局报告，省局在 24 小时内传真报告部级监狱管理局。在向上报告时，现场民警须如实陈述罪犯病情和前因后果，不得虚报瞒报、歪曲事实、主观臆断，以免给上级机关和有关领导造成不必要的误导，影响事件的后续处理。

2. 启动预案。罪犯死亡后，监狱应立即成立突发事件处置领导小组和工作小组，缜密研究应变对策，尤其是对可能出现的各种复杂事态要提早谋划。在应急小组人员组成方面，既要挑选精干民警参与，又要挑选懂罪犯家属方言的民警参加，以便及时获取对方诉求方面的各种信息，为下一步沟通协商奠定基础。如果罪犯家属大量聚集监狱办公区，且出现各种偏激、鲁莽行为，监狱应及时和驻地公安派出所取得联系，以维护监狱机关的正常办公秩序。

3. 通知家属。碰到罪犯身患严重疾病正在医院抢救时，监狱机关应以最快的速度告知家属，必要时应动用车辆将罪犯家属接至罪犯抢救现场。一般情况下，监狱应通知和死亡罪犯血缘最亲的人。如果出现父母皆去世、家庭离异、子女出国等情况，可通知其他旁系亲属。针对一些偏远地区、家里没有电话、直系和旁系亲属一时联系不上者，监狱应设法和罪犯籍贯地公安派出所、村委会取得联系，由其代为通知。

4. 保护现场。由于监狱环境独特，罪犯身份特殊，一旦出现罪犯死于监区、厂区等非医疗场所，值勤民警应采取有力措施迅速保护现场。如果案发地位于室外，现场民警应立即划出一定的保护区域，布置人员警戒，防止无关人员进入；如果案发地位于室内，民警应在门口设置警戒力量，维护好现场秩序。在此过程中，有关人员要在狱侦勘查人员、驻监检察人员等到来之前，保护好痕迹、物品和尸体，切不可随意翻动。对尸体可用竹席、薄膜、床单等进行覆盖保护。待拍照、录像、现场勘查结束后，方可将尸体拉至殡仪馆。

5. 外围调查。出现罪犯死亡事件后，民警应迅速开展外围调查取证工作，收集第一手资料。一是摸清死亡罪犯的基本情况，包括犯罪构成、入监日期、改造概况、身体状况、家庭情况等；二是搜集案发前后的一些重要信息，如罪犯记事本语录、案发前异常举动和同监罪犯的谈话以及现场目击者证词等。

6. 死因鉴定。根据《监狱法》第 55 条规定，死因鉴定分为监狱机关的鉴定和检察机关的鉴定。前者主要针对个别事实清楚、证据充分、病情简单的罪犯正常死亡事件，一般由监狱医院进行；后者主要涉及三种情形：一是罪犯因病死亡，人民检察院对监狱的死因鉴定有疑义的；二是罪犯因病死亡，家属要求人民检察院作出死因鉴定的；三是罪犯非正常死亡，法律要求人民检察院接报后立即检验并对罪犯死因作出鉴定的。

7. 协商谈判。针对家属动辄提出巨额经济索赔要求，监狱机关应具体问题具体分析。实务中，有四种情况：一是刑事赔偿，根据《国家赔偿法》及《司法行政机关行政赔偿、刑事赔偿办法》有关规定，监狱机关及其工作人员，在行使职权时违法使用武器、警械或者刑讯逼供、体罚虐待造成罪犯死亡的，监狱机关应予以刑事赔偿。二是工伤补偿，《监狱法》第 73 条规定，罪犯在劳动中致伤、致残或者死亡的，由监狱参照国家劳动保险的有关规定处理。《罪犯工伤补偿办法（试行）》列出了六种工伤死亡的情形，且对补偿数额作出了明确的规定。三是困难补助，执法实务中，发生罪犯正常病理性死亡后，一些家属通常情绪激动，一时难以接受，考虑到罪犯家属家庭的实际困难情况，监狱机关有时会视情况给予对方家属一定的生活困难补助。四是不予赔偿，根据《国家赔偿法》以及《司法行政机关行政赔偿、刑事赔偿办法》有关规定，服刑人员自伤自残、因自己的故意行为致使死亡发生的，监狱机关不予赔偿。

8. 尸体处置。罪犯因病死亡的，一般由监狱医院或其他省市医院进行医疗鉴定，填写《罪犯死亡鉴定书》，报驻监检察机关审查并签署意见，加盖公章后再作处理。罪犯非正常死亡的，驻监检察机关在接报后，应深入案发现场进行调查和勘验，并在 24 小时内对尸体进行表检；对死因不明、需要解剖的，须通知家属到场，由家属签字后进行。罪犯尸体火化必须经过家属签字后进行，骨灰盒原则上由家属领回；家属不愿领回，监狱机关应先予以寄存，逾期 1 年无人领取的，可掩埋处理。少数民族罪犯死亡的，可按民族风俗习惯处理。罪犯遗留物应由家属领回或由监狱代为寄回；逾期 1 年仍不领取或无处投寄的，可经有关部门作价处理，上缴财政。

（三）罪犯死亡处理的注意事项

1.妥善处置罪犯的尸体。如果罪犯在服刑期间生命体征已彻底消失，监狱机关在对待其尸体方面，还得坚持理性执法，注重细节技巧，维护死者尊严，体现行刑文明。

2.理性对待家属的质疑。在个案处理中，监狱应立足法治与人文的高度，对死亡罪犯家属的一些民事权利予以切实的维护和保障。

3.积极应对网络舆论之评判。监内发生罪犯死亡事件后，一旦新闻媒体介入或罪犯家属网上发帖，几分钟之间就可能酿成一个波及全国的监狱类事件。为此，监狱机关应冷静应对，积极开展危机公关。

（四）罪犯死亡处置相关法律法规

1.《国家赔偿法》相关规定。第34条第1款第3项规定，造成死亡的，应当支付死亡赔偿金、丧葬费，总额为国家上年度职工年平均工资的20倍。对死者生前扶养的无劳动能力的人，还应当支付生活费。

2.《监狱法》相关规定。第55条规定，罪犯在服刑期间死亡的，监狱应当立即通知罪犯家属和人民检察院、人民法院。罪犯因病死亡的，由监狱作出医疗鉴定。人民检察院对监狱的医疗鉴定有疑义的，可以重新对死亡原因作出鉴定。罪犯家属有疑义的，可以向人民检察院提出。罪犯非正常死亡的，人民检察院应当立即检验，对死亡原因作出鉴定。

3.《罪犯工伤补偿办法（试行）》相关规定。第15条规定，罪犯因工死亡的，由监狱负责处理丧葬事宜，丧葬费用由监狱负担。罪犯因工死亡，发给直系亲属一次性死亡补助金。标准为：相当于48个月本人劳动酬金加基本生活费。有供养直系亲属的，根据供养人数，酌情增发，增发数额最多不超过12个月本人劳动酬金加基本生活费。罪犯因工死亡，监狱最多负责3名亲属参加丧葬的食宿、交通费。

4.《司法行政机关行政赔偿、刑事赔偿办法》相关规定。第5条规定，司法行政机关的监狱部门及其工作人员在行使职权时，有下列侵犯人身权情形之一的，应当予以刑事赔偿：

（1）刑讯逼供或者体罚、虐待服刑人员，造成身体伤害或死亡的；

（2）殴打或者唆使、纵容他人殴打服刑人员，造成严重后果的；

（3）侮辱服刑人员造成严重后果的；

（4）对服刑期满的服刑人员无正当理由不予释放的；

（5）违法使用武器、警械、戒具造成公民身体伤害、死亡的；

（6）其他违法行为造成服刑人员身体伤害或者死亡的。

第8条规定，属于下列情形之一的，司法行政机关不予赔偿：

（1）与行使司法行政机关管理职权无关的机关工作人员的个人行为；

（2）服刑人员、被劳动教养人员自伤自残的行为；

（3）因公民、法人和其他组织自己的行为致使损害发生的；

（4）法律规定的其他情形。

罪犯死亡处理

三、工作任务实施

（一）工作情境描述

根据下述两个案例，围绕现场应急处置、协商谈判及应对社会舆论等方面开展大讨论。

案例1：×年×月，华东某监狱发生一起罪犯死亡事件，罪犯出现感冒、咳嗽症状后，罪犯本人和民警都未引起足够重视，等罪犯病情严重送至医院时，已出现严重心肌炎及心律失常等症状，最后经全力抢救，罪犯还是不治而亡。事件发生后，罪犯家属一行30余人前来监狱讨说法。对监狱及医院的病情鉴定，罪犯家属先是不予认可，继而又提出了50万元的经济赔偿要求。

案例2：×年×月初，某监狱发生了两起罪犯正常死亡事件。其中一名罪犯肖某，因患病先后在所内外医院就诊22次，×日晚死于某社会医院；另一名罪犯邱某，因患气喘、消瘦病，×日早上死于某社会医院。肖某家属接到监狱病危通知后，有100多人赶到医院，其亲属10多人在太平间用数码相机对尸体照相，此后通过网络进行传播。对于两人的死因，当地检察院委托司法鉴定中心作尸体系统解剖，均排除外伤致死因素。这两起事件在网上传播后，由于大量网民之非理性灌水及跟帖，使得死者家属之过激维权行为变本加厉。加之新闻媒体对此事件的报道，使得该所在处理善后事宜方面变得相当棘手。

1. 处置罪犯死亡事件，应遵守哪些执法操作规程？

2. 如何应对死亡罪犯家属提出的巨额经济索赔要求？

（二）工作任务目标

1. 熟悉罪犯死亡处置的相关法律法规。

2. 掌握罪犯死亡的处置规程。

3. 树立法治理念，在实践中注重对人权的尊重和保障。

（三）工作流程与活动

活动1：任务确立（课前自学）。

活动2：问题解答——对导入问题进行作答。作答要点第一题：对罪犯戴铐后的监管不到位，对罪犯自伤自残行为的发现与控制不到位，针对罪犯身体情况与家属的沟通不及时。作答要点第二题：按操作规程处理，理性对待家属的质疑并维护好执法机关的威严。

活动3：任务实施——分组讨论，对工作情境描述的案例进行作答。

活动4：评价与总结——教师评价和行业专家在线指导（课后拓展）。

模块三 | 考核管理

　　监狱考核罪犯工作应当以党的二十大精神为指引，坚持党对监狱工作的绝对领导，坚持依法严格规范，坚持公平公正公开，依法治监，严格公正司法。考核管理的内容是计分考核，计分考核罪犯是监狱按照管理和改造要求，以日常计分为基础、等级评定为结果，评价罪犯日常表现的重要工作，是监狱衡量罪犯改造质量的基本尺度，是调动罪犯改造积极性的基本手段。本模块包括日常计分、考核等级与奖励两个项目。

项目一 日常计分

分监区（监狱）对罪犯的计分考核工作是每月对罪犯进行加扣分，完成月评分等日常计分事项，日常计分满 600 分为一个考核周期。本项目日常计分的工作任务是依据计分考核规定，以若干罪犯为代表，进行如下执法工作：

1. 确定罪犯当月的基础分；
2. 对罪犯表现突出的行为予以加分；
3. 对违规的罪犯予以处罚（扣分、行政处罚）；
4. 对罪犯一个月的改造表现进行月度计分考核。

对于上述工作任务，重点是能够依据相关计分考核条款之规定，对罪犯进行合法合理的加分、扣分和评分，然后再酌情按照规定进行部分或全部流程的计分考核操作。

我们把日常计分项目划分为基础分计分、加分、扣分、月评分四项工作任务，下面以专项任务的形式，分别通过知识准备、工作任务实施予以展开。

工作任务一 基础分计分

一、工作任务导入

罪犯林某，新犯，×年 9 月 21 日收押入监，×年 11 月 21 日入监教育结束分流至普通劳动分监区，11 月没有违规违纪。请确定该犯 11 月的基础分及基础分各部分分数。

二、知识准备

基础分计分的主要工作任务是确定罪犯当月基础分分值。计分考核基本知识依据是司法部《监狱计分考核罪犯工作规定》。

（一）考核的含义

考核是指监狱机关在对罪犯实施惩罚改造过程中，根据一定的标准、程序和原则，运用各种有效的方法对在监狱服刑的罪犯的改造态度、思想、行为等方面进行的综合考察与评定。

一般而言，计分考核是对罪犯的评价以分数为主要表现形式的量化考核方式。目前实施的计分考核罪犯是监狱按照管理和改造要求，以日常计分为基础、等级评定为结果，评价罪犯日常表现的重要工作。换言之，计分考核是监狱在一定周期内以定量评价为基础，以定性评价为结果，评价罪犯日常改造表现，对罪犯给予行政奖励或不予奖励的活动。

（二）考核的目的

依据司法部《监狱计分考核罪犯工作规定》第2条的规定，计分考核罪犯是监狱按照管理和改造要求，以日常计分为基础、等级评定为结果，评价罪犯日常表现的重要工作，是监狱衡量罪犯改造质量的基本尺度，是调动罪犯改造积极性的基本手段。计分考核的基本目的是评价罪犯的日常表现、衡量罪犯的改造质量、激励罪犯积极改造和维护监管秩序稳定。此外，计分考核结果是给予罪犯分级处遇的重要依据。

（三）考核的原则

依据司法部《监狱计分考核罪犯工作规定》第3条的规定，监狱计分考核罪犯工作应当坚持党对监狱工作的绝对领导，坚持惩罚与改造相结合、以改造人为宗旨的监狱工作方针，坚持依法严格规范，坚持公平公正公开，坚持监狱人民警察直接考核和集体评议相结合。此外，及时准确、奖惩适度也常常是实践中遵循的考核原则。

（四）考核的组织与责任

1. 考核的组织。考核的专门组织有监狱计分考核工作组和监区计分考核小组，前者是考核领导工作组，后者作为执行日常考核的实施者，可成立分监区计分考核工作小组。

【监狱计分考核工作组】监狱成立计分考核工作组，由监狱长任组长，分管狱政管理的副监狱长任副组长，有关部门负责人为成员，负责计分考核罪犯工作的组织领导和重大事项研究。监狱的狱政管理部门承担计分考核工作组日常工作。

【监区计分考核工作小组】监区成立计分考核工作小组，由监区长任组长，监区全体民警为成员，负责计分考核罪犯工作的具体实施。

监区指定的专职民警负责计分考核工作小组日常工作，监区管教民警负责罪犯日常计分和提出等级评定建议。

2. 责任。监狱计分考核罪犯工作实行考核工作责任制，"谁考核谁负责、谁签字谁负责、谁主管谁负责"，监狱人民警察及相关工作人员在职责范围内对计分考核罪犯工作质量终身负责。

监区在计分考核罪犯工作中应当严格执行各项制度规定，每月至少召开一次计分考核罪犯工作会议，总结计分考核工作，评价管教民警工作，规范和改进工作行为。会议情况应当及时报告监狱。

省、自治区、直辖市司法厅（局）对计分考核罪犯工作承担指导责任，监狱管理局承担监督管理责任。

监狱计分考核罪犯工作应当依法接受纪检监察机关、人民检察院、社会团体和人民群众的监督。

（五）考核的内容和方法

对罪犯的考核方法主要有计分法和记事法两种方法，因记事法在奖惩时不好把握标准，容易造成监狱人民警察凭主观印象办事，因此目前监狱采取的是计分考核法。

1. 计分考核的历史。20 世纪 80 年代我国监狱推行的"联改联产考核制""双百分考核制"对罪犯的改造表现进行评定，1990 年司法部在对全国 16 个省市监狱考核制度调研的基础上，首次在全国统一了罪犯考核奖惩办法。根据这一规定，考核分为思想改造和劳动改造两部分，思想改造分满分 55 分，劳动改造分满分 45 分。监狱根据奖、扣的累计分数对罪犯作出表扬、物质奖励、记功等奖励或警告、记过、禁闭等处罚。

2016 年印发的《关于计分考核罪犯的规定》（已失效），从计分考核的内容和标准、组织和方法、结果的运用等方面作了基本规定，要求地方以此办法制定实施办法，结束了地方在计分考核上各自为政的局面。

2021 年司法部对 2016 年的计分考核办法进行了修订，将计分考核组成由教育改造、劳动改造两部分改为监管改造、教育和文化改造、劳动改造三个部分，并且对一个考核周期的结果进行等级评定，给予相应的奖励或批评。

2. 日常计分的内容。计分考核主要是对罪犯在认罪悔罪、遵守法律法规及监规、参加思想文化职业教育和参加劳动四个方面的现实表现进行评价。日常计分是计分考核的基础工作，是对罪犯日常改造表现的定量评价。日常计分内容分为监管改造、教育和文化改造、劳动改造三个部分。

3. 考核的方法。日常计分由基础分值、日常加扣分和专项加分三个部分组成，依据计分的内容和标准，对达到标准的给予基础分，达不到标准或者违反规定的在基础分的基础上给予扣分，表现突出的给予加分，符合专项加分情形的给予专项加分，计分总和为罪犯当月考核分。

日常计分每月基础总分为 100 分，每月各部分日常加分分值不得超过其基础分的 50%，且各部分得分之间不得相互替补。

罪犯同一情形符合多项加分、扣分情形的，应当按照最高分值给予加分、扣分，不得重复加分、扣分。

日常计分满 600 分为一个考核周期，在一个考核周期结束次月对罪犯进行等级评定，根据对应的等级对罪犯予以表扬、物质奖励、不予奖励。

4. 考核的时间和周期。计分考核自罪犯入监之日起实施，日常计分满 600 分为一个考核周期，等级评定在一个考核周期结束次月进行。

【入监教育期间】罪犯入监教育期间不给予基础分，但有加分、扣分情形的应当如实记录，相应分值计入第一个考核周期。

【羁押期间】监狱应当根据看守所提供的鉴定，将罪犯在看守所羁押期间的表现纳入入监教育期间的加分、扣分，并计入第一个考核周期。

日常计分实行"日记载、周评议、月汇总"。监管管教民警每日记载罪犯改造行为加分、扣分情况，计分考核工作小组每周评议罪犯改造表现和考核情况，每月汇总考核分，不足月的按日计算。

（六）基础分

基础分一般由监管改造基础分、教育和文化改造基础分、劳动改造基础分三部分构成，总计100分，上述三部分依次为35分、35分、30分。

对老年、身体残疾、患严重疾病等经鉴定丧失劳动能力的罪犯，不考核劳动改造表现，每月基础总分为100分，其中监管改造基础分50分，教育和文化改造基础分50分。

1. 监管改造基础分的计分标准。罪犯监管改造表现达到以下标准的，当月给予基础分35分：

（1）遵守法律法规、监规纪律和行为规范；

（2）服从监狱人民警察管理，如实汇报改造情况；

（3）树立正确的服刑意识和身份意识，改造态度端正；

（4）爱护公共财物和公共卫生，讲究个人卫生和文明礼貌；

（5）厉行节约，反对浪费，养成节约用水、节约粮食等良好习惯；

（6）其他遵守监规纪律的情形。

2. 教育和文化改造基础分的计分标准。罪犯教育和文化改造表现达到以下标准的，当月给予基础分35分：

（1）服从法院判决，认罪悔罪；

（2）接受思想政治教育和法治教育，认识犯罪危害；

（3）接受社会主义核心价值观和中华优秀传统文化教育；

（4）参加文化、职业技术学习，考核成绩合格；

（5）接受心理健康教育，配合心理测试；

（6）参加监狱组织的亲情帮教、警示教育等社会化活动；

（7）参加文体活动，树立积极改造心态；

（8）其他积极接受教育和文化改造的情形。

3. 劳动改造基础分的计分标准。罪犯劳动改造表现达到以下标准的，当月给予基础分30分：

（1）接受劳动教育，掌握劳动技能，自觉树立正确劳动观念；

（2）服从劳动岗位分配，按时参加劳动；

（3）认真履行劳动岗位职责，按时完成劳动任务，达到劳动质量要求；

（4）遵守劳动纪律、操作规程和安全生产规定；

（5）爱护劳动工具和产品，节约原材料；

（6）其他积极接受劳动改造的情形。

4. 特殊情形。当月改造出现不足月的，按日计算。

对因不可抗力等被暂停劳动的罪犯，监狱应当根据实际情况并结合其暂停前的劳动改造表现给予劳动改造分。

（七）实践运用

计分考核办法依据的是《监狱计分考核罪犯工作规定》，具体执行细则由各省、直辖市、自治区依据法律和司法部计分考核办法制定。

考核管理模块的实践工作运用部分以某省的计分考核制度规范为例，作为实施计分考核工作任务的参考。该省监狱系统颁布实施了《省监狱计分考核罪犯工作实施细则（试行）》《省监狱计分考核工作裁量基准（试行）》《省监狱计分考核工作流程导则（试行）》《省监狱计分考核工作取证存证指引（试行）》四个文件和配套的规范性考核表格。

这部分内容主要对该省的具体做法和要求进行概要说明，对涉及操作的重要规定以原文的形式进行列举，便于操作中直接引用条款作为依据，对其中与司法部规定完全重复的内容一般不再进行复述。其中标明的具体条款，除"考核工作取证存证"内容之外，一般是指《细则》的条款；《裁量基准》和《流程导则》的条款则以"裁量""流程"等字样作前缀加以区别。

1. 不足月情形计分。计分考核按月（以自然月起止）进行。考核不足月的，按监管改造、教育和文化改造、劳动改造基础分每日各1分计分。

2. 入监教育期间的计分。

【入监教育】罪犯入监教育期间不给基础分，但应制作《罪犯考核月评表》如实记录加分、扣分情形，相应分值计入第一个考核周期。

入监教育期间罪犯发生一次性扣10分、20分以上违规行为的，分别延长入监教育期半个月、1个月，延长期限最长不得超过1个月。

入监教育期间被解回再审后送回的罪犯，应补足剩余入监教育时间；罪犯因违反暂予监外执行被收监的，重新参加入监教育；罪犯因违反假释监督管理规定被收监的，以新犯论处；罪犯入监教育期间在监狱医院住院治疗的，住院期间由医院负责入监教育工作。

【羁押衔接】监狱根据看守所提供的鉴定意见，对交付执行的罪犯按照优秀、良好、一般、差，分别按50分、30分、10分、0分计入第一个考核周期累计分。由看守所代为考核的少数罪犯，按时衔接考核分。

3. 无劳动能力鉴定。无劳动能力鉴定一般由监狱罪犯劳动能力鉴别委员会负责，复杂情形可以委托地方专业机构鉴定。

三、工作任务实施

（一）工作情境描述

日常计分项目的核心任务是评定罪犯的月度计分考核分数，日常计分由基础分和加分、扣分组成。我们把计分项目分为基础分计分、加分、扣分和月评分四项任务，其中基础分计分是便于掌握考核方法而设定的任务，基础分是月评分一部分分值；加分、扣分均是独立的工作任务，从分数构成看又是月评分的组成部分。

基础分计分任务的目标是能够正确运用考核分的方法确定罪犯的基础分，对于无劳动能力罪犯、不足月考核情形的基础分能够正确把握。基础分操作要点如下：

1. 基础分总分 100 分，一般情况均给予基础分 100 分；

2. 基础分 100 分，其中监管改造、教育和文化改造、劳动改造三部分分数分别为 35 分、35 分、30 分；对年老、身体残疾、患严重疾病等经鉴定丧失劳动能力的罪犯，以及不满 16 周岁的未成年罪犯，不考核劳动改造表现，监管改造、教育和文化改造基础分各 50 分；

3. 特殊情形：①出现考核不足月的情形，如入监教育分流月、暂予监外执行收监月等，按监管改造、教育和文化改造、劳动改造基础分每日各 1 分计分；②入监教育期间不给基础分。

下面以某省计分考核规定为依据，完成以下案例的计分考核的实训操作。

案例 A：罪犯甲，成年犯，11 月超额完成劳动任务，请确定该犯 11 月的基础分及基础分各部分分数。

案例 B：罪犯乙，老病残犯，不参加劳动，11 月因辱骂他犯被扣 5 分，请确定该犯 11 月的基础分及基础分各部分分数。

（二）工作任务目标

1. 掌握计分考核的基本知识。

2. 掌握基础分的计分内容，能够对罪犯月考核的基础分进行计分。

（三）工作流程与活动

活动 1：任务确立（课前自学）。

活动 2：问题解答——①回答工作任务导入问题。②回答工作情境描述的问题。

活动 3：评价与总结——教师评价和行业专家在线指导。

工作任务二　加分

一、工作任务导入

一天下午，质检员将罪犯吴某坚持不修改不符合质量要求的袖口锁边之事，报告了民警。收工后吴某打了质检员一耳光，质检员未还手。质检员加多少分？

二、知识准备

加分工作主要任务是对罪犯表现突出的行为予以加分。

（一）加分的类型和条件

加分分为日常加分和专项加分两种类型，日常加分由监管改造加分、教养和文化改造加分、劳动改造加分三部分组成。

1. 日常加分。罪犯日常改造表现突出的，给予加分，其中日常加分加到所在部分的考核分内，且每月每部分加分总分值不得超过其基础分的 50%。

2. 专项加分。罪犯有下列情形之一，经查证属实且尚不足以认定为立功、重大立功的，应当给予专项加分：

（1）检举、揭发他人违法犯罪行为或者提供有价值破案线索的；

（2）及时报告或者当场制止罪犯实施违法犯罪行为的；

（3）检举、揭发、制止罪犯自伤自残、自杀或者预谋脱逃、行凶等行为的；

（4）检举、揭发罪犯私藏或者使用违禁品的；

（5）及时发现和报告重大安全隐患，避免安全事故的；

（6）在抗御自然灾害或者处置安全事故中表现积极的；

（7）进行技术革新或者传授劳动生产技术成绩突出的；

（8）省、自治区、直辖市监狱管理局认定具有其他突出改造行为的。

罪犯每年度专项加分总量原则上不得超过 300 分，单次加分不得超过 100 分，有上述第 1 至 5 项情形的不受年度加分总量限制。

3. 从严加分。对下列罪犯应当从严计分，严格限制加分项目，严格控制加分总量：

（1）职务犯罪罪犯；

（2）破坏金融管理秩序和金融诈骗犯罪罪犯；

（3）组织、领导、参加、包庇、纵容黑社会性质组织犯罪罪犯；

（4）危害国家安全犯罪罪犯；

（5）恐怖活动犯罪罪犯；

（6）毒品犯罪集团的首要分子及毒品再犯；

（7）累犯；

（8）因故意杀人、强奸、抢劫、绑架、放火、爆炸、投放危险物质或者有组织的暴力犯罪被判处 10 年以上有期徒刑、无期徒刑以及死刑缓期执行的罪犯；

（9）法律法规规定应当从严的罪犯。

（二）考核程序和规则

1. 议事规则。计分考核工作组、计分考核工作小组研究考核事项时，作出的决定应当经 2/3 以上组成人员同意后通过。

对不同意见，应当如实记录在案，并由本人签字确认。

2. 加扣分程序。对罪犯加分、扣分，监区管教民警应当以事实为依据，依法依规提出建议，报计分考核工作小组研究决定。

对罪犯违规违纪行为事实清楚、证据确凿，且单次适用分值 2 分以下的扣分，监区管教民警可以当场作出决定，并报计分考核工作小组备案。

对单次适用分值 5 分以上的加分、10 分以上的扣分和专项加分，由计分考核工作小组报计分考核工作组审批。

3. 公示与异议处理。

【公示】除检举违法违纪行为、提供有价值破案线索等不宜公示的情形外，罪犯加分、扣分、每月得分和等级评定结果应当及时在监区内公示，公示时间不少于 3 个工作日。

【异议处理】罪犯对加分、扣分、每月得分和等级评定结果有异议的，可以自监区管教民警作出决定或者公示之日起 3 个工作日内向计分考核工作小组提出书面复查申请；本人书写确有困难的，可由他人代为书写，本人签名、按捺手印予以确认。计分考核工作小组应当进行复查，于 5 个工作日内作出书面复查意见，并抄报计分考核工作组。

罪犯对计分考核工作小组的复查意见有异议的，可以自收到复查意见之日起 3 个工作日内向计分考核工作组提出书面复核申请；计分考核工作组应当进行复核，于 5 个工作日内作出书面复核意见，并及时抄送人民检察院。计分考核工作组的复核意见为最终决定。

【狱务公开】监狱应当根据狱务公开有关规定，向社会公众公开计分考核内容和工作程序，向罪犯亲属或者监护人公开罪犯考核情况及对结果有异议的处理方式。

监狱应当通过聘请社会监督员、召开罪犯亲属或者监护人代表会等形式，通报计分考核工作，听取意见建议，自觉接受社会监督。

（三）实践工作运用

1. 加分的条件和依据。

（1）日常加分。对监管加分、教育加分和劳动加分，规定如下：

【监管加分】罪犯有下列情形之一的，在监管改造基础分上给予加分：

1）罪犯本人且联号成员无违规扣分的，每月加 5 分，联号成员已履行包夹义务或无法履行包夹义务的视同无违规扣分；

2）非引起事端罪犯打不还手的加 5 分，非引起事端罪犯制止打架斗殴行为的加 10 分；

3）发现罪犯突发严重疾病并及时汇报的加 5 分，积极采取措施的加 10 分；

4）发现各类安全隐患并及时汇报的加 5 分，积极采取措施避免安全事件发生的加 10 分；

5）发现各类违规品及危险品、违禁品并主动上交民警的分别加 5 分、10 分；

6）信息员完成民警布置的犯情收集任务且在所在分监区信息员考核排位前 80% 的，每月加 5 分。

【教育加分】罪犯有下列情形之一的，在教育和文化改造基础分上给予加分：

1）罪犯参加自学考试应等于或高于原学历，每次可以报考不超过两个专业，每合格一门加 5 分，公共科目不重复加分；外国籍和不会汉语的少数民族罪犯参加汉语等级考试，每获得一个等级加 5 分；

2）获得中级、高级职业技术等级证书的，分别加 5 分、10 分。

【劳动加分】罪犯有下列情形之一的，在劳动改造基础分上给予加分：

1）定量劳动罪犯按月末劳动考核排位顺序分档加分，排位在前 15%（含）、15%~

35%（含）、35%~60%（含）的，分别对应加15分、10分、5分。

2）定时劳动罪犯按月末劳动考核排位顺序分档加分，排位在前10%（含）、10%~25%（含）、25%~45%（含）的，分别对应加15分、10分、5分。

3）定量定时劳动考核排位取整数且不四舍五入。

（2）专项加分。罪犯有以下情形之一，尚不足以认定为立功、重大立功的，应当给予专项加分：

1）检举、揭发他人违法犯罪行为或者提供有价值破案线索且线索由本人掌握、发现，经查证属实的，加100分；

2）及时报告或当场制止罪犯实施违法犯罪行为的，加100分；

3）检举、揭发、制止罪犯预谋或实施的脱逃、行凶、自杀、自伤自残行为的，加100分；

4）及时发现并报告重大安全隐患，避免安全事故发生的，加100分；

5）及时报告或当场制止罪犯违纪行为，违纪罪犯受到禁闭、记过、警告处罚的，分别加50分、30分、20分；

6）检举、揭发罪犯私制、私藏、使用违禁品、危险品、违规品或外来人员私带违禁品、危险品、违规品进入监管区的，分别加50分、20分、10分；

7）罪犯在服刑期间进行技术革新且发挥主要作用，获国家级奖励的，加100分；获省（部）级奖励的，加50分；

8）在协助民警处置自然灾害、公共卫生、安全事故等突发事件时，表现积极并起到主要作用的，加50分；

9）检举拒不交代真实身份罪犯，经查证属实的，加30分；

10）发现、报告安全事故隐患或提出合理化建议，被监狱采纳的，加20分。

罪犯年度专项加分总量原则上不得超过300分，单次加分不得超过100分。有本条第1款第1至6项情形的，不受年度专项加分总量限制。

（3）从严加分。从严考核罪犯，主要严格限制自学考试加分，原则上每次只能报考1个专业，严格控制技术革新专项加分；加分总量不超过分监区罪犯月平均加分分值；积极等级评定按照相同排位后退一位原则掌握。

2. 办案责任和监督。

【工作责任】计分考核罪犯工作实行办案责任制，集体评议主要起共同监督作用，主办民警承担办案责任，参加评议的非主办民警承担监督责任。

【法制员】监狱应当建立和完善计分考核法制监督体系，分别设置分监区、监区、监狱法制员，全流程、全链条监督本单位计分考核工作。

监狱对罪犯的调查取证及加扣分审批采取分级法制审查机制。根据加扣分最终决定层级由对应法制部门或人员进行合法合规性审查。

3. 考核工作流程。某省2021年出台的《省监狱计分考核工作流程导则（试行）》，改变了以往重实体（规则）轻程序（规则）的做法，体现了处审（调查取证和审批、处理）分层分离的精神，并加强了法治监督的作用。考核工作流程包括事件受理与登记、调查取证、审批审核、公示与复核四个环节。

（1）事件受理。

【受理范围】监狱民警对以下任何一种线索来源可能涉及罪犯计分考核事件时，都应当及时受理：

1）监狱民警管理罪犯时需要发起处置的；

2）现场发生违规违纪或涉及加分情形的；

3）监狱指挥中心指令的；

4）罪犯检举、揭发或提供线索的；

5）智能信息系统自动感知提示的；

6）其他部门线索移交的。

（2）事件登记。事件受理民警应当制作《罪犯加扣分事件登记表》，如实记录以下内容：

1）事件来源；

2）当事人基本情况；

3）事件描述和现场处置情况；

4）事件受理民警处理意见及受理时间；

5）事件其他相关信息。

【案件事件转化】民警受理罪犯违纪违规事件时，一时无法确定违纪违规事件或狱内又犯罪案件的，可以先按罪犯违纪违规事件办理。在办理过程中，认为涉嫌构成犯罪的，转为刑事案件办理。

（3）调查取证。监狱民警按照权限和上级指派开展调查取证工作。对罪犯加扣分调查取证一般不少于2名民警并向罪犯表明执法身份；罪犯违规违纪涉及民警的，当事民警应当回避。

监狱民警对罪犯进行询问讯问，严禁刑讯逼供或使用威胁、引诱、欺骗及其他非法方式。

1）加扣分调查人。

【扣分调查】罪犯发生违规违纪情形时，事发分监区应当初步判断违规性质，对涉及一次性扣2分的事件，由现场民警直接处理；对涉及一次性扣5分的事件，由分监区确定主办民警调查取证；对涉及一次性扣10分以上事件的，分监区应向监狱指挥中心报告，由监狱指挥中心通知办案民警负责调查取证。

【加分调查】罪犯出现加分情形时，由分监区主办民警发起并做好登记。其中，给予罪犯本人及联号无违规加分、劳动改造加分的，由分监区负责调查取证；给予除联号无违规加分、劳动改造加分外的其他加分，由监区负责调查取证；给予专项加分的，由监狱负责调查取证。

【狱内又犯罪】为查明狱内又犯罪或严重违规违纪事实，给予罪犯隔离审查的，由监狱狱内侦查部门指定民警负责调查工作。

2）讯问。

【录音录像准备】对单次适用扣20分以上需要讯问的，讯问开始前，应当做好录音录像的准备工作，对讯问场所及录音录像设备进行检查和调试，确保设备运行正常、时间显示准确。

【录音录像时间】录音录像应当自讯问开始时开始，至被讯问罪犯核对笔录、签字捺印后结束。讯问笔录记载的起止时间应当与讯问录音录像资料反映的起止时间一致。

【笔录核对】讯问过程中出示证据和被讯问罪犯辨认证据、核对笔录、签字捺印的过程应当在画面中予以反映。

【权利保障】监狱应当保障被询问讯问罪犯必要的饮食与休息时间并在笔录中注明。

【签字捺印】监狱民警制作的询问讯问笔录应当交罪犯核对或向其宣读，经罪犯确认后做好签字捺印工作。

【自行供述】罪犯请求自行书写供述材料的，应当准许并做好接收工作，接收民警应在罪犯供述材料上注明接收时间、地点等信息并签名。

3）调查内容。办案民警对罪犯加扣分事件调查取证结束后，应当制作《罪犯加扣分事件结案登记表》，应当如实记录以下调查内容：

1. 加扣分的原因；

2. 加扣分主要事实；

3. 加扣分的相关证据；

4. 调查处理的意见及依据；

5. 调查其他相关信息。

4）案卷移交。办案民警对罪犯违纪违规调查取证结束后，应当将调查取证纸质材料装订成册，连同其余证据移交罪犯所在分监区。

（4）审批审核。计分考核根据考核事项大小，采取分级审批（决定）和审核，并发挥集体评议和法制部门、法制员的审核监督作用。

对单次适用分值5分以上的加分、扣分和专项加分，根据所涉事项及分值，按照权限实行集体评议与分级审批相结合制度。

【集体评议】集体评议是指对罪犯单次加扣5分以上，由主办民警调查后提出建议，提交罪犯所在分监区计分考核工作小组选择线上或线下任一方式开展的评议，2/3以上组成人员同意后，视为评议通过。

对罪犯的日常加扣分，一般按发生情形之日计入所在月考核，情形复杂的按查实之日计入所在月考核；对罪犯的专项加分，按最终审批完成之日计入所在月考核。

1) 日常加分审批审核。

【狱政部门批量审批】给予罪犯本人及联号无违规加分、劳动改造加分的，由分监区主办民警调查后提出建议，集体评议通过后，制作加分汇总表，经分监区、监区领导审核，报监狱法制部门审核，狱政管理部门批量审批。

【狱政部门一事一批】给予罪犯除联号无违规加分、劳动改造加分外的其余加分，由监区主办民警调查后提出建议，集体评议通过后，制作《罪犯加扣分（专项加分）审批表》经分监区、监区领导审核，报监狱法制部门审核，狱政管理部门一事一审批。

2) 专项加分的审批审核。专项加分是由计考核工作组副组长（组长）审批，审批审核程序与扣 20 分的程序基本相同。

【专项加分审批】给予罪犯专项加分的，由监狱主办民警调查后提出建议，集体评议通过后，制作《罪犯加扣分（专项加分）审批表》，经分监区、监区领导审核，狱政管理部门和法制部门审核，报计分考核工作组副组长审批，并抄送驻监检察室。

（5）公示与复核。分监区民警每日记载罪犯劳动改造情况，并张贴公示，以此作为劳动改造加分的依据。

【20 分以上备案】监区应将当月有一次性扣 20 分或月累计扣 30 分以上及专项加分、单项处罚罪犯的《罪犯考核月评表》，报监狱法制部门、狱政管理部门备案审查。

【公示】（依据《监狱计分考核罪犯工作规定》第 35 条和第 39 条）监狱给予罪犯加分、扣分、专项加分、单项处罚及表扬、物质奖励、撤销奖励的，除检举违法违纪行为、提供有价值破案线索等不宜公开的情形外，应当及时在分监区内公示，公示时间不少于 3 个工作日。

【复核结果】罪犯对复查复核结果不服或拒绝在《罪犯考核月评表》上签字的，由分监区法制员、分监区领导在"备注栏"中签字注明。

【纠错程序】经分监区、监区、监狱复查复核，发现考核结果确实有误的，由分监区发起，制作《罪犯计分考核更正审批表》按审批程序和权限予以更正。

【一次性纠错】在上级部门检查、监狱自查发现计分考核有误的，由分监区发起，制作《罪犯计分考核更正审批表》按审批程序和权限在最后月评表上予以一次性纠错。

4. 考核工作取证存证。考核工作取证存证的规范化对于规范考核执法工作、培养执法工作的证据意识、防范执法风险具有重要意义。

（1）证据的种类和形式。

1) 证据种类和取证原则。计分考核加扣分证据是认定罪犯加扣分情形的依据，包括书证、物证、视频资料、证人证言、调查笔录和鉴定意见等。办案民警是取证主体，应当遵守合法合规、客观全面的原则，体现证据的合法性、真实性、关联性。

2) 证据的一般要求。监狱机关调查收集的物证、书证、视频资料，应当是原物、原件、原始载体。在确实有合理理由无法提供原物、原件的情况下，才可以使用照片、复制品、副本和复印件等作为证据。

副本和复印件等书面证据应加盖调取部门印章和负责人亲笔签字，并注明出具日期。视频资料等电子证据应当附有提取、复制的有关文字说明，注明提取和复制的时间、地点，电子数据的规格、类别、文件格式，提取、复制电子数据的提取人、持有人和保管人。

基本证据是与事件相关联且必须收集和提供的证据，确因监控设备损毁、视频被覆盖、无法抓取到事发现场监控视频，或与事件无关联的，可以不提供该项基本证据，但应当作出书面说明。

现场民警情况说明主要包含事件信息来源、发生时间、涉及人员或物品、目击证人等要素。

（2）加分证据与要求。加分证据包括日常加分证据和专项加分证据。其中日常加分证据包括监管改造加分证据、教育和文化改造加分证据、劳动改造加分证据。分列如下：

1）监管改造加分证据。

第一，罪犯本人且联号成员无违规扣分的加5分，联号成员已履行包夹义务或无法履行包夹义务的视同无违规扣分，调查取证证据1项，即罪犯违规扣分及联号人员不予加分公示表。

第二，非引起事端罪犯打不还手的加5分；非引起事端罪犯制止打架斗殴行为的加10分。基本证据第1至4项，其余项视犯情收集：

a. 现场民警情况说明；

b. 与加分事实关联的现场监控视频及文字说明；

c. 在场其他罪犯的情况说明；

d. 违规罪犯笔录复印件；

e. 加分罪犯本人陈述材料

f. 违规罪犯扣分审批表复印件；

g. 罪犯加扣分（专项加分）审批表。

第三，发现罪犯突发严重疾病并及时汇报的加5分，积极采取措施的加10分。基本证据第1至4项，其余项视犯情收集：

a. 与加分事实关联的病犯救治过程监控视频及文字说明；

b. 医院就诊病历复印件；

c. 民警处置情况说明；

d. 在场罪犯情况说明；

e. 加分罪犯本人陈述材料；

f. 罪犯加扣分（专项加分）审批表。

第四，发现各类安全隐患并及时汇报的加5分，积极采取措施避免安全事件发生的加10分。基本证据第1至3项，其余项视犯情收集：

a. 加分罪犯汇报材料；

b. 接到报告民警情况说明；

c. 在场罪犯情况说明；

d. 与加分事实关联的安全隐患部位图片及文字说明；

e. 罪犯加扣分（专项加分）审批表。

第五，发现各类违规品及危险品、违禁品并主动上交民警的分别加5分、10分。基本证据第1至2项，其余项视犯情收集：

a. 与加分事实关联的物品物证图片及文字说明；

b. 接收物品民警情况说明；

c. 在场罪犯情况说明；

d. 上交物品罪犯本人陈述材料；

e. 罪犯加扣分（专项加分）审批表。

第六，信息员完成民警布置的犯情收集任务且在所在分监区信息员考核排位前80%的，每月加5分。基本证据第1至3项，其余项视犯情收集：

a. 信息员审批表（有效期内，首次加分需要）；

b. 信息员考核排位表；

c. 罪犯违规扣分及联号人员不予加分公示表；

d. 罪犯加扣分（专项加分）审批表。

2）教育和文化改造加分证据。

第一，参加自学考试，每合格一门加5分；外国籍和不会汉语的少数民族罪犯参加汉语等级考试，每获得一个等级加5分。基本证据第1至2项：

a. 相关机构出具的考试合格证明（提取人亲笔签名，注明时间、地点，原件存放地点并加盖公章）；

b. 罪犯加扣分（专项加分）审批表。

第二，获得中级、高级职业技术等级证书的，分别加5分、10分。基本证据第1至2项：

a. 等级证书复印件（提取人亲笔签名，注明时间、地点，原件存放地点并加盖公章）；

b. 罪犯加扣分（专项加分）审批表。

3）劳动改造加分证据。

第一，定量劳动罪犯按月末劳动考核排位顺序分档加分，排位在前15%、20%、25%的，分别对应加15分、10分、5分。基本证据第1项，其余项视犯情收集：

a. 劳动考核月度排位表；

b. 劳动日记载登记表；

c. 罪犯加扣分（专项加分）审批表。

第二，定时劳动罪犯按月末劳动考核排位顺序分档加分，排位在前10%、15%、20%

的，分别对应加 15 分、10 分、5 分。基本证据第 1 项，其余视犯情收集：

　　a. 劳动考核月度排位表；

　　b. 罪犯违规扣分及联号人员不予加分公示表；

　　c. 劳动日记载登记表；

　　d. 罪犯加扣分（专项加分）审批表。

　　4）专项加分证据。

　　第一，检举、揭发他人违法犯罪行为或者提供有价值破案线索且线索由本人掌握、发现，经查证属实的，加 100 分。基本证据第 1 至 4 项，其余项视犯情收集：

　　a. 罪犯检举、揭发材料；

　　b. 接受检举、揭发材料民警或单位对材料的相关说明；

　　c. 调查民警调查结论；

　　d. 违法对象处理的有效证明；

　　e. 罪犯加扣分（专项加分）审批表。

　　第二，及时报告或当场制止罪犯实施违法犯罪行为加 100 分。基本证据第 1 至 4 项，其余项视情收集：

　　a. 与加分事实相关联的事发现场监控视频及文字说明；

　　b 违法行为发生时现场民警的说明；

　　c. 民警调查结论；

　　d. 违法罪犯处理的有效证明；

　　e. 违法行为发生时现场罪犯的证言材料；

　　f. 罪犯加扣分（专项加分）审批表。

　　第三，检举、揭发、制止罪犯预谋或已实施的脱逃、行凶、自杀、自伤自残行为加 100 分。基本证据第 1 至 5 项，其余项视犯情收集：

　　a. 罪犯检举材料；

　　b. 与加分事实相关联的事发现场监控视频及文字说明；

　　c. 接到报告民警的情况说明；

　　d. 违规罪犯的调查笔录；

　　e. 调查民警调查结论；

　　f. 其他罪犯的证言材料；

　　g. 违规罪犯处理的有效证明；

　　h. 罪犯加扣分（专项加分）审批表。

　　第四，及时报告或当场制止罪犯违纪行为，违纪罪犯受到禁闭、记过、警告处罚，分别加 50 分、30 分、20 分。基本证据第 1 至 4 项，其余项视犯情收集：

　　a. 与加分事实相关联的事发现场监控视频及文字说明；

　　b. 接到报告民警情况说明；

  c. 违规罪犯的调查笔录；

  d. 调查民警调查结论；

  e. 报告罪犯本人陈述材料；

  f. 其他罪犯的证言材料；

  g. 违规罪犯单项处罚审批表；

  h. 罪犯加扣分（专项加分）审批表。

  第五，检举、揭发罪犯私制、私藏、使用违禁品、危险品、违规品或外来人员私带违禁品、危险品、违规品进入监管区，分别加 50 分、20 分、10 分。基本证据第 1 至 5 项，其余项视犯情收集：

  a. 罪犯检举、揭发材料；

  b. 与加分事实相关联的物品物证图片及文字说明；

  c. 接收材料或接到报告民警情况说明；

  d. 违规罪犯或外来人员的调查笔录；

  e. 民警调查结论；

  f. 其他罪犯的证言材料；

  g. 违规罪犯或外来人员处理的有效证明；

  h. 罪犯加扣分（专项加分）审批表。

  第六，及时发现并报告重大安全隐患，避免安全事故发生，加 100 分。基本证据第 1 至 4 项，其余项视犯情收集：

  a. 接到报告民警情况说明；

  b. 与加分事实相关联的安全隐患图片及文字说明；

  c. 调查民警调查结论；

  d. 相关业务部门对所报告重大安全隐患的认定结论；

  e. 报告罪犯自述材料；

  f. 罪犯加扣分（专项加分）审批表。

  第七，罪犯在服刑期间进行技术革新且发挥主要作用，获国家级奖励的，加 100 分；获省（部）级奖励的，加 50 分。基本证据第 1 至 7 项，其余项视犯情收集：

  a. 罪犯申请材料；

  b. 监狱同意技术革新立项审批表；

  c. 技术革新的完整资料；

  d. 相关罪犯证明进行技术革新的证言；

  e. 负责技术革新管理民警情况说明；

  f. 劳安、生产部门日常监督材料；

  g. 奖励证书复印件；

  h. 罪犯加扣分（专项加分）审批表。

第八，在协助民警处置自然灾害、公共卫生、安全事故等突发事件时，表现积极并起到主要作用的，加50分。基本证据第1至3项，其余项视犯情收集：

a. 与加分事实相关联的事发现场监控视频及文字说明；

b. 现场民警情况说明；

c. 监狱调查结论；

d. 奖励罪犯本人自述材料；

e. 其他罪犯的证言材料；

f. 罪犯加扣分（专项加分）审批表。

第九，检举拒不交代真实身份罪犯，经查证属实，加20分。基本证据第1至4项，其余项视犯情收集：

a. 罪犯检举材料；

b. 接收检举材料民警情况说明；

c. 被检举罪犯调查笔录；

d. 调查民警狱内外取证材料；

e. 被检举罪犯处罚处理的有效证明；

f. 罪犯加扣分（专项加分）审批表。

第十，发现、报告安全事故隐患或提出合理化建议，被监狱采纳加20分。基本证据第1至3项，其余项视犯情收集：

a. 罪犯汇报材料；

b. 接到汇报民警情况说明；

c. 相关业务部门调查认定结论；

d. 罪犯加扣分（专项加分）审批表。

（3）证据保全。单次适用20分以下加扣分，相关书面材料、音视频资料由分监区负责保存，其中音视频资料因技术原因无法长期存储的，应当至少保存至罪犯刑罚执行结束，其他证据长期保存。

狱内又犯罪案件、单次适用扣20分、单项处罚、专项加分，书面材料、音视频证据资料、实物证据等应当长期保存。

需要长期保存的资料，在数据库容量无法满足存储要求时，应当刻录光盘、磁盘等存储设备存储，刻录光盘保存的，应当制作一式两份，在光盘标签上标明制作单位、制作人、制作时间、罪犯姓名、案件编号等信息，一份装袋密封作为正本放入罪犯档案正档，一份作为副本分监区留存并由专人负责保管。同一罪犯多次讯问的音视频资料可以将多次讯问音视频资料刻录在一张光盘内保存。

利用磁盘等存储设备存储的，应当在讯问结束后立即上传至专门的存储设备中，并制作数据备份。

罪犯加扣分所收集的各项证据除刻录光盘保存的证据外，其余证据统一存入数据库中备查。作案工具等实物证据统一保存在监狱证据室内。

三、工作任务实施

（一）工作情境描述

1. 参考案例。

（1）罪犯张某，系车工，×年 11 月其劳动考核排位在分监区第 20%序位，当月张某本人及其联号组员没有违规违纪扣分，监狱劳动加分是以分监区为单位进行排位的。请回答张某 11 月应加多少分以及加分依据的条款。

（2）罪犯韩某发现周某私制含有酒精的饮品，遂报告民警。请依据浙江省计分考核规定确定韩某的行为是否应该加分、加多少分。

2. 参考规范文书。

（1）罪犯加扣分（专项加分）审批表。

罪犯加扣分（专项加分）审批表

单位：

罪犯编号		姓名		罪名	
主要事实及根据	事件事实：_____ _____ 根据《监狱计分考核罪犯工作实施细则（试行）》第____条第___款第___项《监狱计分考核工作裁量基准（试行）》第___条第___款第___项之规定，给予罪犯_____。				
办案民警签名	签字： 年 月 日		分监区领导 意见		（签章） 年 月 日
分监区法制员意见	签字： 年 月 日				
监区法制员意见	签字： 年 月 日		监区领导意见		（签章） 年 月 日
法制部门意见	（签章） 年 月 日		狱政管理部门意见		（签章） 年 月 日

监狱计分考核工作组意见	（签章） 年　月　日

主要事实及根据栏：

主要事实及根据	事件事实：_____ _____ 　　根据《省监狱计分考核罪犯工作实施细则（试行）》第_____条第____款第___项《省监狱计分考核工作裁量基准（试行）》第____条第____款第__项之规定，给予罪犯_____。
主要事实及根据	事件事实：_____ _____ 　　根据《省监狱计分考核罪犯工作实施细则（试行）》第_____条第____款第___项《省监狱计分考核工作裁量基准（试行）》第____条第____款第__项之规定，给予罪犯_____。

（2）罪犯无违规加分及劳动改造加分审批表。

罪犯无违规加分及劳动改造加分审批表

单位：　　　　　　年　月　日

序号	罪犯姓名	加分事由	加分分值	加分事由	加分分值
1		本人及联号人员无违规		劳动改造排位加分	
2					
3					
办案民警意见	拟给予罪犯等　人加分。 　　　　　　　　　　　签名： 　　　　　　　　　　　年　月　日				

分监区领导意见	经分监区计分考核工作小组评议，同意给予加分。 签名： 年　月　日
监区领导意见	同意分监区意见 签名： 年　月　日
法制部门意见	经审核，同意监区意见 签名： 年　月　日
狱政管理部门意见	同意给予加分 签名： 年　月　日

月末以监区为单位上报，一个监区一张汇总表。

3. 现场民警情况说明。

情况说明

本人于　年　月　日　时　分，接罪犯　　报告（自己发现）罪犯违规违纪情形（简要描述违规事实），当时在场罪犯有　　　　等。

本人对情况说明真实性负责。

民警签名：
年　月　日

（二）工作任务目标

1. 准确判断是否属于加分情形。

2. 正确适用加分条款。

3. 制作加分材料（文书、证据），完成加分手续。即事件登记、调查取证、审批（完成审批表）结案。重点是填写加分审批表（部分栏目内容）。

（三）工作流程与活动

活动1：任务确立（课前自学）。

活动2：问题解答——回答工作任务导入问题。

活动3：制作材料——根据工作情境描述制作张某和韩某的加分材料（文书、证据）。

活动4：评价与总结——教师评价和行业专家在线指导。

<h1 style="text-align:center">工作任务三　扣分</h1>

一、工作任务导入

上午8点30分左右，某分监区罪犯唐某私自用手扭掉固定纱剪的螺丝，将纱剪拆卸下来方便劳动被包夹发现并及时制止。

问题：罪犯唐某应扣多少分？请说明理由和扣分依据。

二、知识准备

扣分的工作任务主要是对达不到考核标准或违规的罪犯作出处罚（扣分、行政处罚）。

（一）扣分的条件

罪犯达不到考核标准或者违反规定，达到扣分认定标准的，监狱对罪犯应及时作出扣分处理。具体的扣分情形、认定标准和扣分分值，由地方加以规定，操作时应依规公正执行。

出现扣分时，在基础分基础上给予扣减。

（二）行政处罚的条件

行政处罚包括警告、记过、禁闭处罚。

罪犯受到警告、记过、禁闭处罚的，分别扣减考核分100分、200分、400分，扣减后考核积分为负分的，保留负分。受到禁闭处罚的，禁闭的期限为7天至15天，禁闭期间考核基础分记0分。

按照《监狱法》的规定，罪犯有下列破坏监管秩序情形之一的，监狱可以给予警告、记过或者禁闭：

（1）聚众哄闹监狱，扰乱正常秩序的；

（2）辱骂或者殴打人民警察的；

（3）欺压其他罪犯的；

（4）偷窃、赌博、打架斗殴、寻衅滋事的；

（5）有劳动能力拒不参加劳动或者消极怠工，经教育不改的；

（6）以自伤、自残手段逃避劳动的；

（7）在生产劳动中故意违反操作规程，或者有意损坏生产工具的；

（8）有违反监规纪律的其他行为的。

上述行为构成犯罪的，依法追究刑事责任。

实践中运用行政处罚时，一般应同时依据地方对行政处罚规定的情形、条件来操作。

（三）扣分程序

扣分程序、规则见工作任务二中的"（二）考核程序和规则"。

（四）实践工作运用

1. 扣分的分类。扣分分为监管扣分、教育扣分、劳动扣分三项（部分）扣分。

按照扣分分值，扣分分为扣2分、5分、10分、20分、单项处罚（警告处罚100分、记过处罚200分、禁闭处罚400分）五档七个层次。

2. 扣分的方法。出现扣分时，先扣对应项基础分，不足部分在当月总分中扣除，仍不足的在累计分中扣除，积分为负分的保留负分并在以后累计分中折抵。

扣分把握的要点：

（1）判断违规违纪行为的性质、动作类型、情节，情节可从危害、损害大小和影响程度、悔过态度来综合判断；

（2）原则上违规违纪情节轻微的扣2分，较轻的扣5分，一般的扣10分，严重的扣20分，特别严重予以单项处罚；

（3）是否具有从轻从重处罚情形：罪犯符合扣5分条款中情节轻微情形的扣2分；同一违规情形在3个月内再次发生的，应从重处罚；

（4）一事不二罚，罪犯同一情形不得重复处罚，符合多项扣分条款的，按照最高分值给予扣分；

（5）正确理解条款项的形式，不要引用错误。

下面从监管扣分、教育扣分、劳动扣分、单项处罚、情节轻微、加重处罚认定和特别规定分别阐述处罚的使用情形和相关规定。

3. 扣分的情形和认定标准。

（1）监管扣分。

1）扣2分的情形。

a. 以言语、动作骚扰他人的；

b. 损坏、践踏花草树木的；

c. 违反就寝纪律的；

d. 在非规定场所洗澡或未经允许赤身、裸体的；

e. 罪犯间起叫绰号、讲粗话、脏话或有不雅肢体动作的；

f. 在洗漱、洗衣、晾衣物、洗澡、如厕、存取物品时故意拖延时间、挤占抢位的；

g. 随地吐痰、随意便溺、乱泼乱倒、乱扔废弃物，便后不及时冲洗厕所或未按分类要求投放垃圾的。

2）扣5分的情形。

a. 大声喊叫、喧哗，故意发出奇声异响或追逐打闹的；

b. 违反通信、会见管理或亲情电话拨打规定的；

c. 未上交需集中保管物品的；

d. 未按规定着装，私改、私送或丢弃囚服等物品的；

e. 未按规定理发，蓄须、留长指甲的；

f. 不遵守就医就诊规定或不遵医嘱的；

g. 违反卫生防疫、防暑降温、防冻保暖规定的；

h. 搜身时相互监督不到位的；

i. 未按指定铺位、指定方向就寝或蒙头睡觉的；

j. 有浪费水、电、粮食的；

k. 私藏剩菜剩饭或私制、存放、食用自制食品饮品的；

l. 未经批准在非就餐时间、地点就餐，故意敲击餐具或违反就餐纪律的；

m. 个人卫生或包干卫生不整洁的；

n. 未按规定佩戴胸牌、专用卡、手环等各类标识，或标识遗失、损毁的；

o. 无故触发报警装置或未经民警允许擅自开关各类电源的；

p. 未经允许擅自进入民警办公区或其他功能区域的；

q. 开口骂人或与他人发生争吵的；

r. 对民警及其他国家公职人员正当履职有不当言论的；

s. 私自传递、接收、私制、私藏一般物品的；

t. 无病装病或故意夸大病情逃避改造的；

u. 故意破坏公共卫生或他人内务卫生的；

v. 违反队列或集会纪律的；

w. 罪犯对联号成员情况不明的；

x. 信息员在岗期间做与岗位无关事务的。

罪犯有前款第 1 至 13 项所列情形之一，情节轻微的，可以扣 2 分。

3）扣 10 分的情形。

a. 自伤自残的；

b. 私自接触外来人员的；

c. 私制私带私藏使用违规品、危险品的；

d. 违规使用外联设备或网络传输介质，擅自拆装、使用计算机的；

e. 推拉他人的；

f. 诬陷、诬告他人的；

g. 擅离活动区域的；

h. 发现违规违纪行为不及时汇报或制止的；

i. 信息员履行特定义务不到位造成后果的；

j. 赌博或变相赌博的；

k. 违反狱内消费或账户使用规定的；

l. 偷窃、骗取、私占、损毁公私财物的；

m. 私藏药品的；

n. 以物易劳、物利交易的；

o. 向狱外传递影响改造秩序信息的；

p. 破坏、损毁各类警戒安防设施设备的；

q. 不听从民警指令安排的；

r. 对民警使用不礼貌称谓、评头论足或指手划脚的；

s. 故意躲避监管、监控的；

t 未按正当程序反映情况的；

u. 无故拒签各种考核记录凭证或相关法律文书送达回证的；

v. 采取不正当手段、途径发泄不满情绪的；

w. 提出无理医疗诉求，经教育无效的。

罪犯有前款第1至16项所列情形之一，情节严重的，一次性扣20分；情节特别严重的，给予单项处罚。

出现扣10分所列情形，并非都扣10分。如果情节一般的，扣10分；但如果属于情节严重的，扣20分；情节特别严重的，给予单项处罚。具体情节认定标准，依据下列所示标准而定。因此，对于扣10分以上的情形，最重要的是认定情节是否符合情节严重、特别严重的标准。

【关于本条情节严重、特别严重的认定标准】

有上述"扣10分的情形"中的第1至16项所列情形之一，情节严重的，一次性扣20分；情节特别严重的，给予单项处罚。

第一，自伤自残的。有下列情形之一的，属于"情节严重"：

a. 已实施或被劝阻、指出后仍继续实施的；

b. 利用劳动工具或自制危险品实施的；

c. 以自伤自残要挟民警的。

造成后果或恶劣影响的，属于"情节特别严重"。

第二，私自接触外来人员的。有下列情形之一的，属于"情节严重"：

a. 私传口信、物品或索要物品的；

b. 接触2人次以上的。

造成后果或恶劣影响的，属于"情节特别严重"。

第三，私制私带私藏或使用违规品、危险品的。有下列情形之一的，属于"情节严重"：

a. 涉及香烟、酒精类饮品、绳索、医疗器械等的；

b. 涉及警械、警用标识物品资料等的；

c. 2人以上参与或使用的；

d. 参与2次以上的。

造成后果或恶劣影响的，属于"情节特别严重"。

第四，违规使用外联设备或网络传输介质，擅自拆装、使用计算机的。有下列情形之一的，属于"情节严重"：

a. 联通狱外互联网的；

b. 实施 2 次以上的；

c. 2 人以上参与或使用的。

造成后果或恶劣影响的，属于"情节特别严重"。

第五，推拉他人的。有下列情形之一的，属于"情节严重"：

a. 经教育或劝阻后仍继续实施的；

b. 造成现场秩序混乱的。

造成后果或恶劣影响的，属于"情节特别严重"。

第六，诬陷、诬告他人的。有下列情形之一的，属于"情节严重"：

a. 诬陷、诬告 2 人次以上的；

b. 对他人改造造成影响的。

造成后果或恶劣影响的，属于"情节特别严重"。

第七，擅离活动区域的。有下列情形之一的，属于"情节严重"：

a. 经劝阻或指出后仍继续实施的；

b. 串联 2 人或实施 2 次以上的；

c. 对他人改造造成影响的。

造成后果或恶劣影响的，属于"情节特别严重"。

第八，发现违规违纪行为不及时汇报或制止的。违规罪犯被扣 20 分以上的，属于"情节严重"。造成安全事故或恶劣影响的，属于"情节特别严重"。

第九，信息员履行特定义务不到位造成后果的。有下列情形之一的，属于"情节严重"：

a. 经指出或教育后再犯的；

b. 造成有罪犯发生扣 20 分以上违规的；

c. 故意隐瞒或不收集不汇报相关犯情的；

d. 汇报信息造假或夸大的。

造成安全事故或恶劣影响的，属于"情节特别严重"。

第十，赌博或变相赌博的。有下列情形之一的，属于"情节严重"：

a. 提供器材、道具等赌博条件的；

b. 涉赌财物价值 200 元以上的；

c. 组织招揽者或积极参与者；

d. 3 人以上共同参与的；

e. 实施 2 次以上的。

涉赌物资价值 500 元以上或造成恶劣影响的，属于"情节特别严重"。

第十一，违反狱内消费或账户使用规定的。有下列情形之一的，属于"情节严重"：

a. 代为他人购买物品 2 次以上的；

b. 利用 2 个以上他人账户购买物品的；

c. 私自通过狱外人员向他人账户存入钱款的；

d. 以逃避财产性判项执行为目的的；

e. 涉及金额 200 元以上的。

第十二，偷窃、骗取、私占、损毁公私财物的。有下列情形之一的，属于"情节严重"：

a. 实施 2 次以上的；

b. 对 2 人以上实施的；

c. 2 人以上共同参与的；

d. 对象为智力发育迟滞、精神障碍、未成年人或老病残的；

e. 财物价值 200 元以上的。

财物价值 500 元以上或造成恶劣影响的，属于"情节特别严重"。

第十三，私藏药品的。有下列情形之一的，属于"情节严重"：

a. 经指出或教育后仍不改正的；

b. 造成本人病情加重的；

c. 私藏数量达到医嘱单次服药数量 3 倍以上的；

d. 将私藏的药品提供给他人服用的。

第十四，以物易劳、物利交易的。

a. 实施 2 次以上的；

b. 涉及 2 人次以上的；

c. 与外来人员物利交易的；

d. 对象为智力发育迟滞、精神障碍、未成年人或老病残的；

e. 物资价值 200 元以上或定量定时工时超过分监区日工时平均值的。

第十五，向狱外传递影响改造秩序信息的。

a. 企图利用社会关系贿赂民警及其他监狱工作人员的；

b. 企图让家属提供虚假证明骗取考核分的；

c. 通过他人购买各种违规物品的；

d. 传递其他罪犯个人信息造成经济损失的；

e. 引发社会舆情或造成其他影响的。

第十六，破坏、损毁各类警戒安防设施设备的。

a. 破坏、损毁各类监控设备的；

b. 破坏、损毁各类门禁、门锁的；

c. 破坏、损毁执法记录设备的；

d. 破坏、损毁红外幕帘、窗户栅栏的。

4）扣20分的情形。

【监管扣分】罪犯有下列情形之一的，在监管改造基础分上给予扣20分：

a. 传播邪教的；

b. 公开宣扬犯罪史，鼓吹犯罪思想的；

c. 企图自杀、脱逃、行凶的；

d. 联号包夹罪犯发生脱逃（含未遂）、行凶、自杀、自伤自残等行为的；

e. 对民警正当履职有不当行为的；

f. 超越警戒线的；

g. 对抗管教的；

h. 殴打他人或打架的；

i. 私制私带私藏使用违禁品的；

j. 聚众哄闹、拉帮结伙的；

k. 教唆他人实施违法或违规违纪行为的；

l. 对违法行为知情不报、不制止的；

m. 经监狱查证，举报、投诉内容歪曲夸大事实的；

n. 在相关机关或部门调查取证中不如实作证的；

o. 私自涂改、销毁各种考核记录凭证的。

罪犯有前款情形之一且情节特别严重的，给予单项处罚。

【关于本条情节特别严重的认定标准】

有上述所列情形之一且情节特别严重的，给予单项处罚。

第一，传播邪教的。有下列情形之一的，属于"情节特别严重"：

a. 实施2次以上或向3人以上传播的；

b. 组织、煽动他人实施的；

c. 引起围观或造成现场秩序混乱的；

d. 有绝食、练功行为或损害他人身体健康的。

第二，公开宣扬犯罪史，鼓吹犯罪思想的。有下列情形之一的，属于"情节特别严重"：

a. 实施2次以上的；

b. 制作、展示标语、条幅等物品的；

c. 引起围观或造成现场秩序混乱的。

第三，企图自杀、脱逃、行凶的。有下列情形之一的，属于"情节特别严重"：

a. 已准备实施工具的；

b. 已实施被中止的；

c. 经劝阻或指出后仍继续实施的；

d. 准备对 2 人以上实施行凶的。

第四，联号包夹罪犯发生脱逃（含未遂）、行凶、自杀等行为的。有下列情形之一的，属于"情节特别严重"：

a. 未及时制止的；

b. 知情不报的；

c. 包夹罪犯已实施的；

d. 造成后果或恶劣影响的。

第五，对民警正当履职有不当行为的。有下列情形之一的，属于"情节特别严重"：

a. 向民警吐口水的；

b. 有公开威胁、诬陷、谩骂的；

c. 对民警做侮辱性动作的；

d. 经教育后仍继续实施的；

e. 推搡、袭击民警的；

f. 持械或其他手段恶劣的。

第六，超越警戒线的。有下列情形之一的，属于"情节特别严重"：

a. 经劝阻或指出后仍继续实施的；

b. 造成恶劣影响的；

c. 伙同他人共同实施的。

第七，对抗管教的。有下列情形之一的，属于"情节特别严重"：

a. 经劝阻或指出后仍继续实施的；

b. 在公开场合实施的；

c. 造成恶劣影响的。

第八，殴打他人或打架的。有下列情形之一的，属于"情节特别严重"：

a. 经教育或劝阻后仍继续实施的；

b. 持械或其他手段恶劣的；

c. 多次击打或拳打脚踢的；

d. 追逐、拦截他人的；

e. 互殴、多人殴打一人或一人殴打多人的；

f. 3 人以上群体性打架的；

g. 造成现场秩序混乱或恶劣影响的；

h. 有预谋打击报复的；

i. 造成轻微伤的。

第九，私制私带私藏或使用违禁品的。有下列情形之一的，属于"情节特别严重"：

a. 涉及现金、手机、毒品、军警制服、便服、管制刀具和刃器具、危害国家安全宣传制品等的；

　　b. 2人以上参与或使用的；

　　c. 造成后果或恶劣影响的。

　　第十，聚众哄闹、拉帮结伙的。有下列情形之一的，属于"情节特别严重"：

　　a. 经劝阻或指出后仍继续实施的；

　　b. 造成现场秩序混乱或恶劣影响的；

　　c. 积极实施者或幕后策划的；

　　d. 拉偏架的。

　　第十一，教唆他人实施违法或违规违纪行为的。有下列情形之一的，属于"情节特别严重"：

　　a. 经劝阻或指出后仍继续实施的；

　　b. 造成现场秩序混乱或恶劣影响的；

　　c. 造成人身损伤或财产损毁的；

　　d. 造成安全事故的；

　　e. 对象为智力发育迟滞、精神障碍或老病残的。

　　第十二，对违法行为知情不报、不制止的。有下列情形之一的，属于"情节特别严重"：

　　a. 发生狱内案件的；

　　b. 发生安全事故的；

　　c. 发生人身损伤或财产损毁的。

　　第十三，经监狱查证，举报、投诉内容歪曲夸大事实的。有下列情形之一的，属于"情节特别严重"：

　　a. 伙同他人共同实施的；

　　b. 对民警身心健康或名誉造成影响的；

　　c. 实施2人次以上的；

　　d. 授意狱外人员实施的。

　　第十四，在相关机关或部门调查取证中不如实作证的。有下列情形之一的，属于"情节特别严重"：

　　a. 经教育拒不配合的；

　　b. 隐瞒、歪曲事实或故意误导调查方向的；

　　c. 内容前后相互矛盾或翻供的。

　　第十五，私自涂改、销毁各种考核记录凭证的。有下列情形之一的，属于"情节特别严重"：

　　a. 在公开场合实施的；

　　b. 民警在场时实施的；

c. 实施 2 次以上。

（2）教育扣分。

1）扣 2 分的情形。罪犯有下列情形之一的，在教育和文化改造基础分上给予扣 2 分：

a. 考试时在试卷上写与考题无关内容的；

b. 心理测试不认真，故意漏填、错填，导致废卷的；

c. 在教育、心理咨询等场所，不听从工作人员指导的；

d. 上课交头接耳、乱写乱画、看其他书报、打瞌睡的；

e. 未按时、按要求上交思想汇报的。

2）扣 5 分的情形。罪犯有下列情形之一的，在教育和文化改造基础分上给予扣 5 分：

a. 参加小组学习讨论不认真，经指出仍不改正的；

b. 无故不完成作业或违反课堂纪律，经指出后仍不改正的；

c.《监狱服刑人员行为规范》等应知应会抽查不合格的；

d. 私藏、传阅、观看未经许可的纸质或电子作品的；

e. 在撰写改造材料时有弄虚作假行为的；

f. 参加监狱组织的考试，经补考后成绩仍不及格的；

罪犯有前述第 1 至 3 项所列情形之一，情节轻微的，可以给予扣 2 分。

3）扣 10 分的情形。罪犯有下列情形之一的，在教育和文化改造基础分上给予扣 10 分：

a. 未经批准，不参加集体教育活动的；

b. 拒绝参加或不配合民警个别教育活动的；

c. 拒不参加考试，考试作弊或故意交白卷的；

d. 公开宣扬有碍改造不当言论或诱导他人消极改造的。

4）扣 20 分的情形。罪犯有下列情形之一的，在教育和文化改造基础分上给予扣 20 分：

a. 攻击、污蔑党和国家的方针、政策或编造、传播政治谣言的；

b. 在集会或监狱重大活动中，故意扰乱正常秩序的；

c. 本人或蛊惑他人散布不认罪、不服法言论的；

罪犯有前述第 1 至 2 项所列情形之一，情节特别严重的，给予单项处罚。

【关于本条情节特别严重的认定标准】

有上述条款第 1 至 2 项所列情形之一，情节特别严重的，给予单项处罚。

第一，攻击、污蔑党和国家的方针、政策或编造、传播政治谣言的。有下列情形之一的，属于"情节特别严重"：

a. 在公开场合实施的；

b. 有攻击党的领导和中国特色社会主义言行的；

c. 有歪曲、抹黑中华优秀传统文化、革命文化和社会主义先进文化言行的；

d. 危害民族团结或国家统一言行的；

e. 组织、煽动他人实施的；

f. 制作、展示标语、条幅等物品的；

g. 实施 2 次以上或向 3 人以上传播的；

h. 引起围观或造成现场秩序混乱的。

第二，在集会或监狱重大活动中，扰乱正常秩序的。有下列情形之一的，属于"情节特别严重"：

a. 经指出或教育后仍不改正的；

b. 组织、煽动他人实施的；

c. 引起围观或造成现场秩序混乱的。

（3）劳动扣分。

1）扣 2 分的情形。罪犯有下列情形之一的，在劳动改造基础分上给予扣 2 分：

a. 未经允许的物品带入劳动现场的；

b. 未按规定保养机器、设备的；

c. 未能熟记安全生产操作规程的；

d. 未按规定清理劳动现场的；

e. 不做工间操或做操敷衍了事的。

2）扣 5 分的情形。罪犯有下列情形之一的，在劳动改造基础分上给予扣 5 分：

a. 不遵守劳动纪律的；

b. 违反定置管理规定的；

c. 违反工艺规定的；

d. 私藏、私带、私自处理生产原材料或技术资料的；

e. 违反操作规程，直接经济损失较小的；

f. 消极怠工或有劳动能力无正当理由拒不参加劳动的；

g. 无正当理由不完成劳动任务的；

h. 浪费生产原材料或质量不达标的；

i. 安全生产事件的间接责任者；

j. 以不正当手段换取劳动产品、产量的；

k. 未经允许劳动时干私活的。

罪犯有前述第 1 至 2 项所列情形之一，情节轻微的，可以给予扣 2 分。

3）扣 10 分的情形。罪犯有下列情形之一的，在劳动改造基础分上给予扣 10 分：

a. 经教育后仍不服从劳动任务或劳动岗位分配的；

b. 偷工减料、弄虚作假、虚报产量的；

c. 一般安全生产事件的直接责任者或较大安全生产事件的间接责任者；

d. 发现安全生产隐患，不及时报告或排除，造成安全生产事件的；

e. 未按规定交还劳动工具、零配件的。

4）扣 20 分的情形。罪犯有下列情形之一的，在劳动改造基础分上给予扣 20 分：

a. 私藏、破坏、丢失劳动工具、零配件及生产资料的；

b. 较大安全生产事件的直接责任者；

c. 故意在劳动产品上涂画或夹带与监狱有关资料的。

罪犯有前述情形之一，情节特别严重的，给予单项处罚。

【关于本条情节特别严重的认定标准】

罪犯有上述所列情形之一，情节特别严重的，给予单项处罚。

第一，私藏、破坏、丢失劳动工具、零配件及生产资料的。有下列情形之一的，属于"情节特别严重"：

a. 涉及刀片、榔头、螺丝刀等危险程度极高的劳动工具；

b. 私藏、私拆零配件 3 件以上的；

c. 造成生产资料损失 1000 元以上的；

d. 造成后果或恶劣影响的。

第二，较大安全生产事件的直接责任者。有下列情形之一的，属于"情节特别严重"：

a. 直接经济损失 1000 元以上的；

b. 损失工作日 105 日以上的；

c. 造成人身伤残 10 级以上的；

d. 造成严重后果或恶劣影响的。

第三，故意在劳动产品上涂画或夹带与监狱有关资料的。有下列情形之一的，属于"情节特别严重"：

a. 造成监狱或合作厂家经济损失的；

b. 引发社会舆情或造成其他影响的。

（4）单项处罚。单项处罚，即行政处罚，包括警告、记过、禁闭。

罪犯受到警告、记过、禁闭处罚的，分别在当月考核分基础上扣减考核分 100 分、200 分、400 分；扣减后的考核积分为负分的，保留负分并在以后累计分中折抵。禁闭期间考核基础分记 0 分，自禁闭结束次日起恢复考核。

【单项处罚情形】在上述某省计分考核扣分条款中，情节特别严重的，给予单项处罚。

（5）情节轻微、加重处罚认定。罪犯符合扣 5 分条款中情节轻微情形的，给予扣 2 分。有下列情形之一的，属于"情节轻微"：

a. 能主动认错认罚并书写检讨书或按要求作出检讨的；

b. 非故意违规且未造成后果的；

c. 非主观违规过错方或非引发事端方；

d. 能积极取得对方谅解的。

【加重处罚认定】罪犯无悔改表现，不配合查处或查处后再犯的，是指违规处理后，同一违规情形在 3 个月内再次发生。本条属于加重处罚的共性情形。

（6）特别规定。

【扣分情形增加程序】罪犯加扣分情形未在条款中体现，但根据工作实际，监狱确需增加扣分条款或违规严重情形认定的，应当经监狱计分考核工作组全体成员现场集体合议通过后，报省监狱管理局审批。

（7）扣分审批程序。对扣分，根据所涉事项及分值，按照权限实行集体评议与分级审批相结合制度。

（8）现场民警决定。

【扣 2 分审批】给予罪犯单次适用扣 2 分且违规违纪行为事实清楚的，现场民警可以当场作出决定并开具《违规事实确认书》，违规罪犯签字捺印后，处理结果报分监区计分考核工作小组备案审查。

（9）分监区领导审批。

【扣 5 分从轻审批】给予罪犯单次适用扣 5 分，但符合情节轻微可以扣 2 分情形的，由分监区主办民警调查后提出建议，集体评议通过后，制作《罪犯加扣分（专项加分）审批表》由分监区领导审批。

【扣 5 分审批】给予罪犯单次适用扣 5 分的，由分监区主办民警调查后提出建议，经分监区法制员审核，集体评议通过后，制作《罪犯加扣分（专项加分）审批表》由分监区领导审批。

（10）监区领导审批。

【扣 10 分审批】给予罪犯单次适用扣 10 分的，由监区主办民警调查后提出建议，集体评议通过后，制作《罪犯加扣分（专项加分）审批表》经分监区领导、监区法制员审核，报监区领导审批。

（11）由计分考核工作组副组长审批。

基本程序：主办民警建议→集体评议→制作审批表→分监区、监区领导审核→狱政管理部门和法制部门审核→监狱计分考核工作组副组长（组长）审批。

【扣 20 分以上审批】给予罪犯单次适用扣 20 分及单项处罚的，由主办民警调查后提出建议，集体评议通过后，制作《罪犯加扣分（专项加分）审批表》或《罪犯单项处罚审批表》经分监区、监区领导审核，狱政管理部门和法制部门审核，报监狱计分考核工作组副组长审批。

（12）隔离审查的审批审核。对罪犯采取隔离审查措施的，由分监区主办民警提出，经分监区、监区领导审核，狱内侦查和法制部门审核，报监狱分管副监狱长审批。

4. 扣分证据与要求。

（1）扣 2 分证据。基本证据第 1 项，其余项视犯情收集：

a. 违规事实确认书；

b. 现场问询及罪犯在《违规事实确认书》上签字视频资料。

罪犯扣 5 分但属于情节轻微的，给予扣 2 分。基本证据第 1 至 2 项，其余项视犯情收集：

a. 罪犯书写的检讨书或按警察要求作出检讨的照片；

b. 从轻处罚的调查材料或原因说明；

c. 罪犯加扣分（专项加分）审批表。

（2）扣 5 分证据。基本证据第 1 至 2 项，其余项视犯情收集：

a. 违规事件发生时现场民警情况说明；

b. 违规事件发生时在现场罪犯的证言材料；

c. 与扣分事实相关联的物证图片或监控视频及文字说明；

d. 罪犯加扣分（专项加分）审批表。

（3）扣 10 分证据。基本证据第 1 至 7 项，其余项视犯情收集：

a. 违规事件发生时现场民警情况说明；

b. 与扣分事实相关联违规罪犯供述材料；

c. 与扣分事实相关联的物证图片或监控视频及文字说明；

d. 与扣分事实相关联被伤害罪犯陈述材料；

e. 与扣分事实相关联造成人身伤害或财产损失的图片及鉴定意见并附文字说明；

f. 与扣分事实相关联的狱内账户消费明细或银行账户交易明细；

g. 违规事件发生时在现场罪犯的证言材料；

h. 罪犯加扣分（专项加分）审批表。

（4）扣 20 分以上的证据。基本证据第 1 至 8 项，其余项视犯情收集：

a. 违规事件发生时现场民警情况说明；

b. 与扣分事实相关联的被伤害罪犯陈述材料；

c. 与扣分事实相关联的违规罪犯调查笔录；

d. 与扣分相关联的物证图片或监控视频及文字说明；

e. 与扣分事实相关联造成人身伤害或财产损失的图片及鉴定意见并附文字说明；

f. 与扣分事实相关联的通话记录等凭据；

g. 与扣分事实相关联制取证现场视频资料；

h. 违规事件发生时在现场罪犯的证言材料；

i. 罪犯加扣分（专项加分）审批表。

罪犯记分考核

三、工作任务实施

（一）工作情境描述

1. 参考案例。

（1）某分监区，某日下午晚饭前，罪犯在小组内打牌娱乐时，其中罪犯蒲某埋怨搭档徐某牌打的烂，在这个过程中蒲某、徐某都没有骂人，小组同犯及同联号罪犯张某担心两人发生争执违反监规，都劝两人不要计较了。事情刚平静下来时，罪犯王某从小组外回来，听到他犯说起蒲某、徐某打牌打的不高兴了，就说了句"没有徐某蒲某就找不到搭子了啊。"此时同联号张某担心王某话说多了两人又"重燃战火"，就对王某说"你不要在这里挑唆，等下他们两个吵起来了。"王某一听张某说自己挑唆，就让张某把话说清楚。张某也觉得自己话说过了，向王某赔了不是。小组里暂时安静了，可能是小组里其他罪犯觉得为了这么点小事吵个没完犯不着，也可能是为了缓和一下紧张的气氛，几名罪犯笑了几声。张某因刚才的事情闹的一肚子的气，见有人在冷笑心里很不舒服，于是又骂了句"笑笑笑，笑个屁啊。"这下罗某听了就站出来问张某你在说谁，张某说谁笑就说谁，于是两人争吵起来，越吵越凶，其中罗某态度较差，语言过激，小组里其他罪犯见有人真的吵起来了马上进行劝阻。

主要背景材料：①王某，26岁，浙江人，抢劫罪原判为无期徒刑，现在已减为有期徒刑，平时行为习惯养成不好，以自我为中心，之前曾多次违规扣分；②罗某，28岁，贵州人，因盗窃罪判了4年6个月，马上快减刑了，因同联号王某违规扣分，影响其考核分数致使其想多减一个月刑的希望打破了，情绪比较低落，对自己的要求有所放松；③张某，27岁，河南人，因抢劫罪原判为无期徒刑，现在已减为有期徒刑，平时表现还可以，但近几个月来其因鼻子边上长了个小肿瘤，洗脸时碰到就会痛，到监内医院看过一时不能治好，张某非常担心，心情较差。

问题：案例中相关罪犯是否需要扣分？请说明理由和依据。

（2）×年10月9日15是5分许，某分监区罪犯劳动现场，罪犯王某与罪犯冯某因劳动材料使用问题产生矛盾，两人情绪都较激动，罪犯王某指着冯某的鼻子说"干什么，想打人啊。那你打好了，我让你打，你敢打吗？"罪犯王某说了一大堆挑衅的话语，罪犯冯某因受不了罪犯王某挑衅的言语，动手打了王某，当时罪犯冯某情绪较激动，在他犯进行劝阻的情况下还想冲过去打王某，在整个过程中罪犯王某未动手还击。两罪犯的同联号大多数都过来劝架，将两人拉开。民警第一时间介入处置。

问题：依据计分考核规定对冯某和王某等罪犯作出处理，填写《罪犯加扣分审批表》的"主要事实及根据"栏目内容，并说明扣分处理流程，列出证据名称。

（3）×年8月11日早上高度戒备监区出操队列训练中，矫治犯周某突然冲出队列，打了监督员魏某一拳并咬伤程某左侧肋骨处皮肤，被旁边同犯制止并拉开，民警迅速介入处置。

问题：周某应如何处罚？请说明理由和处罚依据。

2. 规范文书。

（1）违规事实确认书。

违规事实确认书

单位：　　　　　　　　　　　　　　　　　　　　　　　编号：2021 确认 第 号

罪犯编号		姓名		罪名	
主要事实 及根据	违规事实：＿＿＿＿＿＿＿＿＿＿＿＿＿＿＿＿＿＿＿＿＿＿＿ 　　根据《省监狱计分考核罪犯工作实施细则（试行）》第　　　　四十一条第二款及《省监狱计分考核工作流程导则（试行）》第二十四条之规定，给予罪犯 扣<u>监管改造分</u>□教育和文化改造分□劳动改造分□2 分。				
罪犯确认	本犯对此次违规及扣分无异议。 　　　　　　　　　　　　　　　　　　　　罪犯签字（捺印）： 　　　　　　　　　　　　　　　　　　　　　　年　月　日				

开具民警签名：

（2）罪犯违规扣分及联号人员不予加分公示表。

罪犯违规扣分及联号人员不予加分公示表

单位：　　　　　　　组别：　　　　　　年　月　日

罪犯姓名	违规情况		不予加分联号 人员姓名	不予加分联号 人员姓名	罪犯签名
	违规事项	扣分分值			

（3）罪犯加扣分（专项加分）审批表。

罪犯加扣分（专项加分）审批表

单位：

罪犯编号		姓名		罪名	
主要事实及根据	事件事实：＿＿ 　　根据《省监狱计分考核罪犯工作实施细则（试行）》第＿＿＿＿条第＿＿＿款第＿＿＿项《省监狱计分考核工作裁量基准（试行）》第＿＿＿条第＿＿＿款第＿＿＿项之规定，给予罪犯＿＿＿＿＿＿＿＿＿＿＿＿＿＿＿＿＿＿＿。				
办案民警签名	签字：　　　　年　月　日		分监区领导意见	（签章）　　　　年　月　日	
分监区法制员意见	签字：　　　　年　月　日				
监区法制员意见	签字：　　　　年　月　日		监区领导意见	（签章）　　　　年　月　日	
法制部门意见	（签章）　　　　年　月　日		狱政管理部门意见	（签章）　　　　年　月　日	
监狱计分考核工作组意见	（签章）　　　　年　月　日				

主要事实及根据栏：

主要事实及根据	事件事实：＿＿ 　　根据《省监狱计分考核罪犯工作实施细则（试行）》第＿＿＿＿条第＿＿＿款第＿＿＿项《省监狱计分考核工作裁量基准（试行）》第＿＿＿条第＿＿＿款第＿项之规定，给予罪犯＿＿＿＿＿＿＿＿＿。

主要事实及根据	事件事实：＿＿ 根据《省监狱计分考核罪犯工作实施细则（试行）》第＿＿条第＿款第＿项《省监狱计分考核工作裁量基准（试行）》第＿条第＿款第＿项之规定，给予罪犯＿＿＿＿＿＿。

（4）罪犯单项处罚审批表。

罪犯单项处罚审批表

单位：

罪犯编号		姓名		罪名	
主要事实及根据	事件事实：＿＿ 根据《省监狱计分考核罪犯工作实施细则（试行）》第＿＿条第＿＿款第＿＿项，以及《省监狱计分考核工作裁量基准（试行）》第＿条第＿款第＿项之规定，给予罪犯＿＿＿＿＿＿。				
分监区计分考核工作小组意见	经评议，建议给予罪犯＿＿＿＿＿。 （签章） 年　月　日				
监区意见	经审核，建议给予罪犯＿＿＿＿＿。 （签章） 年　月　日				
狱政管理部门意见	（签章） 年　月　日				

法制部门意见	（签章） 年　　月　　日
监狱计分 考核工作 组意见	（签章） 年　　月　　日

（5）罪犯禁闭审批表。

罪犯禁闭审批表

单位：　　　　　　　　　　编号：

姓名		性别		出生日期		年　月　日	
罪名		刑种		刑期		健康状况	
申 请 依 据							
申 请 期 限						（签字） 年　月　日	

监区 意见	（签字） 　年　月　日
主管科 室意见	（签字） 　年　月　日
监狱意见	（签章） 　年　月　日
罪犯 禁闭期 间表现	
解除禁 闭情况	对罪犯　　已于　　年　月　日解除禁闭。 批准人：　　（签字）　执行人：　　（签字） 　　年　月　日　　　　　年　月　日

（6）罪犯隔离控制/解除隔离控制审批表。

罪犯　隔离控制　审批表
解除隔离控制

单位：

姓　名		性　别		年　龄	
案　由		刑　期		籍　贯	
理 由					
分监区 意　见					签章： 年　月　日
监区意见					签章： 年　月　日
狱侦支队 意　见					签章： 年　月　日
监狱领导 意　见					签章： 年　月　日

（二）工作任务目标

1. 准确判断违规违纪行为的情形、性质、危害大小。

2. 正确适用扣分条款，确定扣分分值。

3. 制作加扣分材料（文书、证据），完成加扣分手续：事件受理（登记）、调查取证、加扣分审批（完成审批表）。

（三）工作流程与活动

活动 1：任务确立（课前自学）。

活动 2：问题解答——回答工作任务导入和工作情境描述 1 的问题。

活动 3：项目实训。

1. 参考资料。监管实践中加扣分的操作大都是在综合执法办案系统平台上进行的，课程实训难以开展仿真模拟，因此本项任务选择重点要素加以提炼，以文本为主进行练习。

2023 年 11 月 1 日下午 3 时许，质检员李某发现罪犯吴某袖口锁边不符合要求，要求其返工。吴某说这不是多大的事，坚持不修改，李某随后报告了民警，民警对吴某进行了严厉批评。收工回到监舍后，18 点 03 分，在洗漱间吴某走到质检员李某面前，用右手突然打了一李某耳光，质检员未还手，在场其他罪犯把二人拉开。民警张某和胡某闻讯后迅速过来处理，打开执法记录仪，把吴某和李某隔离，控制住吴某后，报告指挥中心，然后将吴某带到执勤台边，令其反省，随后对事件进行调查了解，并固定证据。在场其他罪犯：钟某（互监员）、唐某（吴某联号）、钱某（吴某联号）、江某（李某联号）、杨某（李某联号）。

任务：给予李某、吴某加扣分，完成加扣分操作手续（从事件登记到结案）。

2. 参考步骤。

（1）分组讨论对相关罪犯加扣分分值及适用条款；

（2）进行事件登记，制作《罪犯加扣分事件登记表》，如实记录事件相关内容；

（3）事件调查取证，按照加扣分对应证据要求，视犯情分工收集、完成加分、扣分证据；

【加分参考证据】

a. 现场民警情况说明；

b. 与加分事实关联的现场监控视频及文字说明；

c. 在场其他罪犯的情况说明；

d. 违规罪犯笔录复印件；

e. 加分罪犯本人陈述材料

f. 违规罪犯扣分审批表复印件；

g. 罪犯加扣分（专项加分）审批表。

有的证据只需列出证据名称或者列出证据要求，如第 2 项证据。

【扣分参考证据】

a. 违规事件发生时现场民警情况说明；

b. 与扣分事实相关联的被伤害罪犯陈述材料；

c. 与扣分事实相关联的违规罪犯调查笔录；

d. 与扣分相关联的物证图片或监控视频及文字说明；

e. 与扣分事实相关联造成人身伤害或财产损失的图片及鉴定意见并附文字说明；

f. 与扣分事实相关联的通话记录等凭据;

g. 与扣分事实相关联制取证现场视频资料;

h. 违规事件发生时在现场罪犯的证言材料;

i. 罪犯加扣分(专项加分)审批表。

(4)填写罪犯加扣分审批表。

(5)制作《罪犯加扣分事件结案登记表》,结案。

活动4:评价与总结——教师评价和行业专家在线指导。

工作任务四 月评分

一、工作任务导入

如何计算罪犯的月考核得分?

二、知识准备

月评分的主要工作是汇总罪犯的加扣分、基础分,审核、公示罪犯的当月考核分数。

(一)月评分的含义和基本内容

月评分是指监狱于月末和次月初评定罪犯当月考核分数的工作。一般包括确定罪犯当月未得的加分,并将其和罪犯当月的基础分、已有的加扣分进行汇总,统计得到分监区每个罪犯当月的考核分数,然后按规定审核、公示。

(二)特殊情形考核分数处理

罪犯考核出现特殊情形时,按以下方法处理其当月考核分数。

1. 住院治疗和康复期间。对有劳动能力但因住院治疗和康复等无法参加劳动的罪犯,住院治疗和康复期间的劳动改造分记0分,但罪犯因舍己救人或者保护国家和公共财产等情况受伤无法参加劳动的,监狱应当按照其受伤前3个月的劳动改造平均分给予劳动改造分,受伤之前考核不满3个月的按照日平均分计算。

2. 又犯罪。罪犯在监狱服刑期间又犯罪的,取消已有的考核积分和奖励,自判决生效或者收监之日起重新考核;考核积分为负分的,保留负分,自判决生效或者收监之日起继续考核。

3. 暂予监外执行收监。罪犯暂予监外执行期间暂停计分考核,自收监之日起继续考核,原有的考核积分和奖励有效。因违反暂予监外执行监督管理规定被收监执行的,取消已有的考核积分和奖励,自收监之日起重新考核;考核积分为负分的,保留负分,自收监之日起继续考核。

4. 假释被收监。罪犯在假释期间因违反监督管理规定被收监的,取消已有的考核积分和奖励,自收监之日起重新考核。

5. 立案侦查。罪犯因涉嫌犯罪被立案侦查的,侦查期间暂停计分考核。经查证有违法犯罪行为的，侦查期间的考核基础分记 0 分；经查证无犯罪行为的，按照罪犯立案前 3 个月考核平均分并结合侦查期间的表现计算其侦查期间的考核分；立案前考核不满 3 个月的按照日平均分计算。

罪犯因涉嫌违规违纪被隔离调查的，参照执行。

6. 解回。罪犯因办案机关办理案件需要被解回侦查、起诉或者审判，经人民法院审理认定构成犯罪的，取消已有的考核积分和奖励，自收监之日起重新考核；考核积分为负分的，保留负分。但罪犯主动交代漏罪、人民检察院因人民法院量刑不当提出抗诉或者因入监前未结案件被解回的，保留已有的考核积分和奖励，自收监之日起继续考核。

办案机关或者人民法院认定不构成犯罪、经再审改判为较轻刑罚或者因作证等原因被办案机关解回的，保留已有的考核积分和奖励，并按照解回前 3 个月考核平均分计算其解回期间的考核分；解回前考核不满 3 个月的按照日平均分计算。

7. 弄虚作假。罪犯通过利用个人影响力和社会关系、提供虚假证明材料、贿赂等不正当手段获得考核分的，应当取消该项得分，并根据情节轻重给予扣分或者处罚。

8. 不可抗力。对因不可抗力等被暂停劳动的罪犯，监狱应当根据实际情况并结合其暂停前的劳动改造表现给予劳动改造分。

9. 转监。罪犯转押的，转出监狱应当同时将计分考核相关材料移交收押监狱，由收押监狱继续计分考核。

（三）实践工作运用

1. 月评时间。计分考核按自然月起止进行，监狱应在每月 15 日前完成对罪犯前一个月计分考核的审核及公示。

2. 月评单位。罪犯的月评分一般由罪犯所在单位评定。

罪犯在监狱医院住院由医院考核，社会医院住院由原单位考核。《罪犯考核月评表》由罪犯月末所在单位负责制作，相关单位应及时移交考核情况。

3. 特殊情形处理。除前文"特殊情形考核分数处理"所列的 9 种情形外，补充以下几种特殊情形考核分数的处理规定：

【故意制造事件】罪犯故意制造事件等不正当手段获得考核分的，应当取消该项得分并给予禁闭处罚。

【身份不实】罪犯在服刑期间拒不交代其真实身份的，从其身份查实之日起已有的考核积分和奖励无效，但主动坦白交待的除外。原考核积分为负分的，保留负分并在以后累计分中折抵。

【高戒备管理】罪犯在高度戒备管理期间，按照其改造表现正常考核，计分考核连续有效，未参加劳动的劳动改造基础分计 0 分；参加劳动的按实计分，参加劳动但不足月的，按日计分。

【死缓期满】死刑缓期二年执行的罪犯在死刑缓期执行期间所获的考核积分和奖励，在执行期满后全部清零，自死刑缓期二年执行期满次日重新考核。

罪犯月考核分的计算

三、工作任务实施

月评分在案例讲解的基础上，主要进行实操训练。

（一）工作情境描述

1. 以某分监区罪犯为月评对象、某月罪犯考核材料为素材（加扣分登记材料、劳动日记载登记表、考核排位表、信息员考核排位表等），制作《罪犯考核月评表》。

2. 参考表格。

（1）罪犯考核月评表。

罪犯考核月评表
（　　年　　月）

单位：　　　　姓名：　　　　岗位：定量/定时　　　　罪犯编号：

项目	基础分	加分	扣分	加、扣分主要事由
监管改造				
教育和文化改造				
劳动改造				
专项加分				

本月考核得分						本考核期得分					
监管改造	教育和文化改造	劳动改造	基础分得分	专项加分	本月得分	监管改造	教育和文化改造	劳动改造	基础分累计	专项加分	累计得分	上期余分

罪犯本人签名	签字： 年 月 日	主管民警意见	签字： 年 月 日
计分考核工作小组负责人意见	（签章） 年 月 日	监区领导意见	签字： 年 月 日
备注			

（2）分监区罪犯月考核初审表。

监狱 年 月 监区 分监区罪犯月考核初审表

序号	基本情况			本月考核得分										备注	本人签名
	姓名	组别	定量定时	基础分			加分			扣分			专项加分	合计得分		
				监管改造	教育和文化改造	劳动改造	监管改造	教育和文化改造	劳动改造	监管改造	教育和文化改造	劳动改造				
1																
2																
3																
4																
5																
6																
7																
8																
9																
10																
11																
12																

（3）罪犯考核汇总表。

____年____月份罪犯考核汇总表

单位：

序号	项目 姓名	本月合计得分															本考核期得分					上期余分
		基础分			加分			扣分				专项加分	实得分									
		监管改造	教育改造	劳动改造	监管改造	教育改造	劳动改造	监管改造	教育改造	劳动改造	一次性最高扣分		监管改造	教育改造	劳动改造	当月合计	监管改造	教育改造	劳动改造	专项加分	累计得分	
1																						
2																						

本月参加考核罪犯人数为____人，人均基础分____分，人均加分____分，人均得分____分；累计扣分____人次，警告____人，记过____人，禁闭____人。

计分考核工作小组负责人意见	签名： 年 月 日	监区法制员意见	（签章） 年 月 日	监区领导意见	（签章） 年 月 日

备注：此表一式两份，一份分监区存档，一份监区存档。

（二）工作任务目标

1. 能够完成常规加分、扣分、非常规加分等工作。

2. 能够完成月考评工作，填写月考评所需的表格。

（三）工作流程与活动

活动1：任务确立（课前自学）。

活动2：分组实训——完成①小组罪犯的常规加分。②小组罪犯的月考核初审表。③小组罪犯的月考核汇总表。④小组各罪犯的月评表。

活动3：评价与总结——教师评价和行业专家在线指导。

项目二 考核等级与奖励

一、工作任务导入

罪犯张某×年 1 月份至 6 月份的一个考核周期内计分考核积分为 630 分，2 月出现一次监管改造违规，被扣 2 分，当月考核分 98 分，张某没有其他违规违纪行为。

请评定张某本考核周期的考核等级、奖励。

二、知识准备

一个考核周期内，罪犯考核积分达到 600 分以上（包括本数），监狱应及时开展罪犯的等级评定和奖励兑现两项工作，因此，本项目包括等级评定和奖励兑现两项工作任务。

（一）等级评定

1. 等级划分。等级评定是监狱在日常计分基础上对罪犯一个考核周期内改造表现的综合评价，分为积极、合格、不合格三个等级。

合格等级一般划分为每月考核分均不低于基础分和出现一个月以上（包括本数）月考核分低于基础分两种类型。

2. 等级评定标准。不合格等级的标准是相对比较明确的，除不合格等级外就是合格与积极两个等级，而积极等级名额需要经过监狱评定产生，剩余的就是合格等级。

（1）积极等级的认定。积极等级没有统一的认定标准，但比例由计分考核工作组确定并统筹使用，不得超过本期参加等级评定罪犯总人数的 15%。工作中一般是先排除积极否定情形的罪犯，再按一定排序规则确定罪犯排名，按名额和排位确定积极等级名单。

1）积极否定情形。罪犯在一个考核周期内，有以下情形之一的，不得评为积极等级：

a. 因违规违纪行为单次被扣 10 分以上的；

b. 任何一部分当月考核得分低于其基础分的；

c. 上一个考核周期等级评定为不合格的；

d. 其他组织或个人向监狱提供证据，证明确有履行能力而不履行或者不全部履行生效判决中财产性判项的；

e. 省、自治区、直辖市监狱管理局明确不得评为积极等级的情形。

2）从严掌握。对从严加分情形所列罪犯（《监狱计分考核罪犯工作规定》第19条所列罪犯），在积极等级评定上应当从严掌握。

3）实践工作运用。在实践中某省规定：

【积极否定情形】任何一个月因违规违纪行为被扣分2次以上或考核周期内累计扣分3次以上的，不得评为积极等级。

【从严掌握】从严掌握的罪犯，积极等级评定按照相同排位后退一位原则掌握。

【名额统筹】计分考核工作组综合考虑各监区押犯结构、考核排名等情况，对积极等级名额进行调剂、统筹使用。

【积极排位因素】一个考核周期内，分监区对积极等级评定按照分配的名额，结合罪犯入监时间长短、获得600分时间长短、刑期长短等进行综合排位，从高到低的顺序确定入围罪犯名单，出现名额空缺时，按从高到低的顺序依次替补。出现相同排位时，以扣分总次数少的优先、监管改造扣分少的优先原则确定；仍然有相同排位情况的，由计分考核工作小组根据罪犯日常表现集体评议确定。

（2）不合格等级情形。罪犯在一个考核周期内，有以下情形之一的，应当评为不合格等级：

a. 有违背宪法关于中国共产党领导、中国特色社会主义制度言行的；

b. 有危害民族团结或者国家统一言行的；

c. 有歪曲、抹黑中华优秀传统文化、革命文化和社会主义先进文化言行的；

d. 有鼓吹暴力恐怖活动或者宗教极端思想言行的；

e. 公开宣传、习练或教唆他人习练邪教的；

f. 以辱骂、威胁、自伤自残等方式对抗监狱人民警察管理，经警告无效的；

g. 受到2次以上警告或者记过处罚的；

h. 受到禁闭处罚的；

i. 有3次以上单月考核分低于60分的；

j. 省、自治区、直辖市监狱管理局明确应当评为不合格等级的情形。

【实践工作运用】

除以上情形之外，某省明确将以下行为列入不合格等级情形：

a. 有静坐、躺地等软对抗方式对抗民警管理或抗拒改造，经警告无效的；

b. 有袭击、殴打民警行为的；

c. 恶意举报、污蔑、诽谤民警的；

3. 等级评定审批程序。等级评定结果由计分考核工作小组研究意见，报计分考核工作组审批。

（二）考核结果运用

监狱应当根据计分考核结果给予罪犯表扬、物质奖励或者不予奖励，并将计分考核结果作为对罪犯实施分级处遇、依法提请减刑假释的重要依据。本项目主要实施的内容是等级运用，即给予罪犯表扬、物质奖励或者不予奖励。

1. 奖励的类型。监狱奖励有各种类型和形式，既有刑事奖励，如减刑、假释，也有行政奖励。这里指的是一种综合性行政奖励，特指罪犯一个考核周期结束，即考核积分达到 600 分以上（含 600 分），经过等级评定后，把考核积分 600 分兑现的奖励形式。

从奖励结果看，奖励可以分为表扬、物质奖励、不予奖励三种基本类型，其中表扬和物质奖励可以兼得。表扬是获得减刑、假释的重要条件，物质奖励的额度由各地方作出规定。

2. 奖励的条件。

（1）监狱法规定。根据《监狱法》，罪犯有下列情形之一的，监狱可以给予表扬、物质奖励或者记功奖励：

a. 遵守监规纪律，努力学习，积极劳动，有认罪服法表现的；

b. 阻止违法犯罪活动的；

c. 超额完成生产任务的；

d. 节约原材料或者爱护公物，有成绩的；

e. 进行技术革新或者传授生产技术，有一定成效的；

f. 在防止或者消除灾害事故中作出一定贡献的；

g. 对国家和社会有其他贡献的。

（2）计分考核规定。一个考核周期结束，计分考核工作小组应当根据等级评定结果，按照以下原则报计分考核工作组审批、兑现：

a. 被评为积极等级的，给予表扬，可以同时给予物质奖励；

b. 被评为合格等级且每月考核分均不低于基础分的，给予表扬；

c. 被评为合格等级但有任何一个月考核分低于基础分的，给予物质奖励；

d. 被评为不合格等级的，不予奖励并应当给予批评教育。

（3）实践工作运用。某省对奖励额度和因特殊情形月考核分低于基础分的，作出了规定：

a. 符合物质奖励条件的，每 600 分兑现 300 元人民币；未使用的表扬，一个表扬兑现 600 元人民币；

b. 【特殊情形】新犯分流首月、有劳动能力因病住院治疗、因舍己救人或保护国家和公共财产情况受伤无法参加劳动的罪犯，当月无违规扣分但月考核分低于基础分的，不影响表扬获得。

3. 剩余积分处理。一个考核周期结束，从考核积分中扣除 600 分，剩余积分转入下一个考核周期。

罪犯被呈报减刑、假释的，自考核截止的次月开始从零分重新考核，人民法院裁定不予减刑、假释或监狱主动撤回的除外。

4. 奖励的审批程序。表扬或物质奖励，计分考核工作小组应当根据等级评定结果，报计分考核工作组审批、兑现。

在实践工作运用中某省作出如下规定：

【奖励审批程序】确定评定等级及给予表扬和物质奖励的，由主办民警提出建议，集体评议通过后，制作《罪犯奖励审批表》分监区领导、监区领导审核签字，经法制和狱政管理部门审核，报监狱计分考核工作组副组长审批。

【撤销奖励】撤销已获取奖励的，由分监区主办民警提出，集体评议通过后，制作《罪犯撤销奖励审批表》经分监区、监区领导审核，以及法制和狱政管理部门审核，报监狱计分考核工作组组长审批，同时抄送驻监检察室。

5. 奖励公示。监狱决定给予罪犯表扬、物质奖励、不予奖励或者取消考核积分和奖励的，应当及时在分监区内公示，公示时间不得少于 3 个工作日，同时应当及时将审批决定抄送人民检察院。

6. 激励的其他适用。

【处遇适用】监狱根据计分考核结果除给予罪犯奖励或不予奖励外，可以依照有关规定在活动范围、会见通信、生活待遇、文体活动等方面给予罪犯不同的处遇。

【减释适用】监狱对罪犯的计分考核结果和相应表扬决定及有关证据材料，在依法提请减刑、假释时提交人民法院和人民检察院。

考核等级与奖励

三、工作任务实施

（一）工作任务描述

1. 参考案例。

（1）罪犯姜某在 11 月因争执推拉被扣 10 分，该犯本考核周期的可获得的最高等级是什么等级？

（2）罪犯刘某在 8 月 3 日因与同犯发生冲突，对民警的处理不满而躺地不起，拒不服从指令，被扣 20 分，该犯在本考核期（4 月~10 月）考核累计积分 650 分，请问该犯获得什么等级？

（3）罪犯杨某在考核期（6 月~11 月）内累计积分 680 分，每个月均不低于 100 分，其中 8 月因辱骂他犯被扣 5 分，劳动改造加 10 分，当月考核分为 105 分，请确定该犯本考核期的等级。

2. 主要文书。

（1）罪犯奖励审批表。

罪犯奖励审批表

单位：

罪犯编号			姓名		罪名	
本考核期累计积分	＿＿＿分		本次奖励扣减积分	600分	剩余积分	＿＿＿分
本考核期起止	自＿＿年＿月起至＿＿年＿月止	等级评定结果	□积极	□合格（不低于基础分）	□合格（低于基础分）	□不合格
分监区计分考核工作小组意见	根据《省监狱计分考核罪犯工作实施细则（试行）》第＿＿条第＿＿款第＿＿项之规定。经分监区计分考核工作小组评议，建议＿＿＿＿＿＿。 （签章） 年　　月　　日					
监区意见	经审核，同意＿＿＿＿＿。 （签章） 年　　月　　日					
法制部门意见	经审核，同意给予＿＿＿＿。 （签章） 年　　月　　日					
狱政管理部门意见	经审核，同意给予＿＿＿＿。 （签章） 年　　月　　日					
监狱计分考核工作组意见	同意给予＿＿＿＿。 （签章） 年　　月　　日					

审批表部分栏目：

本考核期累计积分	——分		本次奖励扣减积分	600分		剩余积分	——分
本考核期起止	自___年___月起 至___年___月止	等级评定结果	□积极	□合格（不低于基础分）	□合格（低于基础分）	□不合格	
分监区计分考核工作小组意见	根据《省监狱计分考核罪犯工作实施细则（试行）》第___条第___款第___项之规定。经分监区计分考核工作小组评议，建议_____。 （签章） 年　　月　　日						

（2）罪犯撤销奖励审批表。

罪犯撤销奖励审批表

单位：

罪犯编号		姓名		罪名	
撤销事由					
撤销表扬数		撤销物质奖励数		撤销奖励考核期起止	自___年__月起 至___年__月止
分监区计分考核工作小组意见	根据《省监狱计分考核罪犯工作实施细则（试行）》第___条第___款第___项及《省监狱计分考核工作流程导则（试行）》第___条之规定。经分监区计分考核工作小组评议，建议撤销_____。 （签章） 年　　月　　日				

监区意见	经审核，同意撤销＿＿＿＿＿＿＿＿。 （签章） 年　　月　　日
狱政管理部门意见	经审核，同意撤销＿＿＿＿＿＿＿＿。 （签章） 年　　月　　日
法制部门意见	经审核，同意撤销＿＿＿＿＿＿＿＿。 （签章） 年　　月　　日
监狱计分考核工作组意见	同意撤销＿＿＿＿＿＿＿＿。 （签章） 年　　月　　日

（3）月等级评定统计表。

月等级评定统计表

序号	姓名	上一考核周期等级	本考核期													备注
			考核周期		合计得分	监管改造		教育和文化改造		劳动改造		单次扣10分以上	单月累计最高扣分次数	最低单月分数	专项加分	警告	记过	禁闭	拟评定等级	
			起月	止月		得分	基础分	得分	基础分	得分	基础分									
												次	次		分	次	次	次		

监区　　分监区　　月等级评定统计表

（二）工作任务目标

1. 掌握等级评定的方法，能够完成等级评定工作。

2. 能够依法、公平、公正地完成对罪犯的奖惩，兑现奖励。

（三）工作流程与活动

活动 1：任务确立（课前自学）。

活动 2：案例分析——通过对工作任务导入和工作情境描述案例来分析，完成以下内容：①积极等级否定情形；②不合格等级情形；③注意合格等级是否低于基础分；④积极等级可以结合监狱的积极等级排位办法，选择监狱某考核期考核材料进行实训。

活动 3：制作表格——根据案例结合制作《罪犯奖励审批表》开展实训。

参考案例：罪犯张某 1 月份至 6 月份的一个考核周期内计分考核积分为 630 分，2 月出现一次监管改造违规，被扣 2 分，当月考核分 98 分，张某没有其他违规违纪行为。请评定张犯本考核周期的考核等级、奖励，填制《罪犯奖励审批表》（审批意见栏不必填写）。

活动 4：评价与总结——教师评价和行业专家在线指导。

模块四 │ 处遇管理

　　在当代监狱管理的日常活动中，基于人道主义的刑罚思想，罪犯处遇管理是监狱对罪犯有关法定权利的落实和合法利益的保障若干问题的处理活动。罪犯的处遇涉及罪犯的食宿、被服、会见、通讯、医疗、卫生、劳动、教育等许多方面，做好这项工作，对维护正常的监管秩序、保障罪犯的合法权益、调节罪犯的身心状态、促进其积极改造具有重要的意义。

项目一　分类管理

一、工作任务导入

有人说：监狱工作的主要目的是把罪犯改造好，但常常事与愿违，罪犯入狱后，却变得更坏。这种说法虽不全对，但确有这种问题的存在。以下是两则新闻报道，请思考，导致这种问题存在的主要原因是什么？

新闻一：抢劫犯王某刑满释放后，邀约两名"前狱友"帮电信网络诈骗团伙买金条洗钱，随后，几人再次被抓；

新闻二：有3名男子在狱中相识，出狱后仍不思悔过，结伙盗窃烟酒，4月至6月，这个团伙在某省多个地市作案11起，曾一次盗走价值近3万元的烟酒，最终被当地警方抓获。经了解，其中有2名男子，曾均因盗窃入狱。

二、知识准备

（一）分类管理的含义

分类管理，是指我国监狱根据一定的标准，将不同类型的罪犯分类关押、分类分级管理的监管方式和管理制度。实行分押分管制度，是现代监狱对罪犯执行刑罚和监狱管理制度发展的基本趋势。分类管理的实施，对监狱正确执行刑罚，惩罚和改造罪犯，预防和减少犯罪，具有重要作用。我国司法部监狱管理局公布了《关于对罪犯实施分押、分管、分教的试行意见》，标志着我国监狱分类管理制度进入全面实施时期。

（二）基于人身危险性的分类管理

监狱的戒备等级与罪犯的人身危险性相适应，是监狱行刑科学化、个别化、集约化的内在要求。监狱按照戒备等级进行分类，是目前世界上许多国家普遍采用的一项基本的监狱管理制度，是2005年以后我国监狱分类管理罪犯实践经验的积累和提炼。基于监狱戒备程度的罪犯分类管理即监狱主要依据狱政警戒设施、监管技术装备、警力配备、管理方法、活动范围、劳动方式等因素，分为高度戒备、中度戒备和低度戒备三个等级，分别关押具有相应危险程度的罪犯。

目前，我国监狱按戒备程度的分级制度正在健全。结合我国监狱押犯的实际情况，高度戒备监狱主要应关押被判处 15 年以上有期徒刑、无期徒刑或者死刑缓期二年执行的罪犯，累犯惯犯，判刑两次以上的罪犯或者其他有暴力、脱逃倾向等明显人身危险性的罪犯；在其他戒备等级监狱服刑的罪犯，如果经过服刑过程中的分类调查，认为具有明显较高的人身危险倾向的罪犯，也应送到高度戒备监狱关押。中度戒备监狱，主要应关押刑期不满 15 年的罪犯。低度戒备监狱，主要应关押人身危险性较低的罪犯，包括经分类调查认为适合在低度戒备监狱服刑的过失犯，刑期较短的偶犯、初犯，以及在其他戒备等级监狱服刑，经分类调查，认为适宜转入低度戒备监狱服刑的罪犯。

（三）基于年龄、性别的分开管理

按年龄分开管理，目前主要是将未成年罪犯与成年罪犯分开关押，分别设置未成年犯管教所和成年犯监狱。

按性别分开管理，即按照性别分押至男犯监狱和女犯监狱（监区）进行监管改造。

在按年龄和性别分开管理的实施中，一般应当优先按照年龄分开关押，然后按照性别分开关押。也就是说，未成年男犯、女犯都应关押至未成年管教所，如由同一未成年犯管教所收监关押时，必须严格分开关押。未成年犯已满 18 周岁且剩余刑期在 2 年以上的由未成年犯管教所转入成年犯监狱关押。

（四）基于犯罪类型的分别管理

分别管理是指依照《监狱法》第 39 条第 2 款规定，监狱根据罪犯的犯罪类型、刑罚种类、刑期、改造表现等情况，对罪犯实行分别关押的一种分押形式。分别关押由收押罪犯的监狱具体实施，一般以监区或分监区为基本关押单位。

根据监狱押犯的实际情况和监狱的设置等因素，目前，在实践中，一般将罪犯分为四大类：财产型罪犯、淫欲型罪犯、暴力型罪犯和其他类型的罪犯。

需要指出的是，分别关押的关键在于分类，只有对罪犯科学地分类，才能有效地对罪犯分别关押。以上按犯罪性质把罪犯分为四种类型，只是一种初步的划分，仍有一定的局限性。需要在实践中不断地探索和研究，不断地总结和改进，逐步建立起科学规范的标准，逐步提高分押的纯度，为分类管束奠定坚实的基础。

实行分别关押时还应注意以下几点：

1. 对上述四种类型以外的其他类型的罪犯可根据其刑期、犯罪手段和恶习程度等划入四种类型中近似的一类进行分别关押。

2. 对犯有数罪的罪犯，按主要犯罪归类，数罪中罪刑相当的，按刑事判决书前列罪名归类。

3. 对累犯与初犯、偶犯应分别关押。

4. 对共同犯罪和有亲属关系或者有其他利害关系可能影响监管改造的罪犯，应当分别关押。

5. 对有特殊生活习惯的少数民族罪犯一般应单独编队关押。

6. 对外籍犯应分别关押。

7. 对危害国家安全的罪犯不宜集中编队关押。

8. 对罪犯人数较多且犯罪具有地域特色的罪犯应单类关押。

分类管理

三、工作任务实施

（一）工作情境描述

赵某，男，1993 年 2 月出生，故意杀人罪，被判处死刑缓期二年执行。

李某，男，1985 年 5 月出生，盗窃罪，被判处有期徒刑 3 年 6 个月。

钱某，女，1978 年 3 月出生，组织卖淫罪，被判处有期徒刑 6 年 10 个月，与孙某同案判刑。

孙某，女，1982 年 9 月出生，组织卖淫罪，被判处有期徒刑 5 年 6 个月，与钱某同案判刑。

冯某，女，1978 年 6 月出生，外国籍，组织他人偷越国（边）境罪，被判处 5 年有期徒刑。

陈某，男，1978 年 5 月出生，盗窃罪，被判处有期徒刑 5 年 6 个月。

褚某，男，15 周岁，故意伤害罪，被判处有期徒刑 2 年 6 个月。

卫某，男，1950 年 1 月出生，诈骗罪，被判处有期徒刑 5 年。

针对这些新犯，该如何分配监区，实现合理的分别关押？

（二）工作任务目标

1. 熟悉分类管理的概念和分押标准。

2. 能够选择合适的分押标准对罪犯进行分类管理。

（三）工作流程与活动

活动 1：任务确立（课前自学）。

活动 2：问题解答——对导入问题作答，分析分类管理的必要性和意义。

活动 3：方案制订——对工作情境描述的问题进行作答。

活动 4：评价与总结——教师评价和行业专家在线指导（课后拓展）。

项目二 分级处遇

一、工作任务导入

刘某，30岁，因严重刑事犯罪被判处有期徒刑19年，入监5年；吴某，45岁，因严重刑事犯罪被判处有期徒刑9年，入监3年。新入监罪犯廖某，39岁，因严重刑事犯罪被判处有期徒刑10年，与刘某、吴某分在同一个互监组。某日，廖某主动找主管室民警，提出疑惑，认为同样在服刑，但是刘某可以跟家人在宽管区会见，自己只能隔着玻璃；而且吴某的食品、日用品消费限额也比自己高，自己受到了"不公平"的待遇。

1. 法律面前人人平等，案例中廖某的会见与消费是否受到了"不公平"的待遇？

2. 为什么会有这种"不公平"待遇的现象存在？

二、知识准备

（一）分级处遇的含义

分级处遇是指依据罪犯的改造表现、服刑时间和剩余刑期的长短、综合考虑罪犯的犯罪性质和恶习程度，将罪犯分为不同的级别，并按级别实行宽严有别的处置和待遇的制度。简而言之，就是依据罪犯的级别，给予不同的待遇。

分级处遇是分类管理的核心问题，它是在对罪犯划分级别的基础上对处于不同级别中的罪犯给予不同待遇的管理方式。具体包括以下几层含义：

1. 具体确认罪犯的法律地位及合法权益；

2. 在保证罪犯基本权益的基础上建立处遇差；

3. 罪犯自身的努力和表现是实现权利、获得不同处遇的主要方式；

4. 对不同级别的罪犯的不同处遇实施系统化管理。

以上四个方面相互联系，构成了我国监狱分级处遇的基本含义。

（二）等级划分

对罪犯划分级别是分级处遇的重要内容。只有在对罪犯分级的基础上，才能对不同级别的罪犯实行不同的处遇管理。

至于如何对罪犯划分级别，目前我国的监狱法规还没有统一的、具体的标准，在实际操作中，可参照罪犯的犯罪性质、刑罚种类、刑期、恶习程度、改造表现进行分级。在进行等级划分时要注意把握以下四个方面：

第一，覆盖面要宽，适应性要强，有利于大多数罪犯在服刑后期有进入宽管级的可能性；

第二，级别数量适宜；

第三，各等级的条件要明确；

第四，等级的设置要从各地实际出发，充分考虑监狱的监管设施、警察执法水平、管教基础工作状况等，要有利于监管安全，要有利于罪犯的改造。

当前，我国监狱中比较通行的等级划分模式是"三等五级"。"三等"即从宽管理、普通管理、从严管理；"五级"即从宽管中分出两级，从严管中分出两级，即特别宽管级、一般宽管级、普通管理级、一般严管级、特别严管级。

1. 从宽管理。从宽管理的对象是：过失犯、渎职犯；初犯；偶犯；改造表现较好且服刑已超过原判刑期 1/2 以上的罪犯；由普通管理级转入的罪犯。

2. 普通管理。普通管理的对象是：刑期较短的一般刑事犯；危险性较小的罪犯；由从严管理级转入的罪犯；由从宽管理级转入的罪犯。

3. 从严管理。从严管理的对象是：危害国家安全罪罪犯；累犯；判处死刑缓期二年执行、无期徒刑的罪犯；危险分子；反改造尖子；由普通管理级转入的罪犯。

（三）分级处遇的实施

分级处遇是我国监狱罪犯处遇管理的基本方式，它是在切实保障罪犯依法享有的基本权利的基础上，对不同级别的罪犯给予体现差别的具体待遇。目前，我国监狱的罪犯处遇原则上可作以下划分：

1. 基本处遇。基本处遇即给予所有正在服刑的罪犯的普遍待遇。根据我国《监狱法》的有关规定，具体包括：

（1）保障罪犯依法享有的合法权利；

（2）保障罪犯正常的生活标准，生活供给，统一配发被服；

（3）保障罪犯的医疗保健，提供生活、卫生设施；

（4）进行文化、技术教育，并给予考试合格者发给相应证书；

（5）保障罪犯节假日休息；

（6）参加劳动给予一定报酬；

（7）实行劳动保护，提供劳动保险；

（8）符合条件的予以行政奖励或建议减刑、假释等。

2. 级别处遇。级别处遇就是对不同级别的罪犯给予不同的待遇，具体包括：

（1）警戒程度及活动范围。不同的等级设置不同的警戒程度，规定不同范围的活动区域。对严管级罪犯设置较高警戒度，严格限定活动范围。对宽管级罪犯设置相对较低警戒度，允许活动区域适当增大。

（2）通信会见的控制程度。主要在通信、亲情电话通话次数，会见的次数、时间、地点等方面予以区别。宽管级罪犯会见时间可适当延长，有条件的还可在亲情餐厅与家人共餐。而进入特别严管级的罪犯一般停止会见。

（3）劳动工种的安排有所区别。宽管级罪犯可优先安排从事零散劳动、事务性工种，严管级罪犯则不能从事分散劳动和事务性工种。

（4）生活待遇有所区别。如日用品、视频的购买额度一般是宽管级罪犯多于普管级罪犯，普管级罪犯多于严管级罪犯。

（5）监外活动的条件和内容不同。如符合一定处遇等级条件的可以准予离监探亲等。

按照处遇的内容认真及时地落实兑现，是分级处遇工作取得成效的关键。及时兑现政策，能使罪犯得到实惠，并使其切实感受到激励和压力，促使其由被动改造转向自觉改造。

（四）处遇等级的评定和升降

分级处遇在实施中要注意认真搞好首次定级和升降级工作。这是执行分级处遇的重点。罪犯处遇的定级和升降的标准主要以计分考核结果为基础。对罪犯的首次定级工作是实行分级处遇的基础和必经程序，定级工作必须做到客观、公正。同时，罪犯的分级管理是一项原则性很强的动态管理工作，定级工作结束后，对罪犯进行全面考核评定，根据评定结果，按照条件进行升级或降级。

（五）分级处遇的操作流程

1. 组织管理。监狱成立分级处遇领导小组，一般由监狱长任组长，分管分级处遇工作的副监狱长任副组长，有关部门负责人为成员，负责协调解决分级处遇的重大事项，日常工作由监狱狱政管理部门负责。

监区、分监区负责罪犯分级处遇的具体实施。

2. 核定与公示时间。监狱一般每隔一段固定时间，应当完成对罪犯在该时期内处遇分的核定及公示，并及时变更执行相应处遇等级。对有重大立功表现或有严重抗改违纪行为等特殊情况的处遇升降和新犯入监的初次定级，可以即时报批评定。

3. 异议与复核。罪犯对处遇等级、处遇分有异议的，可以在公示期内向监狱提出书面复查申请。监狱应当进行复查，自收到之日起5个工作日内作出书面复核意见。监狱复核意见为最终意见。

分级处遇

三、工作任务实施

（一）工作情境描述

1. 某省分级处遇等级标准和等级升降工作手册。监狱实施分级处遇以计分考核结果为基础，设处遇等级分和处遇消费分。罪犯当月无违规违纪扣分的，按照当月考核得分对等换算处遇等级分和处遇消费分；罪犯当月有违规违纪扣分的，按照处遇等级升降对应条款中的规定予以处理。

处遇等级分用于处遇等级升降。处遇消费分用于兑现处遇内容，兑现处遇内容需使用相应处遇消费分。

处遇等级决定处遇消费分的使用范围，处遇消费分的使用不影响处遇等级的升降。

（1）处遇等级标准。罪犯处遇等级分为 A、B、C、D、E 五个等级。其中 C 级为基本处遇等级，A、B 级为激励性处遇等级。D、E 级为限制性处遇等级。

新入监的罪犯，处遇等级为 C 级，初始处遇等级分和处遇消费分为 0 分。

1）罪犯符合下列情形之一的，定为 A 级：

a. 原判刑期 10 年以上的，处遇等级分达到 2400 分，且获得上一年度监狱改造积极分子；

b. 原判刑期不满 10 年的，处遇等级分达到 1800 分，且获得上一年度监狱改造积极分子。

2）罪犯符合下列情形之一的，定为 B 级：

a. 原判刑期 10 年以上的，处遇等级分达到 1200 分以上；

b. 原判刑期 2 年以上不满 10 年的，处遇等级分达到 900 分以上；

c. 原判刑期不满 2 年的，处遇等级分达到 300 分以上。

3）罪犯符合下列情形之一的，定为 C 级：

a. 原判刑期 10 年以上的，处遇等级分处于 0 分以上不足 1200 分；

b. 原判刑期 2 年以上不满 10 年的，处遇等级分处于 0 分以上不足 900 分；

c. 原判刑期不满 2 年的，处遇等级分处于 0 分以上不足 300 分。

4）罪犯处遇等级分处于负 300 分以上不足 0 分的，定为 D 级。

5）罪犯处遇等级分不足负 300 分的，定为 E 级。

（2）处遇等级变更。按照标准，罪犯处遇等级升级应由低到高依次升级，降级可越级降级。

罪犯达到相应处遇等级标准时，应在当月进行晋级核定，次月生效。

罪犯有违规违纪扣分的，应按照下列规则，重新核定处遇等级，即时生效：

a. 罪犯当月有一次性扣 15 分以下的，取消当月处遇等级分和处遇消费分加分，并按"扣分分值×10"的分值扣除处遇等级分和处遇消费分，处遇等级分低于原处遇等级标准的，应予以降级；罪犯当月有一次性扣 20 分、30 分的，应直接降为 D 级，处遇等级分从负 300 分开始重新累计。罪犯原为 D 级的，应直接降为 E 级，处遇等级分从负 600 分开始重新累计。罪犯原为 E 级的，应扣除处遇等级分 300 分。原处遇消费分清零，原处遇消费分为负分的则保留负分。

b. 罪犯当月有受到警告、记过、禁闭处罚的，应直接降为 E 级。处遇等级分从负 600 分开始重新累计。罪犯原为 E 级的，应扣处遇等级分 600 分。原处遇消费分清零，原处遇消费分为负分的则保留负分。

罪犯有下列情形之一的，应直接降为 E 级，处遇等级分从负 600 分开始重新累计，罪犯原为 E 级的，应扣处遇等级分 600 分：

a. 狱内又犯罪的；

b. 因漏罪被解回侦查，起诉或者审判，办案机关认定构成犯罪的（自首，主动坦白漏罪的除外）；

c. 暂予监外执行、假释罪犯，因违反相关规定或违法犯罪被收监执行的；

d. 服刑期间拒不交代其真实身份而被查实的（主动坦白交代的除外）。

罪犯受到前款处理的，原处遇消费分清零，原处遇消费分为负分的则保留负分。

2. 罪犯李某，原判刑期 9 年，截至 9 月份，处遇等级分为 910 分，10 月按考核分换算获得处遇分 105 分，10 月份扣分 5 分。

罪犯陈某，原判刑期 1 年 6 个月，截至 9 月份，处遇等级分 225 分，10 月按考核分换算获得处遇分 80 分。

罪犯金某，原判刑期 12 年，9 月份入监，10 月按考核分换算获得处遇分 60 分。

请思考并回答，根据某省分级处遇工作手册（节选），罪犯李某、陈某、金某 9 月的处遇等级分别是什么？10 月是否需要进行处遇等级升降？

（二）工作任务目标

1. 掌握分级处遇的含义、意义及等级划分的方法。

2. 树立科学的管理理念。

3. 能够对各类罪犯实施分级处遇。

（三）工作流程与活动

活动 1：任务确立（课前自学）。

活动 2：问题解答——对导入问题第 1、2 问题作答。

活动 3：任务实施——工作情境描述案例，分组讨论后，进行作答。

活动 4：评价与总结——教师评价和行业专家在线指导（课后拓展）。

项目三　会见通讯管理

工作任务一　会见管理

一、工作任务导入

常某，男，25岁，在某公司任业务员。一天，其女友来电哭诉，遭其上司骚扰。常某愤怒之下，冲到其女友公司，乘其上司上厕所之时，跟随入内将女友上司打伤。因女友上司伤情严重，常某犯故意伤害罪被判处有期徒刑2年。入狱后，常某一直牵挂女友，而女友也多次提出会见请求。而《监狱法》第48条规定："罪犯在监狱服刑期间，按照规定，可以会见亲属、监护人。"女友并不在会见对象之列。请问该如何处理？

二、知识准备

（一）罪犯会见的含义、类型和意义

1. 会见的含义。罪犯会见，是指依照法律规定，在监狱的安排下，服刑罪犯与亲属、监护人及律师的会面与沟通的活动。我国《监狱法》第48条规定："罪犯在监狱服刑期间，按照规定，可以会见亲属、监护人。"由此可以看出，会见的一方是在监狱服刑的罪犯，另一方是罪犯的亲属、监护人。会见是罪犯保持与亲属、监护人正常交往的主要渠道。

2. 会见的意义。罪犯在监狱服刑期间与亲属、监护人和律师会见，是罪犯享有的合法权利，也是监狱对罪犯权益保障的主要内容，体现了人道主义的要求，同时，也体现了对罪犯亲属、监护人的合法权利的保障。会见制度的实施，对于在押罪犯、罪犯的亲属和监护人、监狱三方都可以产生一定的积极意义。

（1）有利于罪犯安心服刑改造。通过会见，服刑罪犯可以体验法律的人文关怀，感受和维系亲情，从而安心服刑、积极改造。在监狱内执行的刑罚，以剥夺罪犯的人身自由为实现方式，在服刑的整个过程中，罪犯基本上处于与社会隔离的状态。但"隔离"不是

"隔绝"，出于人道主义的考虑，罪犯可以通过各种合法的渠道保持与外界的交流。罪犯处在与社会相对隔离的状态下，一般来说，他们渴望维系亲情，希望得到家庭成员的亲情关照，不希望自己在感情上被亲人抛弃。会见正是罪犯与亲人维系感情的一条合法的渠道。亲人来探视，这本身就证明亲人没有排斥、抛弃自己。在会见过程中，罪犯可以了解家庭的现状，获得家庭的最新信息，并与亲人进行信息和情感交流。而亲属所携带的探视物品，既是对罪犯的物质帮助，又是一种感情和亲情的载体，罪犯可以从中感受到亲人的关怀，这对罪犯安心服刑改造来说有很大的促进作用。通过亲属的规劝，罪犯可以产生积极改造的内驱力。对罪犯的会见实施的分级管理，对于罪犯的积极改造更是具有激励和引导的功能。允许罪犯会见律师，可以使罪犯更好地得到律师的法律帮助，保障其合法权益。

（2）有利于动员罪犯亲属对罪犯进行帮教。罪犯被收监后，其亲属和监护人即享有按规定探视罪犯的权利。罪犯的亲属和监护人在来监狱探视之前，对监狱大墙内的情况不了解或了解甚少，往往会有一些担心和疑虑，特别是担心罪犯在监狱内能否吃饱、能否适应监狱的生活、能否承受狱内的劳动，罪犯的身体和精神状况如何，等等。通过会见，罪犯的亲属和监护人可以与罪犯进行面对面的接触，可以了解罪犯在监狱内的生活现状，可以亲眼看到罪犯的身体和精神状况，可以感受到监狱对罪犯实施依法、文明管理的实际效果，从而打消亲属和监护人的疑虑。在会见的过程中，罪犯的亲属和监护人可以告知罪犯家庭的情况，并对罪犯进行规劝，协助监狱对罪犯进行帮教。

（3）有利于监狱采取有针对性的教育。监狱可以利用罪犯与亲属的会见促进对罪犯的改造。监狱可以利用罪犯亲属来监探视的机会，向罪犯的亲属了解罪犯家庭生活状况，掌握罪犯入监前的生活、工作、与他人的交往、性格等一系列情况，以便根据罪犯的个体情况对罪犯进行有针对性的管理与教育。监狱也可以利用会见的机会，与罪犯家庭建立必要的联系，互通信息，掌握罪犯的思想动态，动员罪犯亲属参与对罪犯的规劝、帮教。监狱还可以通过会见制度中的分级处遇，促使罪犯积极改造。

3. 会见的类型。罪犯的会见由于区分标准不一样，其分类也各异。按会见的对象划分，可分为亲属会见、监护人会见和律师会见三种。

按会见的场所划分，可分为狱内会见和狱外会见两种。狱内会见是罪犯与亲属、监护人的会见在监狱专设的会见设施内进行的会见；狱外会见主要是指特许离监，是在罪犯符合相应的条件后遇有亲属病危或死亡等特殊情况时，监狱可以准予符合条件的罪犯回家探望和处理，从会见的角度看，这时的会见就是狱外会见。

按会见的方式，可分为从优会见、普通会见和从严会见三种。监狱根据分类管理的需要，将罪犯与亲属、监护人的会见纳入分级处遇的范畴，根据罪犯的处遇等级，实行从优会见、普通会见和从严会见。其中，从优会见主要是允许表现好的罪犯与前来探视的亲属、监护人开放式会见，主要体现为亲情共餐、与配偶团聚等形式。

（二）会见管理

罪犯的会见管理，是指监狱安排符合会见罪犯要求的会见人与罪犯在监狱的会见室进行会见，并对会见过程进行监督和物品检查的一系列管理活动。监狱的会见管理，是监狱执法管理中的一项日常工作，其基本任务是依法对会见活动实施管理，充分发挥会见制度对罪犯服刑改造的积极影响，保障会见过程的和谐与安全，努力消除会见过程中可能出现的负面影响。具体来说，会见管理包括以下内容：

1. 审核会见人身份。罪犯会见的对象包括罪犯的亲属或者监护人。亲属包括配偶、直系亲属、三代以内的旁系血亲和姻亲，具体是指配偶、子女、孙子女、父母、岳父母、祖父母、外祖父母、伯父母、姨父母、自己的兄弟姐妹及其配偶。其他亲属或他人，监狱认为对罪犯改造有帮助的，经监狱主管领导批准，也可会见。会见重要罪犯的，必须经过狱政管理科审查、分管副监狱长审核，由监狱长批准，报自治区监狱管理局备案。

对符合规定的亲属或监护人，在首次会见时，要持有村委会、居委会或派出所对其亲属关系的有效证明以及身份证或户口簿，由监狱民警审核，核对会见人的身份及其与罪犯之间的关系。核实其会见身份和资格后，办理会见人的会见证（卡），会见人持证卡进入会见室会见。会见人再次会见罪犯时，会见室只需要检查会见证（卡）、身份证，核对会见人的合法会见身份后，即可办理会见手续。

对有精神疾病或酗酒的、患有严重传染病的、与罪犯案情有关的、形迹可疑的会见人，不得与罪犯会见。

对于律师会见，要核实其身份及委托证明等。

2. 审核会见次数和人数。一般规定，罪犯会见亲属每月 1~2 次，每次会见的亲属不超过 3 人。在实行处遇管理进行审核时，会见登记处的警察根据罪犯的处遇级别审验罪犯的会见次数：宽管级罪犯当月会见不能超过 3 次；普管级罪犯当月会见不能超过 2 次；考察级罪犯当月会见不能超过 1 次。一般情况下，罪犯每次会见亲属的时间不能超过 1 个小时，特殊情况须经过监狱领导批准，可以适当延长；未成年罪犯会见的次数和时间，可以适当放宽。

3. 告知会见要求，进行安全检查。监狱对于要求探视罪犯的人员，要履行告知的义务。告知可以采取口头和书面的方式，主要内容有会见的规程、要求、注意事项以及违反规定要承担的责任。另外，监狱可以在会见场所的候见室设立宣传栏，利用文字和图片介绍本监狱监管改造罪犯的情况，向罪犯的亲属和监护人宣传党和国家的监狱工作方针政策等。为了充分调动罪犯亲属中的积极力量参与对罪犯的帮教和转化，监狱可以利用罪犯的亲属来监探视的机会，与罪犯的亲属建立必要的联系，交流有关罪犯改造的信息。

会见前，会见人必须履行主动接受安全检查的义务。严禁携带武器弹药、易燃易爆物、刀具刃具等危险品进入会见室；严禁手机、照相机、录音笔、摄像机等具有摄录通讯功能的违禁品进入会见室。携带的手机等违禁品应存入个人物品存放柜或暂交会见室工作人员保管。安全检查合格后，方可到会见室候见。

4. 对会见人携带物品的检查与接收。《监狱法》第 49 条规定："罪犯收受物品和钱款，应当经监狱批准、检查。"对罪犯亲属、监护人携带的探视物品，监狱应当依法实施检查。会见现场的警察根据会见管理规定的范围，对亲属交送的物品严格进行检查、清点，查验没有问题同意接收的进行登记，不同意接收的一律退回罪犯家属。其中日常生活、学习用品在罪犯亲属会见过后转交给罪犯本人；带给罪犯的现金，由会见室登记，存入罪犯个人账户，并开具三联单（一联交给罪犯亲属，一联交给罪犯，一联留存备查）。会见人私自向罪犯传递现金的，属于违反会见管理规定的行为，监狱检查发现后，可以根据具体情节和数额，作出相应处理。罪犯亲属因罪犯治病需要，也可以携带适量药品。药品经会见室登记和监狱医务人员查验后，转交监区或分监区民警代为保管，供罪犯专用。对于违禁物品即本身具有社会危害性的物品，如会见人携带的政治性非法出版物、淫秽物品、毒品等，一经查出，监狱可以当场没收，并追查其来源，由有关机关依法追究携带违禁物品人员的责任。

5. 带入罪犯。在亲属或监护人取得会见资格后，会见室立即通知罪犯所在监区，带罪犯进行会见。罪犯所在监区的警察在接到会见通知后，应尽快将罪犯带至会见室。会见时，罪犯一律着囚服。为了安全，可执行"一带一"的责任制度。

6. 安排会见场所。罪犯应在监狱设置的会见室会见亲属或监护人。会见室的规模、设施设备条件应根据押犯数量等具体情况决定。会见室的布置要严肃、整齐，室内设桌凳，供应开水。同时，要适应分类管理的需要，在会见室的设计上应体现出分级处遇的内容。

7. 加强会见的监督。为了维护正常的监管改造秩序和监管安全，监狱对会见活动必须进行有效的监督和管理。罪犯会见时，在会见现场要有会见室 1 名警察和监区 1 名直接管教警察共同管理。通过有效的监督和控制，努力消除会见过程中的各种负面影响，制止和处置会见中违反规定的活动。

（1）监听监视。罪犯会见时，监狱应当实时监视、全程录音。根据监管改造需要可以实时监听，没有实时监听的，应当在 2 天内复听录音。视频会见的，监狱应当实时监视、监听。

（2）暂停会见。有下列情形之一的，监狱可以暂停会见：

a. 罪犯被立案侦查、起诉、审判期间的；

b. 罪犯被关禁闭期间的；

c. 其他影响监狱安全或者有碍罪犯改造的情形。

（3）中止会见。会见过程中有下列情形之一的，监狱应当中止会见，并视情节在 1 至 3 个月内暂停会见：

a. 私自传递手机、毒品、现金、信件等违禁物品的；

b. 谈论有碍监管安全或罪犯改造内容的；

c. 扰乱会见场所秩序的；

d. 使用隐语、暗语或者非规定语种交谈，不听劝阻的；

e. 擅自携带或者使用手机、录音、摄影（像）设备的；

f. 其他违反监狱会见管理规定的情形。

8. 处置会见结束事宜。会见结束后,会见室执勤警察将亲属送的物品移交给罪犯所在监区。责任警察应及时将罪犯带回并做好会见监听记录,填写值班日志;同时了解双方的谈话内容,特别是要了解和掌握罪犯在与亲属的交谈中流露出的真实的想法和影响其安心服刑改造的因素等。

(三)分级处遇制度下的会见方式

根据分类管理的实际要求,近年来,我国监狱在罪犯会见管理中进行了一系列的探索和改革。把罪犯会见与分级管理结合起来,作为罪犯分级处遇的一项具体内容,更好地体现了区别对待的政策。改变了长期以来采用的单一的会见方式,逐步形成了常规会见、从严会见和从优会见三种方式。

1. 常规会见。一般情况下,对普通管理的罪犯采取常规会见的方式。罪犯亲属、监护人在办理会见手续后,在监狱会见室会见罪犯。

常规会见情形下,罪犯会见亲属和监护人,每月1~2次,每次会见一般不超过1个小时。如遇特殊情况,经批准可以适当增加会见次数,延长会见时间。

根据有关规章的规定,罪犯与亲属、监护人会见时,不准使用隐语,中国国籍的罪犯及探视人不得使用外国语;少数民族可以使用本民族的语言。

在物品检查、现场监督上遵从一般会见的管理流程。

2. 从严会见。对于从严管理的罪犯,与亲属、监护人会见可以采取从严会见的方式。所谓的从严,一般是从以下几个方面掌握:

(1)会见场所和会见人的限制。从严会见的,安排在监狱的封闭式会见室。封闭式会见室,在布局上设会见台,中间用玻璃或网格墙将会见双方完全隔离。用玻璃隔离的,双方可通过电子传话器交谈。探视人仅限于罪犯的配偶、直系亲属及监护人。

(2)会见次数和时间的限制。从严会见的,可以采用限制会见的次数的方法,即每月只允许会见1次;会见的时间应限制在30分钟以内。

(3)探视物品的限制。从严会见的,对探视物品可以从种类和数量上进行限制。

(4)监督控制程度的限制。罪犯会见时,监狱人民警察必须严格监听,对罪犯进行严格的监督和控制。另外,罪犯被关押禁闭期间一般不允许会见,如有特殊情况,必须经监狱主管领导批准,方可会见,并采取从严会见方式。罪犯因涉嫌又犯罪且正处于审理期间的,停止会见亲属,可以按规定会见律师或其他辩护人。

3. 从优会见。从优会见,适用于从宽管理的罪犯,在监狱执法管理实践中,一般有以下几种方式:

(1)开放式会见。开放式会见,即将会见室布置成一般会客厅的样式,罪犯与前来会见的亲属、监护人之间不设隔断设施,可以坐在一起自由会面交谈。同时,可以适当放宽会见的时间限制。

(2)亲情共餐。对于改造表现符合一定条件的罪犯,监狱可以允许罪犯与会见人在狱内的专门餐厅共同进餐。罪犯与亲属、监护人在一起共同进餐，可以增进双方的感情交流。共餐应当由罪犯提出申请，分监区填写《罪犯亲情共餐审批表》，经监区审核并报监狱狱政管理部门审批后，由会见室安排共餐。二级严管罪犯在服刑期间表现突出或因改造需要，经监狱主管的领导批准或奖励其与亲属共餐。

（3）超长会见。监狱对于一贯改造表现好的罪犯，可以延长与亲属、监护人的会见时间。

（四）会见律师

1. 律师会见罪犯的情形。有下列情形之一的，律师接受在押罪犯委托或者法律援助机构指派，可以会见在押罪犯：

（1）在刑事诉讼程序中，担任辩护人或者代理人；

（2）在民事、行政诉讼程序中，担任代理人；

（3）代理调解、仲裁；

（4）代理各类诉讼案件申诉；

（5）提供非诉讼法律服务；

（6）解答有关法律询问、代写诉讼文书和有关法律事务其他文书。

2. 律师会见罪犯的程序。律师需要会见在押罪犯，可以通过传真、邮寄或者直接提交的方式，向罪犯所在监狱提交下列材料的复印件，并于会见之日向监狱出示原件：

（1）律师执业证书；

（2）律师事务所证明；

（3）罪犯本人或者其监护人、近亲属的委托书或者法律援助公函或者另案调查取证的相关证明文件。

监狱应当留存律师事务所出具的律师会见在押罪犯的证明原件。罪犯的监护人、近亲属代为委托律师的，律师第一次会见时，应当向罪犯本人确认是否建立委托关系。

律师会见在押罪犯需要助理随同参加的，律师应当向监狱提交律师事务所出具的律师助理会见在押罪犯的证明和律师执业证书或者申请律师执业人员实习证。律师会见在押罪犯需要翻译人员随同参加的，律师应当提前向监狱提出申请，并提交能够证明其翻译人员身份的证明文件。

监狱应当及时审查并在3日以内作出是否批准的决定。批准参加的，应当及时通知律师。不批准参加的，应当向律师书面说明理由。随同律师参加会见的翻译人员，应当持监狱批准通知书和本人身份证明参加会见。

监狱收到律师提交的相关材料后，对于符合本规定情形的，应当及时安排会见。能当时安排的，应当当时安排；不能当时安排的，监狱应当说明情况，在48小时内安排会见。在押罪犯可以委托1至2名律师。委托2名律师的，2名律师可以共同会见，也可以单独会见。律师可以带1名律师助理协助会见。

3. 律师会见罪犯的规则。律师会见在押罪犯，应当遵守监狱的作息时间。监狱应当保障律师履行职责需要的会见时间和次数。律师会见在押罪犯时，监狱可以根据案件情况和工作需要决定是否派警察在场。辩护律师会见被立案侦查、起诉、审判的在押罪犯时，不被监听，监狱不得派警察在场。律师会见在押罪犯，认为监狱及其工作人员阻碍其依法行使执业权利的，可以向监狱或者其上级主管机关投诉，也可以向其所执业的律师事务所所在地的市级司法行政机关申请维护执业权利。情况紧急的，可以向事发地的司法行政机关申请维护执业权利。

律师会见在押罪犯，应当遵守监狱管理的有关规定，恪守律师执业道德和执业纪律，不得有下列行为：

（1）传递违禁物品；

（2）私自为在押罪犯传递书信、钱物；

（3）将通讯工具提供给在押罪犯使用；

（4）未经监狱和在押罪犯同意对会见进行录音、录像和拍照；

（5）实施与受委托职责无关的行为；

（6）其他违反法律、法规、规章以及妨碍监狱管理秩序的行为。

（五）暂时离监

1. 暂时离监的含义。暂时离监，又称特许离监，特许是指监狱对于符合一定条件的罪犯，在罪犯的家中发生危难之事、确需本人回去处理时，特许其暂时离开监狱回家看望或处理的人道主义措施。

2. 暂时离监的条件。

（1）适用对象是剩余刑期在 10 年以内，改造表现较好的罪犯。

（2）罪犯家庭确实发生危难情况，确需罪犯本人回家探望和处理。在罪犯服刑期间，罪犯的家庭确实发生配偶、直系亲属或监护人病危、死亡或者发生重大变故，确需罪犯本人回去处理。

（3）罪犯的配偶、直系亲属或监护人具有县级以上医院出具的病危或死亡证明，及当地村民（居民）委员会和公安派出所签署的意见。

（4）暂时离监的去处在监狱所在的省、自治区、直辖市行政区域范围内。

3. 暂时离监的程序。由罪犯本人或其亲属提出申请，监区审查同意后，经狱政管理部门审核，报监狱长批准。对列为重点管理的罪犯特许离监，须报省、自治区、直辖市监狱管理局批准。

4. 暂时离监的实施。对特许离监的罪犯，监狱派 2 名警察带去带回。暂时离监的时间一般为 1 天，不包括路途时间。

5. 暂时离监与离监探亲的区别。暂时离监与离监探亲是不同的两项措施，其区别体现在性质、适用对象和条件、实施方式、离监期限等方面。

（1）性质不同。准予罪犯离监探亲，是监狱法规定的对罪犯实施的一项行政奖励措施。而暂时离监则是罪犯与亲属会见的变通形式，在罪犯家庭发生危难情况时，将会见的地点改在罪犯的家中，这是一项体现人道主义的措施，不带有奖励的性质。

（2）适用对象和条件不同。准予罪犯离监探亲，适用于有期徒刑（包括减为有期徒刑）服刑 1/2 以上、一贯改造表现好、离开监狱不致再危害社会的宽管级罪犯，探亲的对象限于父母、子女、配偶。而暂时离监，则适用于家中出现配偶、直系亲属或监护人病危、死亡，或家中发生重大变故，确需本人回家处理的剩余刑期 10 年以下的罪犯，且应有县级以上医院出具的病危或死亡证明，及当地村民（居民）委员会和派出所签署的意见。

（3）实施方式不同。准予离监探亲，一般是在监狱批准后，安排罪犯自己离开监狱探望亲属，也可以由亲属接送，且罪犯回到探亲地后，必须持《罪犯离监探亲证明书》并及时到当地公安派出所报到，主动接受公安机关的监督。暂时离监则必须由监狱派人民警察带去带回。

（4）离监期限不同。离监探亲的时间为 3~7 天（不含路途时间），暂时离监的时间为 1 天（不含路途时间）。

（六）外国籍罪犯的会见

外国籍罪犯，是指经我国人民法院依法判处刑罚，在我国监狱内服刑的外国籍公民。外国籍罪犯的会见，是会见管理中的一种特殊情况。监狱及监狱管理机关对于外国籍罪犯的会见根据有关规定进行，在监狱内服刑的无国籍罪犯，比照外国籍罪犯执行。

1. 外国籍罪犯会见的范围。外国籍罪犯经批准可以与所属国驻华使、领馆外交、领事官员，亲属或者监护人会见。办理外交、领事官员与本国籍罪犯的会见，应当遵照以下原则：与我国缔结领事条约的，按照条约并结合本规定办理；未与我国缔结领事条约但参加《维也纳领事关系公约》的，按照《维也纳领事关系公约》并结合本规定办理；未与我国缔结领事条约，也未参加《维也纳领事关系公约》，但与我国有外交关系的，应当按照互惠对等原则，根据本规定并参照国际惯例办理。

2. 会见的申请。外交、领事官员要求会见正在服刑的本国公民，应当向省、自治区、直辖市监狱管理局提出书面申请。申请应当说明：驻华使、领馆名称，参与会见的人数、姓名及职务，会见人的证件名称、证件号码，被会见人的姓名、罪名、刑期、服刑地点，申请会见的日期，会见所用语言。

外国籍罪犯的非中国籍亲属或者监护人首次要求会见的，应当通过驻华使、领馆向省、自治区、直辖市监狱管理局提出书面申请。申请应当说明：亲属或者监护人的姓名和身份证件名称、证件号码，与被会见人的关系，被会见人的姓名、罪名、刑期、服刑地点，申请会见的日期，会见所用语言，并应同时提交与被会见人关系的证明材料。

外国籍罪犯的中国籍亲属或者监护人首次要求会见的，应当向省、自治区、直辖市监狱管理局提出书面申请，同时提交本人身份和与被会见人关系的证明材料。外国籍罪犯的亲属或者监护人再次要求会见的，可以直接向监狱提出申请。

3. 会见申请的答复。省、自治区、直辖市监狱管理局收到外交、领事官员要求会见的书面申请后，应当在 5 个工作日内作出准予会见或者不准予会见的决定，并书面答复。

准予会见的，应当在答复中确认：收到申请的时间，被会见人的姓名、服刑地点，会见人的人数及其姓名，会见的时间、地点安排，并告知应当携带的证件。

外国籍罪犯拒绝与外交、领事官员会见的，应当由本人写书面声明，由省、自治区、直辖市监狱管理局通知驻华使、领馆，并附书面声明复印件。通知及附件同时抄送地方外事办公室备案。

省、自治区、直辖市监狱管理局收到外国籍罪犯的亲属或者监护人首次要求会见的书面申请后，应当在 5 个工作日内作出准予会见或者不准予会见的决定，并书面答复。准予会见的，应当在答复中确认：会见人和被会见人的姓名，会见的时间、地点安排，并告知应当携带的证件。

外国籍罪犯的亲属或者监护人再次要求会见，直接向监狱提出申请的，监狱应当在 2 个工作日内予以答复。

4. 会见的安排。外交、领事官员会见正在服刑的本国公民，一般每月可以安排 1~2 次，每次前来会见的人员一般不超过 3 人。要求增加会见次数或者人数的，应当提出书面申请，省、自治区、直辖市监狱管理局可以酌情安排。

亲属或者监护人会见外国籍罪犯，一般每月可以安排 1~2 次，每次前来会见的人员一般不超过 3 人。要求增加会见次数或者人数的，监狱可以酌情安排。每次会见的时间不超过 1 个小时。要求延时的，经监狱批准，可以适当延长。会见一般安排在监狱会见室。

会见人应当按照省、自治区、直辖市监狱管理局或者监狱的安排到监狱会见。外交、领事官员因故变更会见时间或者会见人的，应当提前提出申请，由省、自治区、直辖市监狱管理局重新安排。亲属或者监护人因故变更会见时间的，应当提前提出申请，由省、自治区、直辖市监狱管理局或者监狱重新安排；变更会见人的，应当重新办理申请手续。

会见时应当遵守中国籍罪犯会见的有关规定。会见开始前，监狱警察应当向会见人通报被会见人近期的服刑情况和健康状况，告知会见有关事项。会见可以使用本国语言，也可以使用中国语言。

会见人和被会见人需要相互转交信件、物品，应当提前向监狱申明，并按规定将信件、物品提交检查，经批准后方可交会见人或者被会见人。会见人向被会见人提供药品，应当同时提供中文或者英文药品使用说明，经审查后，由监狱转交被会见人。会见人或者被会见人违反会见规定，经警告无效的，监狱可以中止会见。

监狱应当安排监狱警察陪同会见。

会见管理

三、工作任务实施

（一）工作情境描述

赵某，男，犯强奸罪于 2017 年 4 月被判处有期徒刑 15 年，在某监狱服刑。在刑期执行期间，赵某的母亲、妻子和儿子先后前来探监。在一次探监会见过程中，赵某的妻子私自传递一张手机卡给赵某，帮助其进行非法交易，被值班狱警查获。

1. 会见过程中，家属是否可以私递物品给罪犯？

2. 哪些人可以会见罪犯？

3. 罪犯违反会见规定如何处罚？

4. 此案例中存在哪些管理漏洞？

（二）工作任务目标

1. 掌握会见的相关规定。

2. 熟悉罪犯会见的相关流程。

3. 熟悉罪犯会见的注意事项。

4. 掌握罪犯会见时民警的基本工作职责。

（三）工作流程与活动

活动 1：任务确立（课前自学）。

活动 2：问题解答——学生对导入问题和工作情境描述的第 1、2、3 问题作答。

活动 3：分组讨论——学生对工作情境描述的第 4 个问题进行讨论并作答。

活动 4：评价与总结——教师评价和行业专家在线指导（课后拓展）。

工作任务二　通讯管理

一、工作任务导入

罪犯陈某，男，因犯贪污罪被判处有期徒刑 7 年。入狱后一直不认罪服法，四处写信申诉。其中多封写给了上级纪委和省市领导人。而根据《监狱法》第 47 条规定："罪犯在服刑期间可以与他人通信，但是来往信件应当经过监狱检查。监狱发现有碍罪犯改造内容的信件，可以扣留。罪犯写给监狱的上级机关和司法机关的信件，不受检查。"此中没有对写给纪委和领导人的信件处理作出规定，请问该如何处理？

二、知识准备

（一）罪犯通讯概述

通讯，是罪犯与外界联系的主要途径，依法与他人通讯是罪犯的一项权利。我国《监狱法》第 47 条对罪犯的通讯作出了明确的规定，这些规定对于切实保障罪犯的合法权益、维护正常监管秩序、促进罪犯积极改造具有重要意义。

1. 体现了我国法律对罪犯合法权益的充分保障。监狱法不仅将通信规定为罪犯的权利，而且对与罪犯通信的对象不加限制，体现了对罪犯及他人的通信权的保障。监狱法对监狱的信件检查权作了必要的限制，则又体现了对罪犯控告、检举、申诉、合理化建议等多项权利的切实保障。

2. 体现了维护正常监管秩序的要求。监狱法在切实保障罪犯合法权益的同时，为了使监狱有效地维护正常的监管秩序，赋予监狱以信件检查权、扣留权，这些规定将有助于监狱维护正常的监管秩序。

3. 发挥了促进罪犯积极改造的作用。保障罪犯的合法权益、维护正常的监管秩序，这本身就有利于对罪犯的改造。《监狱法》关于通信的规定对罪犯积极改造的促进作用还体现在：为改造工作争取广泛的社会支持开辟了有效的渠道、监狱及时准确地了解罪犯的思想动态提供了便利条件。

（二）通讯管理的内容

1. 通信。对于罪犯的通信，《监狱法》第47条明确规定："罪犯在服刑期间可以与他人通信，但是来往信件应当经过监狱检查。监狱发现有碍罪犯改造内容的信件，可以扣留。罪犯写给监狱的上级机关和司法机关的信件，不受检查。"由此可见，罪犯通信管理的具体内容有以下几方面：

（1）依法允许罪犯与他人通信。罪犯在服刑期间可以与他人通信。监狱法对罪犯通信对象作了不予限制的规定。罪犯在服刑期间不仅可以与亲属、监护人通信，还可以与其他人通信。法律对罪犯与何人通信未加限制，这与以往的规定有很大不同，充分体现了对罪犯通信权利的保障。

（2）依法行使对罪犯收发信件的检查权。《监狱法》明确了监狱对罪犯的来往信件的检查权。对罪犯的来往信件进行检查，是监狱工作的实际需要。对监狱了解和掌握罪犯的思想动态、了解和掌握其他有关信息、维护监狱秩序和保证监管安全都有很重要的作用。

对罪犯的信件检查权属于监狱，由监狱指定人民警察具体行使，未经监狱授权的人员不得行使这项权力，《监狱法》第14条规定，监狱的人民警察不得违反规定，私自为罪犯传递信件。

由监狱指定的人民警察对罪犯信件进行检查，要做好登记和记录。对于检查中发现的有价值的信息，要按规定及时传递给有关单位和部门。但是，对于罪犯信件的内容特别是涉及个人隐私的内容不得随意传播。

（3）依法行使对罪犯信件的扣留权。监狱不仅应当检查罪犯的信件，而且在法定条件下还可以扣留罪犯的来往信件，这里所谓罪犯的信件，既可以是罪犯发给他人的信件，也可以是他人发给罪犯的信件。扣留的法定条件是"有碍罪犯改造内容"。所谓"有碍罪犯改造内容"，在实践中是指下列情况：利用信件传播反社会、反人类的邪恶说教的；罪犯在信件中泄露监狱工作秘密的；信件中使用隐语的；与在押同案犯在通信中谈及案情的；在信件中发泄对司法机关和社会的严重不满的；鼓动、唆使对方进行违法、犯罪的；在信件中商量脱逃等作案计划的，等等。

（4）依法保障罪犯发信的有限密封权。根据《监狱法》的规定，罪犯写给监狱上级机关和司法机关的信件，不受检查。这就是说，罪犯对此类信件可以密封，无须监狱检查，这里将罪犯的这种权利称为有限密封权。罪犯写给监狱上级机关和司法机关的信件，有些是控告、申诉、建议及反映其他情况的，为了保护罪犯的合法权利，为了监狱上级机关确切了解监狱情况，监狱法对监狱的信件检查权作出了以上限制性规定。监狱的上级机关，是指司法部及监狱管理局，省、自治区、直辖市的司法厅（局）及监狱管理局，直接管辖监狱的地区（市）司法局等。司法机关，这里指人民法院、人民检察院和公安机关。

2. 电话通讯。电话通讯，作为罪犯与外界通信的一种形式，已经成为罪犯与外界进行信息沟通、亲情交流的一条重要途径。这一做法实行以后，收到了较好的效果。首先，与罪犯的亲属来监探视相比，电话联系的方式方便快捷、花费较少。其次，监狱在罪犯通话过程中易于进行监听，如遇有违规内容可以马上终止通话。最后，监狱将允许罪犯通电话作为分级处遇的一项内容，适用于改造表现比较好的罪犯，发挥了激励管理的作用，可以促进罪犯积极改造。

罪犯通电话的对象只限于亲属或监护人，特殊情况（如与接受委托的律师通电话），要经过监狱主管领导批准。

罪犯与亲属或监护人通电话须由本人向监区或者分监区提出申请，提供亲属的电话号码和通电话的理由和主要内容。监狱有关部门根据罪犯的日常改造表现和其他情况进行审批，法定节假日由监区进行审批，其他时间由狱政管理科审批，出具《亲情电话通知单》。

罪犯与亲属、监护人通电话，必须在监狱指定的场所，使用监狱统一配置的通话装置。负责警察、业务科室负责警察对罪犯拨打亲情电话的现场进行直接管理。通话时，由监狱人民警察亲自拨号，核实受话人身份，确认无误后，方允许罪犯通电话。若发现其与登记身份不符合，应拒绝通话。每次限于1名受话人进行通话，通话时间一般限于5分钟以内，通电话的费用亦由罪犯本人承担。

通话过程中进行全程监听，有下列情形之一的，立即中止罪犯通话：①不服从警察管理、不在指定区域通话或喧哗吵闹的；②使用或交换其他罪犯电话卡的；③使用隐语、暗语和不文明语言的；④通话期间情绪变化较大或通话内容不利于监管改造工作的；⑤其他应当中止通话情形的。

罪犯通话后，负责警察在罪犯通话登记表和监管改造信息系统上做好通话内容的记录。

罪犯在服刑期间，不准持有和使用手机等通讯设备。监狱工作人员不得私自将电话、手机等通讯设备提供给罪犯使用。

根据《外国籍罪犯会见通讯规定》第25条的规定，经监狱批准，外国籍罪犯可以与所属国驻华使、领馆外交、领事官员或者亲属、监护人拨打电话。通话时应当遵守中国籍罪犯通话的有关规定。通话费用由本人承担。

3. 远程视频会见。监狱远程视频会见是指罪犯在监狱内通过现代信息技术手段，与其在县级司法行政机关指定地点的亲属、监护人进行可视化会面交谈的通讯方式。该方式切实解决了服刑人员家属会见路途远、探访难、费用大等实际问题和困难。该系统可以使服刑人员家属通过手机 APP 提前预约探视时间，"足不出户"与服刑人员通过远程视频会见室的设备终端直接进行音频、视频的双向传输，实现了亲情互通。最大程度上消除了时空对亲情的"阻隔"，减轻了家属来监狱探视的路费负担。

罪犯远程视频会见的对象只限于亲属及监护人。受视人必须在指定场所与服刑人员进行视频会见；每次会见人数不超过 3 人。视频会见的时间与服刑人员的处遇级别挂钩，最短 20 分钟，最长不超过 1 个小时。

罪犯申请远程视频会见，应当按以下程序进行：①罪犯向所在的监区（分监区）提出申请；②监区（分监区）对罪犯申请进行初审，符合条件的，报狱政管理部门审核。审核通过后通过远程视频会见系统，向司法局（所）提出申请。申请内容包括：罪犯基本信息、会见日期和时间安排等。③审核答复。司法局（所）在接到申请后在规定的工作日内答复监狱。答复内容为：确定会见日期和时间、不安排会见的原因等。④监狱收到答复后，根据确定的会见日期和时间安排罪犯会见。

远程视频会见的过程中双方都要接受民警的监督，有下列情形之一的，立即终止罪犯通话：①扰乱会见场所秩序的；②使用隐语、暗语或非规定语种交谈，不听劝阻的；③携带或使用手机、录音、摄影（像）设备的；④谈论案情，涉嫌串供、通风报信的；⑤谈论有碍监管安全或罪犯改造内容的；⑥其他违反会见管理规定情形的。

通讯管理

三、工作任务实施

（一）工作情境描述

2019 年某日，某监狱内发生一起脱逃事件，罪犯张某趁工作人员不注意逃脱。警方经过调查，发现张某是通过与外界联系获得共犯和逃脱路线的。经过进一步调查，发现在监狱内有工作人员在管理电话的过程中存在违规操作，帮助罪犯张某与外界联络，甚至有人接受了张某家属给予的贿赂。

1. 罪犯张某脱逃触犯什么罪名？

2. 监狱内部通讯管理存在哪些问题？

3. 如何处理民警的违规操作行为？

（二）工作任务目标

1. 掌握通讯的相关规定。

2. 熟悉罪犯通讯管理的相关流程。

3. 熟悉罪犯通讯管理的注意事项。

4. 掌握罪犯通讯时民警的基本工作职责。

（三）工作流程与活动

活动1：任务确立（课前自学）。

活动2：问题解答——学生对导入问题和工作情境描述的第1、2问题作答。

活动3：分组讨论——学生对工作情境描述的第3个问题进行讨论并作答。

活动4：评价与总结——教师评价和行业专家进行在线指导（课后拓展）。

项目四　生活卫生管理

工作任务一　罪犯生活卫生管理

一、工作任务导入

南美地区的监狱经常发生暴狱、越狱等案件，很多原因在于该地区监狱的住宿条件拥挤、饮食供应低劣。就此情况，请谈谈生活管理对罪犯的重要影响？

二、知识准备

（一）罪犯饮食管理

饮食管理是指监狱对罪犯饮食的计划、供给、调剂、保管等方面的管理活动。饮食管理是生活管理的中心环节，对维持罪犯的身体健康、稳定罪犯的改造情绪、调动罪犯改造积极性有着直接的影响；是惩罚、改造和生产活动得以顺利进行的基本条件和重要物质前提；是具体体现社会主义人道主义，保障罪犯合法权益，扩大监狱工作方针、政策的影响，争取社会各界的理解、支持的必要途径。

1. 罪犯饮食管理的原则。监狱要保障罪犯吃饱、吃熟、吃得卫生。在此基础上形成了罪犯饮食管理的原则，即科学配膳、合理调剂、精细管理、杜绝浪费。

（1）科学配膳。科学配膳，要求监狱为罪犯提供的饮食符合营养学的基本要求。即食材应多样化，食材种类要广泛，可以提供人体所需的全部营养素。一般而言，按照人体所需营养的多少，食材中的营养素可以划分为五大类和若干小类。第一类，谷薯类，如米、面、玉米、甘薯等，主要含有碳水化合物、蛋白质和 B 族维生素，是人体最经济的能量来源。第二类，蔬菜水果类，富含维生素、矿物质及膳食纤维。第三类，动物性食物，如肉、蛋、鱼、禽、奶等，主要为人体提供蛋白质、脂肪和矿物质。第四类，大豆及其制品，如豆腐、豆腐干等，含有丰富的蛋白质，无机盐和维生素。第五类，纯能量食物，如糖、油脂等，能够为人体提供能量。所谓"均衡"，是指各种食物数量间的比例应合理，即应达到最接近人体吸收并可维持生理健康的标准。所谓"适度"，是指各种食物的摄入量要与人体的需要相吻合。过多或过少都会影响人体的健康。

（2）合理调剂。监狱应当在不突破罪犯饮食标准的前提下，尽量做好罪犯饭菜的合理搭配，通过加强对炊事人员的技术培训，提高饭菜质量，增加菜色品种，丰富饭菜口味，克服饭菜长期重复、口味单一的现象。监狱要积极创造条件，建立副食基地，以自种、自养、自加工为补充，尽力改善罪犯饮食水平。在春节、端午节、中秋节等重要的节日，饮食标准应适当上调，充分体现监狱人文关怀。

（3）精细管理。精细管理又称精细化管理，精细化管理要做到"七个重视"，即重视细节、重视过程、重视基础、重视具体、重视落实、重视质量、重视效果；严把"七个关口"，即食品采购、验收、储藏、加工、烧煮、配送、就餐，形成有效衔接的食品安全管理责任链。负责罪犯饮食供应的警察要建立台账，管好现金、食品和各种物品，保证罪犯的饮食费用完全用于罪犯，严禁挪用和调换食堂的主副食品。

（4）杜绝浪费。罪犯饮食管理要杜绝浪费。一是食材加工环节，要以最小资源投入，包括人力、设备、资金、材料、时间和空间，创造出尽可能多的价值，为罪犯提供优质的生活保障。二是在罪犯用餐环节，杜绝浪费粮食的现象。有些罪犯饭量小，吃不到定量标准，可以采用事先申报数量，打饭时按申报数量领取，吃多少打多少，避免浪费。

2. 罪犯饮食标准。

（1）确定罪犯饮食标准的依据。确定罪犯伙食标准有三项依据，即基本依据、参照依据和级差依据。

基本依据，指罪犯维持生命和健康的基本需要。维持生命与健康所需要的营养标准，是确定罪犯伙食标准的基本依据。人在不同的成长发育阶段，所需要的营养量也不一样，因此，监狱对未成年犯与成年犯规定了不同的伙食标准。

参照依据，指社会普通公民的平均生活水平。在确定罪犯的伙食标准时，还有一个参照依据，就是监狱所在社区居民的平均生活水平。①罪犯的伙食标准不能超过这一平均生活水平；②罪犯伙食标准要尽可能随着这一平均生活水平的提高而相应提高。

级差依据，指罪犯的劳动工种、时间和劳动强度。参加劳动罪犯与不参加劳动的罪犯所需要的营养量不一样，劳动时间和劳动强度不同，体力的消耗就不会相同，所需要的营养量也不一样。因此，劳动时间、劳动强度是确定罪犯伙食标准的重要依据。

（2）确定罪犯饮食标准的方法。《监狱法》第50条规定："罪犯的生活标准按实物量计算，由国家规定。"罪犯的伙食是罪犯生活的基本组成部分，依法采用实物量标准。这一方法的主要内容是国家在为罪犯提供狱内生活保障时，具体规定每一个罪犯在一定时期内用于饮食方面的实物量，如粮食、蔬菜、食油、肉食、蛋、鱼、虾、豆制品等项目的数量，然后根据监狱所在地当前阶段的物价情况，计算用于罪犯伙食方面的生活费总额。

采用实物量标准，可以使得罪犯的饮食水平避免受到物价上涨、季节变化等因素的影响，充分体现了我国法律对罪犯合法权益的切实保障。

3. 罪犯的具体饮食标准。根据财政部、司法部《关于调整在押罪犯伙食实物量标准的通知》（财行〔2013〕377号）要求，在押罪犯月人均伙食实物量标准为：粮食，男犯16千克~25千克，女犯12千克~20千克；蔬菜，男犯17千克~25千克，女犯18千克~25千克；肉类，1.5千克~2.5千克；蛋鱼虾，1千克~1.5千克；豆制品（以干豆计），1千克~1.5千克；食油，0.75千克~1千克。其中水果列入蔬菜实物量统计。

监狱应在罪犯定量标准范围内，尽力调剂和改善罪犯的饮食，做好一日三餐主、副食品在数量、质地、色泽、味道、形状上的合理搭配。要精打细算，降低饮食成本。要改革加工工艺，在加工烹调时讲究方法尽量减少营养素的损失。要根据季节及劳动强度，实行科学配餐、应时调整，保证罪犯吃饱、吃热、吃熟、吃得卫生，并获得足够的热量和营养。另外在饮食调剂上还要抓住关键环节，逢年过节要精心准备节日餐。

（二）被服管理

被服管理是指监狱对罪犯囚服、被褥等用品实行计划、供应、保管、维修和更换等方面的管理活动。这是罪犯生活管理及服刑处遇管理的重要内容，是满足罪犯生活需要、保障罪犯身体健康的重要条件。

1. 被服供应原则。《监狱法》第51条明确规定："罪犯的被服由监狱统一配发。"这是罪犯被服供应的基本法律依据。根据该规定的要求，罪犯入监后所需要的囚服、被褥、鞋、帽、工作服、劳保用品等，由监狱机关统一配发。各省、自治区、直辖市的监狱管理机关，应编制年度计划和财政预算，由国家拨款，并本着"御寒遮体、厉行节约、整齐划一、便于识别"的原则统一组织生产、制作和供应。囚服的设计要体现严肃执法和文明管理原则，要根据罪犯的心理特点，避免刺激、有利于感化教育。禁止在囚服上书写或印刷带有歧视性、侮辱性的字样或标志。

2. 被服供应标准。司法部《监狱服刑人员行为规范》、司法部监狱管理局《关于统一全国罪犯服装样式的通知》及附件《全国罪犯服装系列标准（试行）》都对罪犯的服装发放标准和着装要求作出了规定。监狱按照在押犯被服实物量标准及时发放。

3. 被服发放与回收。罪犯的被服每年统一发放两次（一般分夏季和冬季两次发放），发放时要执行国家统一制定的不同区域（寒区、温区、热区）环境的不同被服标准。新入监的罪犯，可按入监季节随到随发。发放罪犯被服时必须由警察亲自掌握，详细登记和填写《罪犯被服使用卡》，并由罪犯本人签名捺印。罪犯刑满释放时，囚服及配发的被褥应当收回。收回的被服尚可使用的，应清洗消毒后调剂使用；不能使用的，由生活卫生部门核准进行销毁处理。罪犯被服收回和处理应建立相关台账。

监狱应当统一安排罪犯清洗、晾晒被服。监狱可以根据实际配备大型被服的洗涤、烘干设备，并安排专人负责清洗、消毒、晾晒和收纳管理等工作。对罪犯被服的管理，要建立健全一整套行之有效的被服使用、修补保管、收旧换新、被服财物管理制度。

被服管理中，监狱应对被服经费的划拨、实物的领取、发放和保管都要逐项建立账目，并制定统一的报表、凭证和卡片，以防财务混乱或物资流失。

（三）作息管理

作息管理是根据罪犯体能消耗与恢复平衡的生活规律，在一天内对罪犯的起居、劳动、学习、文体活动时间做出科学安排，并监督实施的管理活动。罪犯作息时间的科学安排，有利于维护罪犯的合法权益，保障罪犯身心健康，调动罪犯改造积极性，促进各项改造活动的顺利开展，也有利于展示我国监狱的文明性、人道性。

为使罪犯劳动、学习、休息、文化娱乐和体育等活动正常开展，《监狱法》第 71 条第 1 款规定："监狱对罪犯的劳动时间，参照国家有关劳动工时的规定执行；在季节性生产等特殊情况下，可以调整劳动时间。"《监狱法》第 71 条第 2 款规定："罪犯有在法定节日和休息日休息的权利。"据此，各监狱要根据本单位的实际情况和关押对象的情况，本着有张有弛、劳逸结合、服务改造的原则科学地安排好罪犯的作息时间，保证罪犯每天的劳动、学习、休息、睡眠时间的合理配置。目前，监狱执行的是每周劳动 5 天，集中学习 1 天，休息 1 天。在国际规定的节日和其他休息日休息。

罪犯生活管理

三、工作任务实施

（一）工作情境描述

2022 年初，某省监狱系统将预防重大集体食物中毒事故作为考核监狱工作目标责任制的一个硬指标。对全监狱系统食品安全隐患进行排查，发现隐患主要表现在以下方面：一是集团式定点购买和供给食物显得种类比较单一；二是不少食物缺乏安全检测标准，仅靠人为评价和操作；三是因食物保存条件所限或清查不到位易腐烂食物未实时清理；四是从事食物操作管理的罪犯如炊事员等有病未实时察觉；五是狱内超市零售食品包装有尖锐物品；六是其他安全隐患如蔬菜农药残留超标、饮用水水质污染等。

1. 讨论该省监狱系统为什么要将预防重大集体食物中毒事故作为考核监狱工作目标责任制的硬指标？

2. 如何解决安全排查的各个隐患问题？

（二）工作任务目标

1. 掌握罪犯生活管理的各项规定。

2. 熟悉罪犯生活管理的注意事项。

3. 掌握罪犯生活管理过程中民警的基本工作职责。

（三）工作流程与活动

活动 1：任务确立（课前自学）。

活动2：问题解答——学生对导入问题和工作情境描述的第1个问题作答。

活动3：分组讨论——学生对工作情境描述的第2个问题进行讨论并作答。

活动4：评价与总结——教师评价和行业专家在线指导（课后拓展）

工作任务二　罪犯医疗卫生管理

一、工作任务导入

罪犯袁某，在某监狱四监区服刑（该监区近两年的任务主要是建筑新监舍）。某天，袁某突然左腿红肿、腿痛不能出工，经监狱医院诊断是被蚊子咬了后用手抓挠感染所致，治疗7天后已经痊愈，医生建议再休息3天后出工。可是，到了第三天，袁某的右腿也同样出现了和左腿一样的情况，经过十多天治疗后右腿也痊愈。可是没几天，该犯左腿又在不同的部位出现同样的情况。分监区警察认为此事很蹊跷，在治疗的同时也在观察袁某，发现该犯在监狱医院病情恢复得很快，出院之后回监舍感染的程度加大。分监区决定让同宿舍的罪犯许某，在照顾袁某时一定要仔细观察。结果时间不长，许某发现袁某偷偷用床下藏的水泥（硅酸盐）涂擦患处。经警察调查发现罪犯袁某，是因为天热不愿意参加劳动，就用大头针扎破腿部将水泥涂到患部导致的腿部红肿。请问如果你是袁某的管教民警，在得知袁某用这种方法逃避劳动的事件后，如何处理？

二、知识准备

医疗卫生管理是指对服刑罪犯的疾病预防和治疗等实务进行的管理工作。这项工作是社会主义人道主义的具体体现，是防治疾病、保证罪犯身心健康、教育感化罪犯的有效手段，是保障罪犯基本权利的必然要求。《监狱法》第54条规定："监狱应当设立医疗机构和生活、卫生设施，建立罪犯生活、卫生制度。罪犯的医疗保健列入监狱所在地区的卫生、防疫计划。"据此，监狱应本着"预防为主，防治结合"的方针，认真做好罪犯的医疗卫生工作。

（一）罪犯疾病防治机构的设置

罪犯疾病防治机构包括疾病预防控制机构和疾病医疗机构。监狱应当设置专门机构负责监狱的疾病预防与控制工作。监狱系统对患病罪犯展开医疗活动的机构由省（区、市）监狱管理局中心医院（区域中心医院），监狱医院和卫生所（医务室）组成。监狱医疗机构应当依法申领《医疗机构执业许可证》，依法执业。省（区、市）监狱管理局中心医院（区域性中心医院）应当至少按照二级综合医院基本标准设置。监狱医院、卫生所（医务室）应当按照有关标准设置。

（二）罪犯疾病的预防和控制

1. 建立和规整罪犯健康档案。应当严格落实新收押罪犯入监体检制度。在监狱医院（或监区医务所）医生的指导下，由入监分监区负责健康档案的制作。健康档案内容包括：

入监体检登记表、门诊病历等资料。罪犯完成入监教育，分配到服刑分监区后，由实际管理分监区规整罪犯健康档案。规整内容为：查阅入监体检登记表、门诊病历等资料是否完整；在专业医生的指导下，将以后各个时期的健康体检材料，患病和就医检查、诊断的结果，疾病治疗的情况等逐项依照时间排序，规整入监罪犯健康档案。

罪犯健康档案实行科学合理地依照编号按序统一保管、收发，实行专册、专柜管理。罪犯调动时，健康档案应随罪犯副档一起移交，并要接收单位的档案接收人员签字确认。罪犯刑释后，应将罪犯健康档案归入罪犯档案。

2. 罪犯疾病的预防。监狱根据传染病或者疫情发生的规律，在专业医生的指导下，做好有针对性的预防工作。

（1）教育和督促罪犯养成良好的个人卫生习惯。要让罪犯便后洗手，不随地吐痰，不对他人咳嗽，勤换衣物，定期洗澡，保持洗漱用品卫生整洁，不与他人混用个人卫生用品等。

（2）保持良好的环境卫生。主要是在专业人员的指导下做好以下五方面工作：一是彻底清除监舍区及其周围环境中的蚊、蝇、鼠、跳蚤等滋生地，及时消灭蚊蝇鼠害；二是定期对厕所、垃圾箱、蓄水池等进行全面的药物消毒处理；三是对罪犯监舍、储藏间等场所，定期实施全面杀菌处理；四是在盛夏季节，要科学深入地开展防暑降温工作；五是及时消除其他容易危害罪犯健康的环境因素。

（3）做好卫生防疫工作。根据防疫工作的要求，做好防疫消毒药品及相关物资的储备工作，并做好疫情和罪犯疾病的监测，并在专业医生的指导下，做好分析和诊治工作，果断采取措施且科学实施各场所的全面消毒杀菌工作，以防各类传染病、流行病的发生与传播。

（4）加强食品卫生和安全的管理工作。一要做实对罪犯私人零食贮藏情况进行定期检查工作，防止罪犯食用过期、腐败、霉变的食品；二要督促罪犯及时洗净各类餐具，并深入贯彻用后消毒工作；三要坚决杜绝罪犯食用伙房分监区配送的隔餐饭菜；四要保证每名罪犯都能喝到足够的符合标准的开水。

3. 罪犯疾病监测管理。分监区在平时要密切关注每名罪犯的身体健康状况，并认真做好两方面工作：一是积极组织罪犯配合上级有关部门的定期全面和专项体检工作；二是一旦发现有罪犯患病，应立即送监区医务室（或监狱医院）治疗，并在专业医生的指导下，做好预防疾病传染工作。

（三）罪犯疾病就医管理

1. 及早诊治，分级管理。监狱应当对患病罪犯及时诊治，做好急诊抢救和转诊。监狱医疗机构需根据罪犯身体健康情况，实行罪犯疾病分级管理。罪犯患病应首先在监狱医疗机诊治，监狱医疗机构难以诊治的，可请社会医院专家进监会诊或送省（区、市）监管理局中心医院、社会医院诊治。

2. 病情告知与证据保全。监狱医疗机构应当建立罪犯病情告知、手术和创伤性检查签字制度，将罪犯和主要医疗措施、医疗风险等情况如实告知患病罪犯和其所在监区的监狱人民警察并由监区告知其亲属。监狱医疗机构在诊治过程中，应当做好证据收集和固定工作。

3. 罪犯狱内就医管理。罪犯狱内就医管理是指罪犯患常见疾病时，分监区民警应及时带领罪犯到监区医务室（所）诊治的一项医疗制度。

（1）批准程序。罪犯提出就医要求后，经分监区值班领导批准，由分监区当班民警及时带领其到监区医务室（所）就诊。

（2）特殊程序。罪犯发生紧急病情时，分监区民警应将患病罪犯的病情和症状及时用内部电话告知监区医务室（所），并通知民警医生做好抢救准备，同时组织人员将病人及时送往医务室（所）治疗。

（3）滞留管理。罪犯因疾病或诊疗需要休息的，由民警医生开出病假建议书，分监区应根据病假建议书及时予以准假，并向上级主管领导报备。对滞留 1 天以上的，分监区应将罪犯的日常生活用品送去医务室（所）留观室，并视情况安排陪护罪犯，分监区要定期派民警看望，关心罪犯的思想与疾病治疗情况。

4. 罪犯外出就医管理。罪犯外出就医管理是指经批准由民警送罪犯去监狱（或上级）医院或社会专科医院，开展疾病救治（或医疗鉴定）过程中的管理工作和相关制度。

（1）审批程序。根据监区医务所（或监狱医院）出具的外出就医（或医疗鉴定）建议书，分监区应及时开展对罪犯外出就医（或医疗鉴定）提议进行研究，并由分监区领导在罪犯外出就医（或医疗鉴定）审批表上签署相应意见后，依照规定程序逐级报上级管理部门审批。紧急抢救的情形除外，但必须在事前口头向上级主管领导汇报，事后补办报告和相应手续。

（2）执行标准。

1）警力配置。根据罪犯外出就医必须配足警力的要求，监狱应当按照不少于 3 名警察押解和看管。罪犯需要住院监护治疗的，监狱应当安排足够的警力分班轮流看管。

2）械具要求。凡有行动能力的罪犯，出监时应加戴手铐与脚镣。管理民警配备警棍等警械具。

3）着装要求。押解民警必须着统一制式警服，罪犯一律着囚服。

4）检查要求。罪犯出分监区前，押解民警要对其进行严格的搜身检查，搜缴一切与就医无关的物品。

5）通行要求。罪犯外出就医（或医疗鉴定）必须有监狱医院派出救护车或警车押送。

6）看护要求。在罪犯外出就医（或医疗鉴定）期间，民警必须保持高度警惕，严格监管，做到寸步不离。

7）滞留要求。病情需要住院治疗的，一般应在省级监狱管理局设立的医院住院。确需在地方专科医院住院的，要采取严格的监管措施。

5. 罪犯服药管理。

1）监狱应当为每个监区配备统一的药品橱柜，药品由监狱干警统一保管，严禁罪犯私自保管药品。经监狱审查批准，患有心脏病类疾病的罪犯可随身带有必要抢救量的急救药品。

2）罪犯服药由民警直接管理，要按照"发药到手、看药入口、咽下再走"的要求督促罪犯服药，并由罪犯签字确认。

罪犯医疗卫生管理

三、工作任务实施

（一）工作情境描述

李某，男，22岁，因犯故意杀人罪被判处死缓，在江苏省某监狱服刑。某日早晨，监狱所有罪犯进行晨练，李某突然倒地昏迷，当班民警在采取急救措施后李某仍然晕迷遂报告监狱立即将其送往监狱医院，后经过检查诊断该名罪犯出现突发性脑出血，需要立刻做手术。

1. 该名罪犯的手术费用由谁支出？

2. 监狱是否有义务救助罪犯？

3. 如果监狱不救助罪犯是否违法？

4. 如果监狱救助罪犯，保障的是罪犯的什么权利？

（二）工作任务目标

1. 掌握罪犯医疗卫生管理的相关规定。

2. 熟悉罪犯医疗卫生管理的重点工作内容。

3. 掌握罪犯医疗卫生管理中民警的基本工作职责。

4. 能够进行罪犯就医的管理工作

（三）工作流程与活动

活动1：任务确立（课前自学）。

活动2：问题解答——学生对导入问题和工作情境描述的第1、2个问题作答。

活动3：分组讨论——学生分组对工作情境描述的第3、4个问题进行讨论并作答。

活动4：评价与总结——教师评价和行业专家在线指导（课后拓展）。

模块五 | 现场管理

　　现场是监狱执法管理的主战场，在监狱完整的执法链条上占据极其重要的地位。现场管理应当遵循直接、全程、依法、规范、科学和文明诸管理原则。实效的现场管理需要满足其基本要求，包括警力的充足保证、岗位的合理设置、职责的清晰明了、流程的简洁规范、信息的精准及时、警戒具的规范使用、明确的任务目标等。罪犯生活、学习、劳动现场是传统的监狱三大现场，在此基础上衍生出接见、亲情电话、大会、文体活动、外出等现场，这些现场的人、物和时空都是现场管理的对象。现场执法民警需要不断强化基本功的训练，不断学习和运用先进的管理理念、方法与技术，与此同时还要加强自我保护。

项目一　现场管理概述

一、工作任务导入

1. 什么是监狱现场管理？
2. 传统的监狱三大现场管理指的是什么？
3. 监狱现场管理所要达到的目标是什么？

二、知识准备

（一）监狱现场管理的概念

监狱现场管理是指监狱依法用科学的标准和方法对罪犯的生活、劳动和学习等现场的人、事、物、时、空等各构成要素进行管理。监狱现场管理既是一项警务活动，也是一项执法活动。

民警是监狱现场管理的主体，"管理是管理者的生活"，民警作为管理者要"享受管理"，而要想真正做到，除了正确的态度和高尚的境界外，还需要领悟管理的真谛；而要真正领悟管理的真谛，就需要学习掌握管理的基本知识和基本技能。管理的神奇之处主要体现在管理者根据自身特点、能力以及其组织和环境的情况，对基本管理原理的创造性应用上。

现场管理的对象包括"人、事、物、时、空"，具体包括参加劳动、学习、生活的所有罪犯以及与罪犯劳动、学习、生活相关的一切场地、设施设备。执勤民警对罪犯的行为、语言、表现、态度等直接实施组织、指挥、监督、控制和激励。

（二）监狱各大现场概述

现场是监狱为正确执行刑罚，有效惩罚与改造罪犯而设置的特定场所。传统的罪犯现场管理，仅指罪犯的学习、劳动、生活等三大现场，尤其突出对罪犯劳动、生活现场的管理，是因为劳动现场极容易发生罪犯脱逃、行凶等重大监管事故。20 世纪 80 年代，因创办特殊学校，每周的晚上都要组织罪犯进行"思想、文化、技术"学习，对罪犯学习现场的管理才日益被重视起来，并把它纳入罪犯三大现场管理内容之中。因此，无论是现在还是今后，罪犯的劳动、生活、学习现场的管理，是现场管理工作的重要内容。

除传统的三大现场之外，还包括其他的一些现场，如罪犯接见现场、罪犯就医现场、罪犯体育活动现场、罪犯大型活动现场、罪犯外出活动现场等。这些活动现场加上传统的三大现场，呈现出了监狱现场的多样性和复杂性，给监狱的现场管理工作带来了难度和挑战。

（三）监狱现场管理的目标

美国管理过程学派的代表人物、著名管理学家哈罗德·孔茨认为："管理就是设计和维护一种环境，使身处其间的人们能够在集体内一同工作，以完成预定的使命和目标。"监狱现场管理的最终目标是维护监管秩序以确保刑罚执行的顺利进行。目的在于高效完成监狱执法管理的工作任务，切实发挥监狱的基本功能，最终实现监狱管理的目标，即惩罚与改造罪犯。监狱现场管理的基本目标有三，即安全、有序、高效。

1. 安全。确保监狱场所的安全稳定。安全是监狱现场管理追求的第一目标。安全的监狱才是刑事司法对付犯罪的最有效武器。监狱现场管理的各个时间段、各个空间点都必须以安全为先，严格防范各类监管事故的发生。要将各类监管风险降到最低程度，将各类监管不稳定因素控制在"可测、可防、可控"的状态，将各类监管隐患消除在萌芽状态。现实监狱管理中的"三预机制"，即预测、预防、预警，就是为了最大程度的确保监狱的安全。大墙内现场管理的安全目标主要是以"六防"为主，即"防打架斗殴，防哄监闹事，防劫持人质，防骚乱暴乱，防行凶袭警，防越狱暴狱"。监区（分监区）现场管理的最低安全目标是"三管齐下"，即管人头——管好自己的每个人——人数清点无误；管大门——守好自己的每道门——人员车辆无异；管现场——种好自己的每块田——现场井然有序。

2. 有序。确保监狱惩罚与改造罪犯的各类行刑活动有序进行。唯有良好的监狱现场监管秩序，才能确保民警正常执法活动的顺利进行；也唯有良好的监管改造秩序，才能确保惩罚和改造罪犯各项活动的实效开展。监狱现场管理者应在执勤期间督促罪犯严格遵守《监狱服刑人员行为规范》和各项监规纪律，严厉打击扰乱正常改造秩序的言行，以确保监狱刑罚执行、教育改造、劳动改造等各项活动的正常开展，确保罪犯在井然有序的改造环境中得以行为矫治、思想转变和技能提升。

3. 高效。美国管理学家德鲁克认为："管理是一种以绩效责任为基础的专业职能。"确保监狱现场管理活动高效运行。提升管理效率的有效途径就是采用先进的管理方法和手段，包括管理的智能化、数字化应用，如智能监控、智能报警、智能通讯、智慧点名、机器人巡检等智能安防技术。为了实现高效化现场管理目标，如下口诀要牢记："常规制度手册化，制度严密简捷化；制度强调反复化，制度执行强制化。日常工作程式化，关键流程标准化；工作流程要固化，改变流程决议化。现场管理专业化，岗位说明清晰化；专项培训经常化，刻苦训练实战化；管理区域责任化，各大现场定置化；隐患排查常态化，检查考核及时化。"

三、工作任务实施

（一）工作情景描述

监狱综合督查组组长民警 A 和组员民警 B，今日上午的督查重点是深入罪犯活动的各大现场，查找现场管理中的监管漏洞。

7：00 准时到达罪犯出工现场，查各分监区带班民警是否按 3 名民警成"U"字形的要求站位、队列是否严整、番号是否洪亮、改造歌曲是否响彻、步伐是否整齐，并逐一进行队列打分排名。

7：30 到达罪犯生活区，对各分监区监舍管理进行检查。检查的重点是监舍小门有无上锁、留监罪犯是否按规定集中管理、无人现场是否将日光灯等照明设施及时关闭。

8：30 到达接见现场，检查接见室执勤民警的在岗履职情况，检查零星接见罪犯是否按要求进行审批，接见亲属是否履行正常的手续，接见现场有无罪犯和亲属违规用方言进行电话交流。

9：30 到达监狱医院，检查零星就诊罪犯的现场管理情况。检查有无罪犯单独行动和脱管。检查各分监区零星就诊罪犯有无交叉、交流和进行违禁品交易。

10：00 到达罪犯大伙房现场，检查做饭炒菜现场有无民警管理，检查菜品储存室管理情况，有无罪犯单独行动。

10：30 到达罪犯劳动习艺场所，检查各单位劳动现场民警警力配置、巡查、点名、劳动工具管理、外来跟单的民警贴身跟管等情况，抽查罪犯三人连包小组成员掌握情况以及动态三人连包有无及时更新。

11：30 到达监舍区与生产区之间的监狱大门，对罪犯收工现场进行检查。

从上述监狱综合督查组组长民警 A 和组员民警 B 的半天督查剪影，你是否对监狱的罪犯活动现场有了一个较为清晰地认识？对现场管理的重点是否有了一个大致的了解？

（二）工作任务目标

1. 熟知现场管理的概念和基本构成要素。

2. 对监狱罪犯活动的各大现场有一个基本的认识。

3. 知晓监狱罪犯现场管理所要达至的三个基本目标。

（三）工作流程与活动

活动 1：任务确立（课前自学）。

活动 2：问题解答——对工作任务导入的第 1~3 个问题和工作情境描述的问题作答。

活动 3：评价与总结——教师评价和行业专家现场指导。

项目二 现场管理的基本要求

一、工作任务导入

1. 现场警力有哪些基本的要求？

2. 现场有哪些基本的岗位设置？其履职要求有哪些？

3. 如何加强现场管理过程中的各类重要信息采集？

4. 重要时间节点的现场管理与日常现场管理有何区别？

5. 执勤民警应该如何做好现场管理中的自我保护？

6. 执勤民警应该熟悉并掌握现场管理中哪些常规通用动作？

二、知识准备

（一）现场警力要求

司法部、省监狱管理局都对罪犯各大现场的警力作出最低限度要求。劳动现场的警力要求最高，重大节日的现场警力要求增加，一级、二级安保期间的现场警力要求基本上要在总警力的1/3以上。各监狱单位会根据不同的时间节点提出不同的现场管理警力要求。分监区民警一日工作现场警力配置表是某监狱对大监区所属分监区罪犯正常出工日的现场警力配置要求：

分监区民警一日工作现场警力配置表

班次安排	第一班次（上午班）		第二班次（下午班）	
工作时段	6：20-13：30		13：30-21：00	
分时段	6：20-7：30	7：30-13：30	13：30-17：30	17：30-21：00
现场警力数	3	3+3	3+3	3
警力合计数	3	6	6	3

说明：第一班次的3+3指早间罪犯生活现场管理3名民警加上白天罪犯劳动习艺现场上班3名民警；第二班次的3+3指白天罪犯劳动习艺现场上班3名民警加上晚间罪犯生活现场管理3名民警。

（二）现场岗位设置与履职要求

不同的现场有不同的现场岗位设置，不同的监狱对现场岗位的设置也各不相同，但大体相似。岗位配置一般依据现场警力要求情况而定，具有灵活性。监区、分监区还可以根据任务需要和警力配置情况，增设机动岗位。每个岗位都有明确的岗位职责，各岗位之间根据管理需要形成联动，以确保各大现场管理无空档。现场管理一般实行值日警长总负责制，值日警长原则上由分监区领导担任。各大现场管理民警应佩戴上岗证和岗位标志。

罪犯生活现场和出收工途中配置 3 名民警，分设 A、B、C 岗。罪犯劳动现场根据场地和分监区警力状况配置 4~6 名民警，配置 4 名民警的，分设 A、B、C、D 岗；配置 5 名民警的，分设 A、B、C、C1、D 岗；配置 6 名民警的，分设 A、B、C、C1、D、D1 岗。罪犯劳动现场，根据场地情况设 2~3 个固定执勤点，分别为执勤点一、执勤点二、执勤点三，一般都设置固定的开放式执勤台或警务台。

1. 早值班罪犯生活现场管理民警的各岗位职责。

A 岗：履行值日警长职责，对现场安全和秩序负总责；负责检查督促执勤民警履行职守；负责现场犯情收集、处置和移交，牵头处置各类突发事件；负责各项安全防控措施制度的落实和检查；负责罪犯改造情况日记载的落实；负责现场巡查，协助 C 岗做好人数清点工作；负责罪犯起床、洗漱、就餐及打扫卫生现场的组织管理，维护现场秩序；负责出工罪犯和留监罪犯的联号安排；负责罪犯出工组织管理。

B 岗：负责分监区钥匙的领取、保管和下一阶段的钥匙保管和交接，其他民警根据需要领用并负责使用期间的保管；负责楼层门的开启和上锁，对罪犯进出楼层门的情况进行登记，并对楼层门管理负第一责任；负责警务室监控管理；负责督促护监及时清点人数，并与 C 岗人数清点情况进行核对；负责出工人数、留监人数、零星流动罪犯人数的核查；负责罪犯服药管理；负责与监内集中管理责任民警进行犯情及人员交接；负责早管理值班记录；协助 A 岗共同做好出工前搜身检查及出工组织管理工作；完成 A 岗安排的其他工作任务。

C 岗：负责罪犯监舍、储藏室及晒衣间门的开启与上锁；负责罪犯起床、洗漱、就餐及打扫卫生现场的组织管理，维护现场秩序；负责现场巡查和罪犯人数清点工作；协助 A 岗做好犯情收集处置工作；负责零星流动罪犯的带管；负责监内安全防护设施的检查；协助 A 岗共同做好出工前搜身检查及出工组织管理工作；完成 A 岗安排的其他工作任务。

2. 晚值班罪犯生活现场管理民警的各岗位职责。

A 岗：履行值日警长职责，对现场安全和秩序负总责；负责检查督促执勤民警履行职守；负责现场犯情收集、分析、处置、汇报和移交工作，牵头处置各类突发事件；负责各项安全防控措施制度的落实和检查；负责罪犯改造情况日记载的落实；负责现场巡查，协助 C 岗做好人数清点工作；负责罪犯就餐、学习、文体活动、洗漱现场的组织管理，督促检查罪犯按时就寝，维护现场秩序。

B岗：负责与上一时段保管钥匙的民警进行钥匙交接承担本管理时段的钥匙保管，其他民警根据需要领用并负责使用期间的保管；负责楼层门的开启和上锁，对罪犯进出楼层门的情况进行登记，并对楼层门管理负第一责任；负责警务室监控管理；负责督促护监及时清点人数，并与C岗人数清点情况进行核对；负责零星流动罪犯人数的核查；负责罪犯服药管理；负责晚值班管理的值班记录；完成A岗安排的其他工作任务。

C岗：负责罪犯监舍、储藏室及晒衣间门的开启与上锁；负责罪犯就餐、学习、文体活动、洗漱现场的组织管理，督促检查罪犯按时就寝，维护现场秩序；负责现场巡查和罪犯人数清点工作；协助A岗做好犯情收集处置工作；负责零星流动罪犯的带管；负责监内安全防护设施的检查；完成A岗安排的其他工作任务。

3. 罪犯劳动习艺现场管理民警的各岗位职责。

A岗：履行值日警长职责，对现场安全、秩序和各项任务完成负总责；负责现场警力调配，检查督促执勤民警履行职守；负责现场犯情收集、分析、处置、通报和移交工作，牵头处置各类突发事件；负责生产任务的分解和落实；负责现场巡查，检查各项制度和安全防控措施的落实，检查生产进度和质量情况；负责组织罪犯做工间操；负责罪犯劳动时段日记载考核的落实；负责罪犯搜身检查、讲评及收工的组织管理；负责与下一生产班次A岗民警及晚值班管理A岗民警交接犯情及工作。

B岗：负责执勤点一的坐岗管理。B岗为大门口固定岗，必须确保工作时间始终在岗，因上厕所等确需暂离岗位的，必须报告A岗，待落实顶岗警力后方可离开；负责劳动现场的监控管理；负责劳动现场总人数的登记、把控，督促监督岗按时清点人数，随时做到人数清、责任明，并负责在规定的时间段用对讲机向指挥中心报告出工人数；负责劳动现场门口进出人员的登记和把关；因门口把控不严，导致罪犯脱逃或人数不清的，承担第一位责任；负责生产区门禁钥匙的保管，其他民警根据需要领用并负责使用期间的保管；负责劳动现场管理情况记录；负责罪犯服药管理；与A岗民警共同做好罪犯搜身检查及收工的组织管理工作；完成A岗安排的其他任务。

C岗：负责罪犯人数清点工作及劳动现场内部罪犯流动情况的检查，并与B岗做好核对；负责罪犯联号包夹制度的落实与检查；负责顽危犯、重点犯管控措施落实情况的检查；负责罪犯固定劳动工具上链情况和使用情况的检查；与A岗民警共同做好罪犯搜身检查及收工的组织管理工作；负责罪犯收工人数的登记和销号；完成A岗安排的其他任务。

C1岗：与C岗一起负责现场巡查，相互呼应，分工负责；负责生产进度、生产质量、生产任务完成情况的检查；负责重点部位、重点物品、警戒设施管理情况的检查；负责安全生产制度落实情况的检查；负责劳动现场电源、消防等安全设施的检查；完成A岗安排的其他工作任务。无C1岗时，C1岗的工作职责由A岗承担。

D岗：负责劳动工具管理，做好劳动工具的发放、回收、清点、检查、登记等工作；负责外来人员和车辆带管；负责装卸现场的管理；负责零星流动罪犯的带管；协助A岗开展犯情处置和谈话教育工作；完成A岗安排的其他任务；无其他任务时，负责执勤点二的坐岗管理。

D1 岗：负责罪犯上厕所的组织、实施和秩序管理；负责外来人员及车辆管理；负责装卸现场的管理；负责零星流动罪犯的带管；完成 A 岗安排的其他工作任务；无其他任务时，负责执勤点三的坐岗管理。无 D1 岗时，D1 岗的工作职责由 D 岗或机动岗承担。

（三）现场管理中的信息收集

"狱情为基"的安防理念在现场管理中的具体体现就是执勤民警加强对各类有价值信息的收集。获取信息的渠道和载体包括罪犯会见、亲情电话回放、来往信件检查、个别谈话、日常观察、罪犯汇报（包括信息员汇报、耳目汇报等）、监控回放等。现场执勤民警收到有价值信息后，应在值班记录上摘录并在民警之间通报，并直接录入犯情动态分析系统。执勤民警收到可能引发监管安全事故的紧急信息时，应第一时间向监区值班长汇报，监区值班长要向监狱综合督查组组长汇报并按照"管理事务不过夜"的原则有效落实具体处置措施，及时消除安全隐患。

有价值狱情信息的范围包括罪犯中存在的违纪、违规、违法行为；罪犯中有预谋逃跑、行凶、闹监、暴乱、重大破坏、自杀或其他违法犯罪的行为；其他各类监管安全隐患，包括不安全的警戒设施；无人看管并未上锁的攀高物、车辆；劳动工具遗失；无主的违禁物品；外来可疑人员；在狱内违规进行摄影、摄像、拍照；激化的警囚矛盾、囚囚矛盾等。

（四）重要时间节点的现场管理

重要时间节点一般包括元旦、春节、清明节、五一节、端午节、中秋节、国庆节等中华传统节日，以及监狱所在地有重大安保活动需要启动二级或一级安保响应的特殊时间段。重要时间节点的现场管理要求更高，管理更严，现场管理的民警责任和压力更大，以确保重要时间节点的绝对安全。

重要时间节点的现场管理要点：

1. 明确民警到岗尽职，落实直接管理，加强现场巡查。警卫大队切实加强两道门的管理和夜间的巡查工作，及时报告异常情况。

2. 民警检查落实清点人数制度、监区门岗制度、"三不单独"制度、"三连号"制度、重点部位护监值班制度。

3. 执勤民警确保工作机、对讲机等通讯工具畅通。后勤部门确保警用车辆状况良好，以备突发事件急用。

4. 做好对"120"病犯和"310"重控罪犯的管控。及时掌握罪犯因节日而产生的情绪异常，及时做好教育疏导工作。

5. 夜间护监值班，实行双岗，换岗交接手续齐全、记录清晰，异常情况即时向分控平台监控民警电话汇报。负责分控平台监控的夜执勤民警应 1 小时对护监进行查岗。

6. 组织罪犯开展升国旗仪式、文体娱乐活动、安排亲情电话拨打、安排罪犯节日会见，加强现场监管、监听。合理安排节日期间罪犯就诊，突发疾病及时报告，迅速处置。

7. 安排好罪犯节日饮食，防止暴饮暴食，杜绝食用变质食品；保持内务卫生和环境卫生整洁；注意节日期间罪犯行为养成，注重文明礼貌。

8. 每日罪犯熄灯就寝前，值日警长向监狱指挥中心汇报当日情况。

（五）现场管理中的自我保护

危险无处不在，保护首当其冲。鉴于监狱各大现场的环境复杂、人员掺杂、工具众多等现实，执勤民警在现场管理过程中必须强化自我保护意识，防止遭受来自罪犯的不法侵害，造成不必要的、无谓的损伤和死亡威胁。

现场管理中民警的自我保护方法很多，择要如下：

1. 现场巡查时务必实行"双人制"和"双警联动巡查"，严禁执勤民警单独行动、单独执行任务。尤其是带领罪犯前往仓库、储物间、机修间、工具间、手术室等小间时，必须保证 2 名民警一同前往。

2. 执行临时性执勤任务时，务必有 2 名以上民警同行。包括执行少部分罪犯提前收工、零星罪犯倒垃圾、零星罪犯就医等任务。

3. 严格遵守带队民警的队列站位的规定。尤其是带领罪犯上下楼梯时，执勤民警务必在队尾，随时观测罪犯举止，以防罪犯袭警等事件的发生。夜间出警执行零星罪犯就医等任务时，更是要提高警惕，在罪犯身后随时观察其行为举止，严禁与罪犯并肩行进。

4. 在现场巡查时，应重点关注危险罪犯的行为举动，重点关注大剪刀等工具的链锁固定状况。

5. 为防止危险罪犯对民警的突然袭击，对危险罪犯进行搜身检查时，应责令罪犯双手扶墙成 30 度角站立，背朝民警；对罪犯进行个别谈话教育时，必须有铁栅栏等防护装置进行隔离，严禁无防护与罪犯面对面谈话。

6. 对新犯的人身物品检查时，做到人物分离检查。对人身进行搜查时，在 1 米开外责令罪犯脱光检查，双手抱头蹲下待检。

监狱工作是"坐镇火山口，面对老虎笼"。美国著名女作家杰西卡·米切福特说："监狱的罪犯和警卫之间好像处在交战的双方……"，这并非危言耸听。狱警与囚犯是一对永恒的矛盾，处于对立状态，甚至是敌对状态，这是监狱的属性和狱警的职责所决定的，也是囚犯的本质属性和抗拒意识所决定的。所以，囚犯主动的、自觉的、本能的对狱警有攻击性，这是不难解释的。维护监狱安全稳定，永远是监狱部门和监狱工作人员义不容辞的国家责任和社会责任。但如何确保监狱管理人员及监狱民警的人身安全也是我们不应忽视的问题。

中华人民共和国司法部与中国人民武警部队早在 2005 年的工作会议上指出，严峻的形势表明，监狱发生突发事件的危险必进一步增大，不能排除发生严重的脱逃事件，发生暴狱、劫狱事件，发生劫持人质、袭警、报复行凶事件，发生闹监、冲监事件的可能。

司法部主管监狱工作的陈训秋副部长早在 2008 年的全国监狱局长座谈会上指出，当前，监狱工作在总体上实现持续安全稳定的同时，也面临着押犯不断增多、监管改造压力增大以及经费、设施、警力不足等问题，一些地方、一些单位安全隐患大量存在，特别是极少数罪犯企图以袭警、劫持人质、行凶等形式强行脱逃的现实危险性增加，狱内安全稳定面临着严峻的考验。

有关罪犯脱逃、自杀、暴力（包括袭警）等潜在的安全危险，就像是悬在监狱工作人员头上的达摩克利斯之剑，成为我们的沉重负担。监狱的弱者也不一定是罪犯，强者也不完全是监狱民警。在错综复杂的执法环境中，在对监狱民警越来越多的权力限制中，监狱民警面对更多的无奈、被动和心理创伤，甚至是死亡威胁。

当下，监狱安全形势依然十分严峻。押犯成分构成日趋复杂，其中暴力犯罪、流窜犯罪、毒品犯罪、黑社会恶势力团伙犯罪、经济犯罪呈明显上升趋势，监狱袭警案件发生率持续上升。有资料表明：1980年1月至2004年底，司法行政系统因公牺牲人民警察共计843人；1996年~2000年，监狱民警在执法过程中牺牲的就有169人，因公伤残的达919人。监狱袭警事件频繁发生对监狱工作造成了严重影响。

监狱民警从穿上警服那一天起，就被"封闭"在高墙之内，与"魔鬼"打起了交道。这就注定了我们将自己的一切，乃至生命交给了祖国和人民。但是，我们依然要减少不必要甚至是无谓的牺牲。

狱内袭警的类型包括越狱袭警、报复袭警、激情袭警、强奸袭警等。狱内罪犯袭警具有6个特点：一是暴力性，行为的残忍性、疯狂性；二是预谋性，周密的计划；三是目的性，有明确的目的，如脱逃；四是突发性，对执勤警察而言具有突发性质；五是传染性，对其他罪犯的负面影响乃至传染；六是严重性，危害性的严重，严重冲击监狱秩序与安全。

罪犯袭警大部分源于三种动机：一是抗拒，二是报复，三是越狱。抗拒——向狱警示威，发泄不满，行为具有挑衅性；报复——用攻击狱警人身的方式实施报复；越狱——将阻碍其越狱的狱警解决掉，顺利越狱。

（荷）冯客说过："监狱和犯人之间关系微妙，任何一方出现问题都会使双方陷入一种危险之中。"中央司法警官学院夏宗素教授的问卷调查表明：中国狱警认为执法环境良好的只占17.5%，较好的占36.2%，较差的占45.9%；在执法和管教中，遭遇罪犯抗拒的占58.7%，被罪犯造谣诽谤的占22.2%，被威胁报复的占18.4%，被侮辱的占13.8%，被罪犯殴打过的有32人。

形形色色的罪犯纷乱复杂，任何人都不能保证自己不被罪犯攻击和伤害，因而执勤民警的自我保护意识必须增强。以下10条是狱内袭警案件的防范对策：

1. 加强自我防范，保持安全距离。时刻有自我保护意识，眼观六路耳听八方，要耳聪目明，有"狗"一样的鼻子。

2. 关注危险罪犯，及时评估危险。及时进行动态危险性评估和分析。

3. 管控危险物品，严控违禁物品。强化危险物品、违禁物品管控，使危险罪犯"手无寸铁"。

4. 净化改造环境，创造适宜氛围。净化罪犯改造环境，创造好的改造氛围，民警受到攻击、伤害时，能有罪犯站出来帮助和保护民警。

5. 化解警囚矛盾，及时隔离调出。及时化解警囚矛盾，化解不了的要及时控制好罪犯，可以调离防范、可以隔离防范。

6. 处事公平公正，正确评价罪犯。民警处事要公平，不要戴着有色眼镜对待罪犯，不要在其他罪犯面前议论别的罪犯。

7. 尊重罪犯人权，避免侵权发生。时刻尊重罪犯基本的人权，减少侵权行为。

8. 发挥狱侦作用，教育改造为本。向狱侦工作（耳目）要安全、向教育改造要安全方向发展。

9. 遇袭沉着冷静，避免无谓牺牲。遇到袭警事件，要冷静、沉着，等待救援，千万不要盲目自信，在刀枪面前千万不要轻率行动。

10. 提升身体素能，学会一招毙敌。（此条宜慎重，一般不推荐使用）强化日常训练，尤其是逼真化演练擒拿与反擒拿，直到成为条件反射。

（六）现场管理中的常规通用动作

1. 巡查与点名。现场巡查是各大现场管理通行的动作。佩戴单警装备"双警联动"巡查是各大现场管理对值班民警的最基本要求。现场巡查的目的是确保各大现场的安全有序，确保监狱各项刑罚执行活动的正常开展。民警在巡查过程中不仅要"眼观六路，耳听八方"，而且要在第一时间发现或捕捉到现场的异常情况，并对异常情况及时进行有效处置。各大现场都必须保证至少有2名执勤民警在巡回检查，做到重点巡查与一般巡查相结合、定时巡查与不定时巡查相结合，确保巡查无盲区、无死角。

在所有对罪犯的现场管理工作中，罪犯人数管理看起来是小事，但从监管安全高度看是大事，是丝毫不能出差错的，如若出了差错，就有可发生重大监管安全事件。因此，在现场管理过程中加强对人数管理，是确保监管安全的重中之重。加强各大现场的人数管理，重要而繁琐的工作就是人数清点。

点名有早点名、晚点名、活动中点名，包括集中点名和分散逐个点名。执勤民警现场巡查点名，一般1小时进行1次，同时要对护监或监督岗的每半小时1次的点名进行检查、核对。民警根据罪犯花名册逐个点名，认真细致地清点罪犯，计算现场的总人数，并做好点名登记工作。清点人数时，应分清在册人数、实际在押人数。在押人数应分清住院人数、留监人数和出工人数，并明确这三部分人数的去向与地点，对此都应记录在案。在这个环节，应明确点名是由哪位民警主持点名、记载和登记罪犯人数的，以便发生问题时的溯源调查。

2. 搜身与清监。对罪犯人身的搜查是现场管理中安全防范的重点内容和常规动作，也是安全检查工作的一个重要环节。无论是危险品、违禁物品、控制物品，还是各种作案工具，大都是通过罪犯人身进行携带或罪犯自身加以藏匿的，对罪犯进行人身检查可以对罪犯实施有效的控制。

组织罪犯从事劳动改造的各项活动结束后，在组织罪犯集队回监舍前，应对罪犯进行"人工与仪器检查相结合"方式的搜身检查，过安检门安检，以防止罪犯把工具、刀具、绳索、现金、香烟等违禁品带入监舍，以从事违法乱纪活动，影响并威胁监狱安全稳定工作。常态化罪犯人身检查机制须做到"人人安检、罪犯互检、重点罪犯必检、民警随机抽检"，以确保罪犯"身无分文、身无寸铁、身无寸绳"。在对罪犯进行搜身时，应抓好以下几项工作：

第一，加强组织管理。把罪犯有秩序地带到指定的地方，列队站好，向罪犯宣布搜身纪律，以等待民警对其进行搜身检查。

第二，应认真搜身检查。对罪犯搜身检查，应由民警亲自动手，包括手持金属探测器探测和徒手搜身。不得由罪犯代为行使，不得简单行事，不得草草了事，应认真、仔细，不放过任何一名罪犯，不放过任何一个环节，应人人过关，每个人都应搜索、检查。

第三，建立罪犯搜身管理制度与台帐。把搜身的目的、意义和作用，搜身的方法与原则、措施，搜身的程序和结果，搜出违禁品的处理，以及搜身台帐的建立，都用制度形式加以规定，以保证搜身工作的规范化建设。

第四，违禁品的处理。在搜身时，一旦搜出违禁品和不应带入监舍内的物品时，应进一步针对当事罪犯，做好后续调查处置工作，包括对当事罪犯进行询问，做好询问笔录，了解私带违禁品的思想意图及其目的，彻底摸清罪犯的思想动向，有针对性地做好防控工作，以防止事故的发生。

清监是监狱现场管理中的重要环节和手段，清监是确保监狱安全稳定的重要执法活动，目的是杜绝各类违禁物品、违规物品在各大现场的存在，杜绝罪犯私藏危险品，清监要达到的目标是违禁品、违规品、危险品等"两违一危"物品"带入无渠道、流通无途径、私藏无场所、私用无时间"。

清监的重点是检查监舍内有无易燃、易爆、剧毒和放射性物品，有无凶器、棍棒、绳索、绝缘手套、绝缘鞋靴等危险物品，有无淫秽书刊或有碍改造的书籍，有无罪犯私藏现金及其他非生活必需品。

清监应当定期清监和不定期清监相结合，常规清监和突击清监相结合，普通检查与重点抽查相结合，以确保清监的全方位、全时空进行，确保全面清、全员清，不留死角、不留盲区，将监管安全隐患消除在萌芽和初始状态。

坚持开展定点清查，做到"五必查"，即重点区域必查、重点时段必查、重点人员必查、出入车辆必查、遇疑必查。定点清查的重点对象、重点部位包括危险罪犯、顽危犯、事务犯、装卸工、护理犯以及储物间、机修间、仓库、医务室、教学楼、阅览室等。定点清查讲究精确性和针对性，精确打击违规违纪罪犯。

清监落实"谁检查、谁负责"制度。完善清监情况记录，明确责任主体，推行清查责任倒追究机制，强化民警责任。对查获的"两违一危"物品应逐一进行登记在册，做到"三个不放过"原则，即"原因不查清不放过、源头不查清不放过、责任不追究不放过"，坚持"有案必查，有违必惩，惩防并举，标本兼治"。责任追究以及整改要做到"见人见事见责"，形成闭环管理，形成"两违一危"物品清查管控的长效机制。

分监区每周、监区每半月、监狱每月清监一次。遇重大节日、重大活动加大清监频次和力度。

3. 罪犯联号监督制度检查。监狱应全面落实罪犯联号制度，严格罪犯睡觉铺位、学习座位、队列站位、劳动岗位的"四固定"和不单独学习、不单独劳动、不单独活动的"三不单独"制度，切实发挥联号包夹监督作用。现场巡查民警检查罪犯联号监督制度的落实情况，是现场管理的一项例行动作。尤其是要检查静态的三人连包名单与动态的三人连包名单中所有连包成员的去向，检查每一个连包成员是否知晓当日的现场其他连包成员的名单与去向，有没有真正落实"同进同出同行"。同时，对未遵守联号监督制度、未履行联号监督职责的人员追究责任。

4. 监狱要害部位、隐蔽部位和危险品的严控。监狱的要害部位是指监狱的重要的监管警戒设施和需要重点防卫的其他部位。监狱的要害部位一般包括监门、围墙、岗楼、警戒隔离地带、禁闭室、接见室、警务室、重要物资库房、变电所、锅炉房、机修间、电工间等。鉴于安全考虑，目前许多监狱的机修、电工工作交由监狱的职工负责或外包，锅炉房供水供气也改成狱外蒸汽供应和大伙房供水。所以大部分监狱取消了锅炉房、机修间、电工间等，大大降低了安全风险。现场管理要重点对监狱要害部位进行巡查与管控，严格防止这些要害部位被罪犯利用或破坏。

监狱应加强功能用房等隐蔽部位的管理。隐蔽部位极易被罪犯利用于脱逃准备或自杀，也是罪犯狱内非法聚集、进行地下非法交易和其他违纪违规、违法犯罪的高发地带，因而隐蔽部位历来是监狱现场管理和事故防范的重点场所。储物间、晒衣间、机修间、仓库、医务室、阅览室、洗衣房等各类功能用房必须进行通透化改造，罪犯进入各类功能性用房必须由民警带领并加强现场管理，使用完毕后应立即上锁，不得由罪犯掌握锁具钥匙。民警定时开启和关闭监舍区的晒衣间、储物间、阅览室、厕所、洗漱间等门锁，开放期间安排护监对现场进行监督管理。

执勤民警应加强对内部危险物品的严格管控。因监狱生产、建筑施工及罪犯生活等原因确需进入监管区的危险物品，应严格按照规定集中妥善管理和保存，切实加强危险物品的发放、使用、回收、清点、保管、报废等环节的严格管控，实行专警负责。严禁罪犯保管一切危险物品。

易燃、易爆、有毒物品，必须由民警亲自在场监督使用，做到定时限量使用，有剩余部分要及时收回；废旧危险物品实行回收登记处理制度。统一设置《危险物品清单》《危险物品报废、回收登记本》。

明确民警的直接管理制度。建立"每日清查，每周清理、每月统计"制度，即每天由一名民警负责当日一切危险品的领发检查，收工前进行一次清查；每周要对废旧危险物品进行一次清除，交监狱生产管理科集中处理，防止因保管不善造成安全隐患；每月对本监区内存有的一切危险物品进行一次数量统计，其中要注明本月内报废多少、消耗多少、增加多少，分管民警要向监区主要领导报告当月本监区内存有的危险物品的名称、数量、来源、用途、分布等情况。所有存放危险物品的仓库钥匙由民警亲自管理，不得交于罪犯保管；危险物品管理监区应指定专职民警负责，原则上指定由管教员、狱侦员担任，每日出工监区还应临时指定一名民警，为当日危险物品管理负责人，一般由当日主值勤民警担任，负责危险物品的领发、清点、检查、回收等工作。

加强和完善医院（卫生所）的医疗器材和羊毛衫钩针、服装和箱包的缝纫机针的管理，使这些无法编号、更换报废率高的配件和器械，在实行专用柜和专用箱（包）的管理基础上，进一步规范以旧换新，定时清点的管理模式，以杜绝这些危险物品的流失。

5. 各类工具的严格管控。各大现场都可能会使用各类工具，尤其是罪犯的劳动习艺现场是劳动工具使用最多、最频繁的场所，应是工具严控的重点，其他场所的工具使用仿效劳动习艺场所工具管控的原则和方法。在实践工作中，针对近年来监狱组织罪犯从事服装、箱包、票夹等劳动改造活动，劳动工具品种多、数量大、管理难度大的特点，总结出了一整套劳动工具管理办法。

以精细化管理理念为指导，全面深化劳动工具规范统一管理意识。在精细化管理理念指导下，经过精心策划，提出了精细分类新举措，将劳动工具分为锋利型、尖锐型、钝器型、其他型，并依次用 A、B、C、D 等英文字母作为代号进行等级区分，同时根据每一类型的不同工具再细分，如 A 类工具中的剪刀分别为 A1、A2 依次类推。在对工具分类的基础上，实行精确定位管理，对每种劳动工具按"工具类别+工具编号"的方法实行统一编号，做到工具管理定人、定时、定位，以落实到岗、落实到人、落实到每道工序，从而进一步增强劳动工具管理的有效性，提高劳动工具规范化管理程度。

以"四项"要求为起点，全面提高劳动工具规范统一管理力度。劳动工具管理中存在的问题，一是有相当数量的劳动工具，固定链条牵制不够牢固，长度过长，达不到防范事故的要求。二是有的劳动工具，数量多，流动性大，分布厂区、监区，不容易控制与管理。三是有的劳动工具，用途不大，但分量重，危险性大。四是有不少劳动工具，头尖，刀刃锋利，用途不广，但潜在的危险性大。五是在日常管理中，由于使用人员数量不清，使用时间不明，常常发生劳动工具遗失现象。为此，提出劳动工具管理的"四项"要求：即"分量再轻一点、数量再少一点、牵制再短一点、尖（刃）头再平一点"，并结合"宜小不宜大，宜少不宜多"的原则，对劳动工具的数量、用途、规格、品种进行重新清理与核定，经过清理与核定，克服了过去劳动工具过多、过杂的现象，消除了劳动工具管理难、难管到位的漏洞，进一步强化了劳动工具规范化管理的力度。

以"六个统一"为手段，全面加强劳动工具统一规范化管理的程度。从事劳务加工的罪犯人数多、规模大，劳动工具的品种、数量多，使用管理工作难度大，存在着监管漏洞与隐患，时刻威胁着监管安全。应对劳动工具使用、管理情况、工具品种与数量分布以及管理中的重点、难点问题进行全面梳理，认真研究。按照科学实用易操作的原则，提出了

"六个统一"的劳动工具管理模式,即"统一工具名称、统一工具规格、统一工具数量、统一工具编号、统一牵制长度、统一管理台帐"。根据"六个"统一的总体管理模式,建立专用柜管理制度,即在劳动生产区域设置"劳动工具危险物品专用柜"。把所有具有流动性和修理的、备用的、临时领用的工具集中于"专用柜",钥匙一律由民警保管,专用柜统一摆放在民警执勤台旁,统一柜内每层摆放工具的名称,统一工具摆放的位置,统一工具标签、名称、字体、格式,统一台帐样式,统一每格内工具的清单和每件工具流动、备用的编号,实现流动劳动工具和危险物品专人管理和规范统一管理,确保流动工具、危险物品由民警直接掌握使用,实现对劳动工具全天候监控,做到一件都不能少、一件都不能漏、一件都不能丢,把每一件劳动工具都纳入了规范化管理的范围,为确保监狱安全稳定打下扎实的基础。

以"二项"制度为始终,建立劳动工具规范统一管理长效机制。劳动工具管理是一个动态的过程,在日常管理活动中,容易出现"抓一阵,查一阵,好一阵"的现象。制定并实施《劳动工具配置制度》《劳动工具管理规范》等"二项"制度,以规范管理劳动工具。

第一,以制度进一步完善劳动工具入库、领用、报废登记管理程序。程序应明确规定:严禁未经民警检查就入库,严禁未入库就直接发放给罪犯使用;废旧配件实行回收登记处理制度,实施"以旧换新"制度,当场收回的废旧工具及配件,应及时存放在专用的废旧品回收箱内,发放新的工具或配件时应及时登记和编号,做到事前有审批;罪犯生活中使用的刀具锐器等劳动工具,应建立登记卡片,指定专人保管,并采取相应的防范措施,生产工具不准带入生活监区;确因机修等生产需要使用的流动工具,在民警的监管下,实行工具箱(包)专人管理,用完后及时收回,放在专用柜保管;监狱统一设置《劳动工具清单》《劳动工具报废、回收登记本》《劳动工具补充领用登记本》《劳动工具登记本》,使各类工具的数量、使用情况一目了然,报废和补充二帐相符,每日流动工具的动态要做到心中有数。

第二,明确民警的直接管理制度。建立"每日清查、每周清理、每月统计"制度,即每天由1名民警负责当日一切工具、配件的领发检查,收工前进行一次清查,每周要对配件等进行一次清除,交监狱生产管理科集中处理,防止因保管不善造成安全隐患,每月对本监区内存有的配件进行一次数量统计,其中要注明本月内报废多少、消耗多少、增加多少。

第三,完善检查、监督机制。明确管理责任,强化劳动现场事务犯每半小时进行一次工具清点,民警每2个小时清点一次,收工前必须清点,并签名以便责任倒追。加强对劳动工具、危险物品使用环节的重点监控,及时排查安全隐患,督促监区加强预防措施,提高安全防范工作的针对性和实效性。规定监区每周进行一次全面的检查和整改,监狱业务部门每月定期和不定期进行检查和督查,并把检查督查情况列入单位考核。

现场管理民警应熟知如下劳动工具管理流程规范:

（1）罪犯出工到位后，责任民警查阅非固定工具登记台账，清点核对非固定工具数量。

（2）责任民警统一将非固定工具发放到各机修工，劳动小组确需使用非固定工具的，由小组长报告、领用，并做好登记。

（3）责任民警每小时对工具上链使用和安全情况进行一次检查，对使用完毕的非固定工具应及时回收。

（4）打铃收工时，由责任民警回收非固定工具，清点登记。

（5）责任民警将非固定工具存放于指定工具柜并上锁。

（6）牢记"三个统一""两个严禁"，即统一保管、统一发放、统一回收；严禁罪犯私藏工具，严禁罪犯将劳动工具带入监舍。

6. 对车辆和货物装卸现场的严格管理。严格落实"一车一警两监督"制度，车辆进出监管区必须由带管民警全程带领、全程监管，杜绝罪犯与外来车辆私自接触。对外来车辆的检查，执勤民警重点检查车辆发动机是否熄火、点火钥匙是否拔出、车头是否朝里、车窗车门是否关紧、方向盘是否上了"龙头锁"、车轮胎是否加锁"破胎器"、外来驾驶员是否在固定位置休息。带管民警亲自收管车辆钥匙，对驾驶员全程监管。

应加强封闭式物流仓储区（货物装卸现场）管理，对货物装卸现场的管理重点检查管理制度落实情况，检查有无罪犯无证登高作业、监督岗是否按规定站位、是否有无关罪犯逗留装卸现场等。货物装卸完毕后，现场管理民警应清点核查罪犯人数，确认无误后将罪犯有序带回监管区域。

车辆装卸作业完毕后，带管民警应认真细致、全面彻底地进行安全检查，绝对确保没有罪犯隐藏于车内、车底或其他安全隐患。

车辆装卸货物后应立即带离监管区。所有外来车辆应于收工前30分钟离开监管区域，确因赶货装运需要延迟的，需将罪犯集合清点人数无误后收监，收监后再将车辆带离监管区，严禁民警同时进行带车和集合回监。

三、工作任务实施

（一）工作情境描述

2004年4月26日20时45分许，浙江省第L监狱六监区罪犯王某（男，汉族，1984年2月出生，初中文化，甘肃兰州人，故意杀人罪，死缓，2003年7月9日入监）在收工列队回监舍途中，以汇报思想为由，穿过队列，接近管教民警应某，从后面用左手扼住民警应某的脖子，右手用磨尖的锉刀顶住应某的脖子，劫持人质，企图脱逃。后被应某、民警邵某以及其他一起收工的罪犯制服。

经查明：罪犯王某在2004年3月中旬，收到父母亲的来信后，遂对改造失去信心，开始考虑通过劫持民警实施脱逃。调入六监区后，经过观察发现中班出收工从不进行人身检查，且从4月10日起，每晚20点30分都有零星收工回监，人数较少。4月19日晚王某将生产用的锉刀在砂轮机磨尖，套进自制的铁套，放在裤子后口袋中。4月20日把缝制枕头和捆棉絮用的 2 根绳子和磨好的锉刀一起携带在身上。计划 4 月 23 日实施劫持人质，因当时未达到收工人数请不出假遂放弃。4 月 25 日王某将自己的班与他犯调换至 4 月 26 日，4 月 26 日早上王某将他犯电子表藏在身上。

2004 年 12 月 21 日，罪犯王某因犯绑架罪被判处有期徒刑 10 年，剥夺政治权利 1 年，并处罚金 2000 元。判决生效后，经最高人民法院核准，执行死刑。

1. 从以上案例中分析劳动现场管理、队列现场管理中的监管漏洞。

2. 民警应当在队列行进过程中如何做好自我保护？

3. 收工集合时应该如何对罪犯尤其是危险罪犯进行全面搜身？

（二）工作任务目标

1. 熟悉带队民警的基本站位。

2. 熟知现场管理中的自我保护常识。

3. 掌握对罪犯进行搜身的基本工作要求。

（三）工作流程与活动

活动 1：任务确立（课前自学）。

活动 2：问题解答——对工作任务导入问题的 1~6 和工作情境描述问题作答。

活动 3：评价与总结——教师评价和行业专家现场指导。

项目三　各大现场的具体管理

一、工作任务导入

1. 罪犯生活现场管理有哪些要点？
2. 罪犯出收工应着重把握好哪几个环节的工作？
3. 罪犯劳动习艺现场的管理内容有哪些？
4. 罪犯学习现场的管理需要注意哪些事项？

二、知识准备

（一）罪犯生活现场管理

罪犯的生活现场，是指罪犯休息、用餐、洗漱等组成的活动范围场所。一般是在监舍小围墙范围内，在劳动生产区域里，劳动间休息、中午用餐等情况下，也视为罪犯的生活现场。罪犯虽然在监舍内活动，有严密的防逃、防事故的安全警戒设施设备，但是在管理活动中，也是不能放松的。

1. 小组点名管理。监区或分监区的最小单元是小组，对小组管理得好坏与否，直接关系到整个监区或分监区的安全。因此，对小组管理最基本的做法，就是从抓好对小组罪犯点名管理。对小组罪犯的点名，过去由罪犯小组长实施。在依法直接管理条件下，罪犯的点名现在由民警直接实施。对小组罪犯的点名管理，分为：收工后回到小组时的点名、熄灯前的点名、"三课"学习后回监的点名等。对小组罪犯的各个环节都进行点名，其主要作用是：其一，便于管理，保证罪犯人数准确、齐全；其二，防止罪犯窜组、窜队，强化对罪犯的管理；其三，防止重大监管事故的发生，确保监管改造秩序的安全。因此，加强对小组罪犯的点名管理是十分重要的。

2. 小组定置管理。小组定置管理主要是对小组罪犯的定位和罪犯个人物品的定置管理，还包括用餐、卫生、洗漱、出操等管理。小组罪犯定置管理，包括对罪犯床位固定、凳子、毛巾、杯子、棉被等物品的固定管理。正所谓物品摆放管理六条线：即，凳子摆放一条线、棉被折叠摆放一条线、毛巾悬挂一条线、茶杯摆放一条线、鞋子摆放一条线、牙杯摆放一条线。

3. 洗漱管理。洗漱管理主要有三个时段组成：一是早晨起床后的洗漱；二是晚上收工回监的洗漱；三是就寝前的洗漱。罪犯在洗漱时，值班民警应到岗尽责，直接管理，同时，民警可以安排事务犯，协助民警维持洗漱秩序。

特别要注意的几个环节：①冬天的早晨，因天气冷易结冰，造成地面滑，为此，要加强防滑措施，防止罪犯洗漱时摔倒；②目前监区（分监区）押犯人数一般都在250人左右，人数多，而洗漱间一般不大，在洗漱时罪犯比较拥挤。为此，值班民警要加强现场管理，维持秩序，以防止罪犯争吵、推拉、打架等行为发生；③现在洗漱间地面一般都是铺地砖的，表面比较光滑，一旦遇水就更加滑了，为此，应在地砖表面铺上防滑网，以防止罪犯在洗漱过程中摔倒、摔跤而造成人身伤害。

4. 卫生间管理。罪犯卫生间的管理，是罪犯生活现场管理的重要组成部分之一。罪犯卫生间的管理，主要抓好这样几个环节：①指定罪犯专人负责，打扫卫生间的卫生，使卫生间达到无异味、无污垢、无堵塞；②指定专人看管，因卫生间不被人重视，极个别罪犯会利用这一"有利"场所，从事违规违纪活动，有的甚至在卫生间实施脱逃、自杀和重新犯罪行为。因此，指定专人看管卫生间，实行人防也是十分重要的；③安装监控设施，加强技防。罪犯卫生间，是监管安全的死角与隐患，利用监控设施，对卫生间进行监控，是防范监管事故发生的有效手段。

5. 就餐管理。罪犯就餐前，罪犯小组长应清点小组罪犯的人数。对罪犯就餐管理，一般应做好以下几项工作：①小组罪犯应在指定的地点与位置就餐，不得伙吃伙喝；②分菜、分饭应有秩序地进行，不准争先恐后；③就餐应在统一规定的时间内进行。在就餐过程中，分菜要公平、基本均衡，不得多吃多占。

6. 监舍管理。监舍管理必须规范，对监舍统一编号，按照顺序对监舍统一编号，以便于对罪犯的管理。在监舍的门旁统一悬挂门牌，并在门牌上按照罪犯床位的顺序写上罪犯的姓名，其序号与床位的序号相对应。罪犯小组序号应与监舍序号相一致，以便于对罪犯的统一管理工作。

7. 储藏间管理。监舍内设置储藏间，是为了存放罪犯的生活用品，包括棉被、衣物和其他杂用物品。为此，应建立物品登记花名册，把罪犯个人所有的物品登记在册，以便于管理；设立物品存放架，分门别类，统一编号，统一存放，统一领用，使物品摆放整齐划一；建立仓库管理制度，指定专人负责管理，钥匙应由民警统一保管。

（二）罪犯劳动现场管理

罪犯劳动现场管理，是有效防止罪犯脱逃等重大事故发生的重要管理措施。劳动现场管理制度、方法与方式很多，但无论哪项制度、方法和措施都是十分重要的，不可或缺的。

1. 出收工管理。出收工管理是组织罪犯劳动改造活动的必修课。出收工管理是劳动改造工作中十分重要的环节，能否组织好罪犯的出收工，对于确保安全具有重要的作用。在组织劳动改造活动的实践中，大量的事实表明，如果组织不好罪犯的出收工，极容易导致罪犯趁出收工之机实施脱逃、私带违禁品等违法违规违纪行为。因此，在现场管理工作中，历来都十分重视罪犯出收工管理。

罪犯出收工应着重把握好如下几个环节的工作：

（1）人数清点无误。包括出工集合的人数清点和收工集合的人数清点，确保出工、收工人数相符。尤其是收工人数与出工人数不符时，须查明临时性人数变化的原因。做到"人数不点清，队列不行进"。

（2）常规搜身不忘。包括出工前搜身、收工集合搜身。必要时可在收工回监集合解散前进行二次搜身。

（3）点名讲评简洁。出收工集合点评，一般在出工到劳动习艺场所时和收工集合时进行。队前点评应简单明了，切忌拖泥带水浪费时间。

（4）队列行进严整。队伍行进途中确保精神振奋、步伐整齐、动作规范、番号响亮，改造歌曲高亢嘹亮。同时严格控制与其他单位的队列距离。

（5）民警站位规范。带队的3名民警应在队列的左右侧和队尾形成"U"字形站位。其余民警在队伍的最后压阵。

2. 现场点名。点名制度，通俗地讲，就是清点罪犯人数。对罪犯进行点名，是一项基础性的工作，是组织罪犯开始劳动的第一步，是每个民警首先面临且必须要做的最基本的工作。对罪犯点名，看起来十分简单，做起来也十分容易，但是它十分重要。正所谓"人数不点清不出工，人数不齐不走"，就是对罪犯点名的最基本要求。对罪犯的现场点名可分为出工前点名、劳动习艺现场点名和收工点名。

出工前点名。即在组织罪犯外出劳动之前对罪犯所进行的点名。出工前点名，一般在监内，在民警的统一指挥下，按小组序列、罪犯按床位顺序列队完毕后，根据罪犯花名册，对罪犯按顺序报名，罪犯必须叫"到"。全部完毕后，民警对出工的罪犯进行劳动前的点名教育，包括劳动纪律、劳动任务分配、劳动要求、劳动过程中应注意的事项等方面的教育后，最后由民警带领罪犯出工。出工前，民警应做好出工的人数登记工作，记录在案。

劳动习艺现场点名。最早，在劳动现场没有对罪犯进行点名的工作要求，随着押犯构成、监管改造形势的发展，以及对工作要求的不断提高，近年来监狱提出了劳动习艺现场点名的工作程序与要求。劳动习艺现场点名，有一个发展过程，最早是由事务犯对罪犯进行点名，发展到现在由民警点名。点名的间隔时间，由原来的每半个小时，发展到现在的15分钟。在劳动现场，加强对罪犯的点名工作，旨在防止罪犯离开劳动岗位，离开劳动区域，从而实施脱逃等行为。因此，劳动习艺现场点名，是确保劳动现场安全的重要手段。

收工点名。收工点名，是在组织罪犯劳动结束后，对一天或半天的劳动情况，进行点名讲评的活动。首先，在收工点名时要把人数清点好，做到"人数不齐不走、与出工人数不符合不走"；其次，对半天或一天的劳动情况进行简短地讲评，对好的给予肯定与表扬，指出差的或比较差的，并给予批评，同时提出希望和改进的建议；最后，由民警带领罪犯回监，一直带到监舍。总之，收工点名是确保一天劳动场所安全的最后一道工作程序，是民警履行工作职责的具体表现。当然，在这里还有一个十分重要的工作环节，就是在罪犯进入监舍前对其进行搜身。对罪犯进行搜身，主要检查罪犯身上是否藏有违禁品，违禁品包括劳动工具、现金、香烟以及未按规定所携带进监的信件等。对罪犯进行搜身，应由民警亲自负责、亲自动手，严禁由事务罪犯代替行事。搜身的方式方法，分为电子探测、人工检查两种，必须认真细致，人人过关，不放过任何一名罪犯，不放过任何一个环节。

在《监狱法》颁布实施前，无论是出工前、收工后，还是劳动期间，对罪犯点名是由事务犯负责的。出工前、收工后的集队和清点人数也是由事务犯负责的。出工、收工的行进过程中的带队，也是由事务犯负责带队回监舍的。民警只负责出工、收工过程中的警戒、管理工作。《监狱法》颁布实施后，实施依法治监，为严格对罪犯的直接管理工作，加强民警对罪犯的管理权、执法权，以彻底清除"拐棍"现象，罪犯集队、劳动习艺现场、出收工的罪犯人数的点名，全由民警具体负责，不准由事务犯代为行使。如发现由事务犯带领罪犯出收工、清点人数，就视为严重违犯监管改造制度。

因此，现在劳动现场对罪犯点名工作比以前要求更高、纪律更严了。民警必须做到直接清点罪犯人数、直接集队、亲自带队出收工、直接讲评、亲自搜身，应建立起出收工、清点罪犯人数的各种台帐，把民警组织罪犯出收工集队、点名、讲评，以及搜身等情况，如实、详细、准确地做好记载工作，以备日后检查。

3. 定置管理。《监管改造环境规范》第24条指出："罪犯生产区应遵循文明生产、安全生产和定置管理原则进行管理"。根据这些原则，劳动现场的定置管理，主要包括对民警的办公室、更衣室、道路与通道、劳动工具、岗位、人员和生产资料、产品、半成品和卫生间、污物箱等实行分类、分别定位定置管理。劳动现场的定置管理工作十分重要，是防止罪犯脱逃、行凶、自伤自残以及又犯罪等监管事故的发生的有效措施。

（1）劳动工具的定置管理。对劳动工具的定置管理，先要设立工具箱。罪犯从事劳动，每天需要用的劳动工具种类多、数量多、使用环节多，历来是定置管理工作的重中之重，是劳动定置管理的重点。对罪犯劳动工具管理，根据劳动的种类、性质、工种等，实施不同的管理方法。

人数与工具数量相符。这两者相符，应做到在出工时，有多少罪犯从事劳动，就发放多少工具；收工时，有多少罪犯，收上来的工具与罪犯数量相符。如收工上交的工具数量与罪犯人数不相符，人数多于工具数量，就说明工具管理工作存在着隐患。对此，要查原因，抓整改。

出箱数量与进箱数量相符。现在监狱对工具管理都有专人保管员，其职责就是保管好工具，发放好工具，收藏好工具，做好劳动工具发放、收回的登记工作。这实际是对罪犯使用劳动工具的监督环节。如发现工具数量不符，可以及时发现是哪个小组、哪个环节、哪个地方出了差错，可以及时发现是哪类工具、哪个工种所使用的工具出了差错。

固定工具数量与工具台账记载数量相符。除特殊工种外，目前罪犯所使用的轻型工具，都实行固定使用管理的办法，以确保安全。如从事服装加工劳动所需的剪刀，就随机固定有台式缝纫机上。对于固定的型号、数量、大小，都应登记在案，工具管理台帐应有详细、准确地记载，其登记、记载的数量、大小、型号、使用功能，应与实际所使用的位置相符。同时，专管工具人员，每天应对固定使用的工具进行检查，如发现实际使用工具数量，少于台账登记数，有可能在劳动过程中罪犯私藏了工具，或丢失了工具，一般情况下，丢失工具的可能性比较少，罪犯私藏工具的可能性比较大，为此，民警就必须彻底清查。如发现实际使用的工具数量，多于台账登记使用数量，则有可能罪犯私制了工具，这也是工具管理的严重隐患，民警更应进行认真细致检查。因此，只有做到固定工具数量与台账记载的数量相符，才是符合工具定置管理工作要求的，也是最安全的。

如统一编号。对所有劳动工具按照型号、大小统一编号，是工具管理实践经验总结出来的新方法。对劳动工具实行统一编号，首先对劳动工具进行分类，有按劳动工具功能分类，也有按劳动工具的用途分类，还有按劳动工具的型号和大小分类的。但不管根据哪种分类方法进行编号，都是为了便于对劳动工具的统一保管、使用、检查等管理工作。

（2）罪犯岗位管理。在组织罪犯劳动改造活动中，对罪犯实行的是定员、定岗、定位、定活动区域的"四定"定置管理方法。定员，是根据劳动工作量的大小、完成任务时间来确定参加劳动的罪犯的数量。一般情况下，一旦罪犯人数确定后，就不得随意变动，随意调动人数，随意改变劳动任务。如遇特殊情况，劳动岗位确需变动的，必须在民警的直接带领下，使罪犯安全到达新的劳动地点，并做好交接手续。定岗，罪犯的劳动岗位，必须有民警根据罪犯劳动技能、劳动能力等综合因素，把每个罪犯安排到适合的劳动岗位上。罪犯劳动岗位确定后，罪犯不得私自调换，不得窜岗，不得随意离开岗位，也就是说，一般情况下罪犯的劳动岗位是固定的。如需调动或改变罪犯的劳动岗位，必须由民警研究决定后，方可执行。定位、定活动区域，在一定的劳动区域内，罪犯从事劳动生产的位置是固定的，固定地段、固定场地，实行封闭式区域控制，包括人员、岗位位置的固定，三人同行小组或互监小组的位置固定，出收工集队的位置固定。

总之，在劳动现场，对罪犯实行定员、定岗、定位的定置管理，是防止罪犯脱逃、行凶、自伤自残等行为发生的有效措施和重要手段。对罪犯实行定置管理工作中，重点要落实的工作包括三人连包小组制度必须坚决落实；改变罪犯劳动岗位或移动罪犯位置时，必须有民警在现场落实直接管理制度；不准罪犯私自改变劳动岗位、位置，不得随意改变在一定范围内从事劳动的罪犯人数，如需变动，必须得到民警的同意。

（3）劳动要素的管理。对各种劳动要素实行定置管理，就是对各种原材料、半成品和成品等实行的分类编号摆放，做到数目清楚，整齐划一，规范有序。因劳动要素数量大、品种类型多、进出变换快、管理难度大，所以，在实行定置管理中，应遵循如下原则：

第一，按照文明生产的要求，实行文明管理的原则。对劳动生产区的卫生间、更衣室、工具箱和保管室，以及劳动生产的机器设备与设施，按规定做好清理、擦洗工作，使劳动生产区域的环境始终保持整洁，使劳动生产区域成为文明生产、文明改造罪犯的重要场所。

第二，按照劳动生产区消防安全、监管安全的要求，实行安全管理的原则。确保劳动生产区的消防、监管安全，防止各种事故的发生，对各种生产资料、成品和半成品以及易燃、易爆和有毒物品要分类存放，使生产区的道路畅通，民警巡查的视线清晰，严禁消防通道堵塞。在生产区应配备齐全、完好的防火、防爆、防毒和防暑降温设备，对易燃、易爆和有毒物品，加封加密，并指定民警专管。

第三，按照规范生产的要求，实行规范管理的原则。对所有成品、半成品和各种原材料，在生产区的摆放应划分指定区域、合理布局、定位摆放、规范有序，分类标识、数目清楚，整齐划一。

（三）罪犯学习现场管理

对罪犯学习现场的管理，主要是对罪犯的思想教育、文化、技术教育现场的管理。一般情况下，教育现场分布于教学楼、监区（分监区）的活动室等场所。因对罪犯的教育是按罪犯的文化程度、学习内容等进行编班的，所以在管理上有一定的难度。

1. 制定教育管理制度。教育现场的管理制度主要包括《思想文化技术教育管理制度》《教学现场管理制度》《班主任管理制度》《班子管理制度》等，除此之外还有《课桌椅管理制度》《教员管理制度》《罪犯考试考场管理制度》。

2. 课前管理工作。课前管理工作分为课前点名和课前人数统计。课前点名由两部分组成：一是由监区（分监区）统一集队，对全监区（分监区）罪犯进行点名。集合点名完毕后，由监区（分监区）民警带领，把罪犯带到教学楼或教室。到教学楼或教室后，把罪犯人数告诉教师或教员，做好登记工作和交接手续。二是由教师或教员，对所在班子前来上课的罪犯进行点名与统计，填写好到课罪犯统计表后，由教师或教员交与教务室，由教务管理人员对前来上课的罪犯进行统计，得出上课罪犯的总人数。

课前罪犯上课人数统计，包括两项工作内容：一是对各监区（分监区）前来上课的所有罪犯人数进行统计，得出上课总人数；二是由根据班主任或教师或教员对所在班子罪犯进行点名后，根据所报告的人数进行统计，得出所有班子罪犯上课的总人数。如果前面两者总人数一致，则表明应来上课的罪犯全部到齐，说明应到课的人数与实际人数相吻合；如不一致，是实际到课人数少于应到课的人数，则说明监区（分监区）还有罪犯没来上课，则需要迅速地查明原因，是否还有罪犯留在监舍，是否有罪犯另有其他事项，是否有罪犯因病或其他原因而请假。如没有其他事项，或因病请假，则罪犯肯定还在监舍。这时，就应迅速对监区（分监区）监舍进行全面检查，找到没来上课的罪犯。找到后则对罪犯进行讯问，必须查明原因。

3. 教学现场巡查。由班主任或值勤民警，对所有教学现场进行巡查。其主要职责有：一是对各个班子的教学情况进行检查、察看，监督检查各班子的教学工作是否正常进行；二是处理发生的问题，在教学过程中，如有罪犯出现违规违纪行为，应由值勤民警负责处理；三是教学活动结束后，由值勤民警对各个教室进行检查，检查教室电源是否切断、门是否关闭、是否还有罪犯留在教室。总之，对教学现场进行巡查，是维护教学秩序的需要，更是确保监狱安全的需要。

4. 教学结束后管理。罪犯上课结束后，应集队点名由监区（分监区）民警统一带回监舍。由监区（分监区）民警统一集队，听到下课铃声后，各监区（分监区）的罪犯应到指定地点集合，不得窜队。由监区（分监区）民警负责清点人数，对罪犯进行点名。经点名清点人数，如与上课时带来的人数相致，方可带回；如少于上课时带来的人数，则要查明罪犯的姓名、所在的班子。这时，监区（分监区）带队民警一方面要及时把集队完毕的罪犯带回监舍，另一方面要组织民警或班主任或教学点值勤民警对教学现场、教室进行检查，查明罪犯的去向和原因，直到查清、找到罪犯为止。最后由监区（分监区）民警负责，把上课的罪犯全部带回监舍。带回监舍后，监区值勤民警应做好搜身、台帐登记等工作。

（四）其他现场的管理

在监管改造中，罪犯集体活动是非常多的，一般包括：组织罪犯开大会、看电影电视、开展文体活动与集体教育等。罪犯集体活动人数多、规模大，组织难度也大，因此，如何加强对这些活动的管理，就成为监管改造罪犯活动中的一个难题。

根据罪犯集体活动的性质确定管理原则与方法。组织罪犯开展集体活动，从性质上分为文体娱乐活动、大会教育活动、大型的集结活动。根据罪犯集体活动的性质不同，而采取不同的管理方式。

1. 罪犯集体文化娱乐活动的现场管理。组织罪犯开展文化娱乐活动，一般在室内的大会堂里，主要组织罪犯进行文艺会演、唱歌比赛、演讲会等大型活动，人数多、时间长、组织难度大。针对这些活动，要做好充分的准备。其一，开展之前制定好活动的计划，包括参加罪犯的人数，活动的时间安排，进出场的顺序、组织纪律等。其二，罪犯应由民警带队，提前进场，清点好罪犯人数，把罪犯带到指定的地点。在进场之前，对罪犯进行教育，宣布会场纪律，要求罪犯听从指挥，遵守秩序。其三，加强现场管理，按各单位分场就座，单位与单位之间留出一定的间距，一位民警坐在一个单位罪犯的左侧负责管理。其四，加强现场的警戒，安排民警在现场进行巡逻、检查和督查。其五，活动结束后，按一定顺序，由民警将罪犯带回分监区，到了分监区后由民警清点罪犯人数，是否与参加的罪犯人数相符，如发现人数缺少，则立即进行检查，同时向上级领导报告，直到人数查清为止。

2. 罪犯集体体育活动的现场管理。罪犯体育活动一般包括还有田径、球类、棋类、拔河等体育活动。参与人数多的体育活动，一般是在室外，参与的罪犯人数比较多，管理的难度大。一些小型的如象棋、乒乓球等体育活动一般在室内进行。无论是室内还是室外的集体体育活动，都应加强管理与教育。①针对不同的体育活动内容，制定罪犯参加体育活动的制度，包括纪律、活动的规则与管理规则。②加强现场管理，在罪犯体育活动现场，民警管理要到位，不得脱管。③加强安全教育与管理，在体育活动过程中，若发生罪犯身体受到损伤，应迅速给予救治，切不可放任不管。所以，在体育活动现场应安排医务民警在场。④加强警戒管理，安排民警在体育活动的现场巡回检查，查罪犯人数，查罪犯活动范围，查罪犯活动纪律，若发现罪犯异常行为，应加强检查，查明情况，加强对罪犯的控制。

3. 大型集体教育活动的现场管理。对罪犯开展大型的集体教育活动，现在主要有日常的集体大会教育、遇到大事对罪犯进行动员教育、评比竞赛活动动员教育等。这些教育活动，一般是以监区为单位，由监狱统一安排、统一时间、统一内容。为此，①由监狱制定集体教育计划，包括集体教育的时间、内容与步骤、纪律与要求、目的意义。②监区根据监狱统一制发的教育动员报告内容，由监区领导主持教育会议，分管领导作动员报告，对罪犯进行集体教育。③结合监区的实际情况，在监狱制定的教育计划要求，制定出监区的集体教育计划，以体现监区教育的特色。④集体动员教育后，应密切关注犯情、狱情和敌情，做动态跟踪工作，发现情况，及时处理。⑤做好总结工作，整个集体教育结束后，以分监区、监区为单位，做好总结工作。分监区的总结报告给监区，监区总结报告给监狱，一级对一级负责。

4. 罪犯大型集结活动的现场管理。对罪犯进行的大型集结活动，包括集体调动、监舍搬迁、罪犯调遣等活动。为了确保安全稳定，一般采用调遣罪犯的现场管理办法进行。

为确保调遣工作的安全稳定，完成上级交给的光荣而艰巨的任务，各级领导和监狱民警高度重视，动用一切资源，想尽一切办法，开动脑筋，全力以赴地投入到罪犯调遣工作之中，确保调遣工作任务的顺利完成。全体民警做到精心准备、周密安排、严密警戒、正确指挥、注意保密，确保调遣行动万无一失。

监狱应成立罪犯调遣行动领导小组和调遣指挥部，由监狱政委、监狱长任组长，副政委、分管改造的副监狱长任副组长，成员为其他监狱领导、武警、狱政支队长等组成。分管改造的副监狱长兼任前线指挥部总指挥，狱政支队长等担任副总指挥。前线指挥部下设调遣大队、调遣中队和工作组。

（1）调遣大队、调遣中队的职责。主要负责调遣罪犯集中后的管理教育，顽危犯的排摸及控制措施的落实，调遣罪犯的路途押解等工作。明确调遣大队的带队领导，任命大队长、教导员。为便于开展工作，调遣大队成立临时党支部，任命支部书记、副书记。明确调遣中队的带队领导、中队长、指导员。

（2）管理联络组。主要负责调遣工作的安排、协调。调遣对象的审查、造册，警戒、通讯装备的准备，协同政工部门确定调遣行动民警，与驻监检察室和驻监武警通报情况。

（3）宣传教育组。主要负责调遣罪犯面上的宣传教育稳定工作。做好整个调遣过程中监狱其他罪犯的宣传教育工作。负责调遣行动的总结工作。

（4）后勤保障组。主要负责调遣罪犯个人帐目、财产清理和移交。罪犯行李打包及押运。民警、罪犯衣食住以及押解车辆的安排和安全性能检查。

（5）会见管理组。主要负责会见现场的管理和亲情电话的监听记录工作，及时了解罪犯对调遣行动的反映并协助调遣中队做好罪犯亲属的教育疏导工作。

（6）警戒值班组。主要负责调遣罪犯集中前小组和周围安全隐患检查，调遣罪犯集中后的安全警戒。

（7）应急处置组。主要负责监狱集结途中和省内集中当天，由监狱至省内集结地途中的押解和警戒。

调遣罪犯的现场管理遵循"两严"原则。一是严格管理。罪犯集中后，各工作小组及调遣中队要严格按调遣行动时间安排表开展工作，不得延误。对重大情况要及时报告，及时解决。对涉及调犯事项，有关单位不得以任何借口拖延不办，以确保行动顺利完成。二是严密防范。针对行动特点和难点，认真制定相应的纪律和制度，切实做好安全防范工作。对重点罪犯进行重点包夹，开展针对性教育，实行 24 小时监控。监狱集中后和统一调遣前分别对罪犯的人身、物品进行一次认真、全面地清查，收缴一切危险品、违禁品。集中和调遣途中罪犯不得下车。同时，对监狱面上的监管安全工作也不得有丝毫松懈，要合理调整警力，加大监管工作力度，确保遣送特别任务和日常监管工作的"双安全"。

对于调遣的罪犯要遵循"管理从严、生活从优"的原则，适当改善伙食，防止各类疾病。对生活比较困难的罪犯，应适当发送食品或日用品，以稳定情绪。

整个调遣期间，要加强有关单位及各工作组之间的协调，紧密配合，形成合力。全体参战民警一切行动听指挥，确保政令绝对畅通。同时，要严格警容风纪，注重文明礼貌，自觉保持良好形象，严格保密制度，严守行动秘密。

5. 罪犯外出现场管理。罪犯外出最多的是因病需要到社会医院进行治疗。随着社会帮教工作的深入发展，罪犯特许探亲也将越来越多。

（1）配足警力，加强人防。按 1∶3 的比例配备民警，即一名罪犯外出看病，应安排 3 名警力，其中两名民警负责对罪犯的直接控制，一名民警负责行进的线路和指挥。如果罪犯外出看病，到医院后，应由两名民警直接控制，一名民警负责给罪犯挂号、领路。

（2）加强警戒，重视物防。人防固然重要，物防也是保障。罪犯外出的物防，主要是利用警戒具，控制罪犯的行为活动，给罪犯的行为活动制造障碍与不便，从而达到防范目的。物防就是在罪犯外出之际，一般情况下在其行进的途中，对罪犯加戴手铐，对那些顽固不化、抗拒改造的罪犯，不仅要戴手铐，而且要戴脚镣，以控制罪犯的行为。这里应注意一点，如病犯外出看病，也应加强警戒控制，要克服麻痹思想，提高警惕，不要因病犯不会逃、逃不掉而掉以轻心。

（3）加强请示报告，明确外出信息。建立罪犯外出请示报告制度，罪犯外出前，应向主管业务部门请示，经审核批准同意后，方可外出。无论是外出罪犯人多还是人少，都要向业务主管部门进行报告。罪犯外出后，应始终保持信息畅通，负责民警应将途中情况、做事情况、准备返回的时间以及回监情况，都应向业务部门及时报告。始终保持与监狱业管主管部门的信息沟通与报告，以便发生意外情况时，监狱能及时采取应对措施。

（4）制定制度，确保安全。用制度管理是依法治监的具体表现。罪犯外出虽然少，但管理得好坏与否，直接关系到监狱安全稳定，因此，为规范罪犯外出管理工作，应制定《罪犯外出管理制度》，把罪犯外出人数与警力的配备、警戒具使用、管理措施、人防措施和报告制度等作出明确的规定，以加强罪犯外出管理工作的制度化、规范化。

6. 罪犯高戒备管理和禁闭室的现场管理。禁闭室管理包括日常管理和对罪犯禁闭的管理，禁闭室的日常管理，主要是对禁闭室的设施进行检查、维修管理，对禁闭室内的监控设施进行调试、检修管理。对罪犯禁闭的管理，主要是一旦有对罪犯实施禁闭的，应安排民警 24 小时对禁闭进行监控与管理。这里所讲的禁闭室管理，主要是对罪犯实施禁闭后的管理。

（1）明确禁闭室管理的职责。对罪犯实施禁闭，主要是因罪犯在改造过程中严重违反监规纪律需受到警告、记过等处理，或有可能违法犯罪，或发现罪犯有余罪，或有其他行为需要对罪犯实施禁闭的。正因如此，禁闭室责任大、风险大，对禁闭室的管理是十分重要的。因此，对罪犯实施禁闭的管理，首要且必须明确民警管理的职责与责任，管理的要求与管理的内容，管理制度与管理职责应规范化，并要求上墙，民警牢记于心，行于管理。

（2）明确禁闭室管理的程序。作为管理禁闭室的民警，对罪犯实施禁闭的程序与步骤一定要清楚。①明确对罪犯实施禁闭的原因、事件，明确罪犯的基本情况，以便加强对禁闭罪犯的管理与教育。②明确对罪犯禁闭的期限，一般对罪犯禁闭最少是 7 天，最长不得超过 15 天。在期限届满后，还需要禁闭的应重新提出禁闭呈批报告。③加强对禁闭罪犯的管理、监控与教育。罪犯在禁闭期间，负责禁闭室管理的民警应负责对罪犯的教育、监控工作，并做好情况的记载、登记工作。④做好对禁闭室管理的台帐工作，包括对罪犯基本情况的登记、禁闭期限的记载，禁闭期间的情况记载，以及罪犯结束禁闭后应告知的情况。

（3）明确对罪犯禁闭管理的注意事项。对罪犯进行禁闭是政策性、法律性都十分严肃的工作，因此，应依照禁闭管理的制度，严格加强管理。①对罪犯实施禁闭，使罪犯行为受到严格的限制，因此，要严而有度，应在法律制度范围内，严格加强对罪犯的管理。②对禁闭罪犯的合法权益应给予保障，保证禁闭罪犯的人身权利不受损害，包括对禁闭罪犯的生活卫生、身体健康。③进入罪犯禁闭室应根据规定，由 2 名民警同时进入，切不可一个民警擅自进入禁闭室，以避免意外事件发生。

现场管理

三、工作任务实施

（一）工作情境描述

民警 A 早上 5∶30 起床洗漱，5∶50 赶到单位食堂吃早餐，6∶05 过监狱大门安检进入监管区。6∶15 准时到达分监区警务室，在钥匙柜中拿出"一锁通"打开所有罪犯监舍小门。和民警 B 一起组织罪犯有序洗漱、上厕所。6∶30 组织罪犯集合点名，尔后组织罪犯就餐。6∶45 组织罪犯出工。7∶00 民警 A 和另 2 名民警一起按照要求组织罪犯集合、点名、搜身，并将队列带出罪犯生活区。队列行进过程中，步伐整齐、番号响亮、改造歌曲响彻云霄。7∶10 队伍到达劳动习艺场所 X 车间门口，照例进行整队、点名和搜身，并进行 3 分钟的队前点评，简短布置当日劳动任务及要求。7∶15 罪犯劳动岗位就位。民警 A 今日是上午班，下午 1∶30 下班，今天劳动现场的执勤任务是现场巡查和点名。民警 A 和民警 C 检查并佩戴好单警装备，一起"双警联动式"劳动现场"无死角、无盲区"巡查，并及时处理劳动现场发生的各类情况。9∶30 组织罪犯工间操，民警 A 和民警 C 在队伍前面领操。工间操结束后，民警 A 负责组织并管理各罪犯小组依照顺序如厕。11∶30 民警 A 和另 2 名民警一起按照《罪犯收工管理流程规范》组织罪犯收工回监吃中饭。12∶30 民警 A 和另 2 名民警一起将出工队伍带至劳动车间，现场巡查至 13∶15 与下午班民警进行工作交接。13∶30 民警 A 完成一天的执勤任务下班。13∶40 刷卡刷脸过监狱大门的 2 道滚闸后在更衣室换上便装驾车回家。工作机运动健康栏显示，今天民警 A 行走了 38 000 步，相当于 22.8 公里（按照每步 60 公分计算）。

这是基层分监区民警最普通的一日执勤情境描述。从中你得到什么有益的启示？对这种年复一年、日复一日简单枯燥、不断重复的执勤生涯，你是否已经做好了充分的心理准备和知识储备？

（二）工作任务目标

1. 熟知罪犯生活、劳动和学习现场的管理重点。

2. 熟悉除三大现场外的其他罪犯活动现场的管理要求。

3. 学以致用，在实训中提升现场管理能力。

（三）工作流程与活动

活动 1：任务确立（课前自学）。

活动 2：问题解答——对工作任务导入问题的 1~4 和工作情境描述的问题作答。

活动 3：项目实训——罪犯劳动现场管理实训。

附实训大纲：将学生分成监狱带班民警、监狱大门管理民警、武警、现场管理执勤民警等若干小组，完成一日带班执勤过程。按以下流程进行实训：

（1）带班民警 6∶30 到达罪犯监舍，6∶50 集合队伍、清点人数、搜身；

（2）7∶00 指挥队列到监狱大门内警戒线立定；

（3）门卫民警开启大门放行；

（4）带班民警按"U"字形站位，指挥队列，喊番号、唱队列行进改造歌曲，到达劳动习艺现场。整队、搜身，队前讲评并布置劳动任务，交代注意事项，布置劳动现场警戒；

（5）劳动现场巡查、点名、工具发放和回收、跟单师傅贴身跟管、组织工间操、组织罪犯上厕所、零星外出带管等，及时处理劳动现场发生的各类问题；

（6）11：30收工集合队伍，清点人数，对罪犯进行人身检查，将罪犯带回监舍；

（7）12：30按照早上带班模式带领罪犯出工至劳动习艺现场，相同方式进行现场管理；

（8）17：30收工集合队伍，清点人数，对当天劳动情况进行简短讲评，然后对罪犯进行人身检查，将罪犯带回监舍；

（9）将罪犯带回监舍集合、点名、搜身检查，队伍解散后及时办理值班交接手续。

活动4：评价与总结——教师评价和监狱实务专家作现场指导。

项目四　现场警戒具的使用

一、工作任务导入

1. 监狱通常的警械装备有哪些？

2. 现场警戒具有哪些使用规范？

3. 如何规范佩戴单警装备？

二、知识准备

警械装备，是指监狱人民警察为有效执行刑罚，确保监狱安全而配备的各种警用械具。主要包括警棍、警笛、催泪弹、高压水枪、特种防暴枪、手铐、脚镣、警绳、辣椒水喷射器等警用器械。警械一般可分为驱逐性警械、制服性警械和约束性警械。监狱最常用的警械是警棍、手铐、脚镣、辣椒水喷射器等。警棍、辣椒水喷射器属于驱逐性与制服性警械。手铐、脚镣、约束带和警绳属于约束性警械。

警戒具是指监狱执勤民警按规定装备和使用的警械。警笛、警棍等一般称为警具；手铐、脚镣、警绳等一般称为戒具，狱内使用的戒具仅限于手铐、脚镣。不准使用土制戒具，不准将戒具当作刑具使用。

执勤民警在各大现场使用警械时，必须严格遵守《人民警察使用警械和武器条例》和《监狱法》第三节关于戒具和武器的使用规定以及司法部 2008 年公布的《监狱人民警察警用装备配备标准（试行）》。因监狱的特殊环境和押犯的复杂情况，目前规定枪支等武器一律不得带入监狱监管区内，因而关于武器的使用本项目不再作详细介绍，可参考相关的法律法规之规定。

使用警械，应当以制止违法犯罪行为，尽量减少人员伤亡、财产损失为原则。使用警械前，应当命令在场无关人员躲避；在场无关人员应当服从人民警察的命令，避免受到伤害或者其他损失。

执勤民警违法使用警械，造成不应有的人员伤亡、财产损失，构成犯罪的，依法追究刑事责任；尚不构成犯罪的，依法给予行政处分；对受到伤亡或者财产损失的人员，由该人民警察所属机关依照《国家赔偿法》的有关规定给予赔偿。

（一）现场警戒具使用规范

现场警戒具的使用应遵循依法使用、程序使用、禁止过度使用、安全使用等原则，在具体的使用过程中民警要有专门的法律知识、职业的使用常识、熟练的基本技术和应用技能，同时，日常要接受专门的培训与实战演练。

1. 警棍和催泪喷射器的使用范围。遇有下列情形之一，经警告无效的，可以当场使用警棍或催泪喷射器：

（1）罪犯打架斗殴，寻衅滋事，需要及时制止的；

（2）罪犯聚众哄闹，扰乱正常监管秩序的；

（3）罪犯破坏监管设施、劳动设备的；

（4）罪犯超越警戒线和规定区域，脱离监管擅自行动的；

（5）罪犯以暴力方法抗拒或者阻碍监狱人民警察依法履行职责的；

（6）罪犯袭击监狱人民警察或者其他监狱工作人员的；

（7）法律法规规定的其他情形。

使用警棍或催泪喷射器应当以制止违法犯罪行为为限度；当违法犯罪行为得到制止时，应当立即停止使用。使用警棍或催泪喷射器时，应牢记罪犯的违法行为必须是"正在发生的"，即"现实危险存在之时"。当违法行为停止后，应立即停止使用警棍或催泪喷射器。警棍或催泪喷射器不得作为对罪犯的处罚措施使用。

2. 手铐、脚镣等戒具的使用范围。遇到有下列情形之一的，可以使用手铐、脚镣等戒具：

（1）罪犯正在押解途中的。包括执行离监就医、特许离监、调犯等押解任务的。

（2）罪犯有脱逃行为的。

（3）罪犯有使用暴力行为的。

（4）罪犯有其他危险行为需要采取防范措施的。包括有迹象表明罪犯可能暴狱、闹狱和行凶、自杀、自伤、自残的，或者需要防止其继续实施上述行为的。

使用手铐、脚镣后，除前款第1项规定的情形外，应当立即补办审批手续。

脚镣的使用方法：命令罪犯坐下，两腿伸直，将脚镣分别戴在罪犯两脚踝上方，扣死扣紧。

除暴力袭警、暴力越狱犯外，一般情况下，在监狱内只能使用前拷的方法，同时注意将手铐用钥匙锁紧，防止未扣紧造成松动，并造成挣扎罪犯的双手伤残。后拷（背拷）、单手拷、夹物拷、拇指拷、抱腿拷、侧臂联手拷等其他方法仅在押解罪犯或追捕罪犯时使用，根据具体情况使用。对使用戒具的罪犯，使用前应进行身体检查，严禁对老弱病残犯使用戒具。

3. 警绳的使用范围。监狱人民警察在执勤中，遇下列情形之一的，可以使用警绳约束罪犯行为：

（1）监狱人民警察在追捕并抓获脱逃罪犯时。

（2）罪犯正在押解途中的，可以与手铐结合使用押解绳；执行秘密押解任务时可使用腰手绳。

（3）有法律法规规定可以使用警绳的其他情形的，如狱内罪犯又犯罪被执行死刑时，可使用执行绳。

注意：遇有罪犯可能脱逃、行凶、自杀、自伤或者有其他危险行为的，可以使用手铐、脚镣等约束性警械；手铐、脚镣和警绳使用的上述情形消失后，应停止使用。使用手铐、脚镣、警绳等警械，不得故意造成人身伤害。根据法律规定，在监狱内一律不准对罪犯使用警绳。

4. 警笛的使用范围。警笛，即警哨。用它发出连续短促哨音，当需要呼唤正在执勤的其他民警共同行动时，笛声吹出连续短促音。警笛也能对警告目标起到一定的驱散效果。

遇有下列情形之一的，民警应吹鸣警笛：

（1）民警遭受攻击、袭击的；

（2）罪犯有各种危险行为急需制止的；

（3）罪犯群体情绪激动，事态难以控制的；

（4）其他紧急状态或需要救援的情况。

此外，警笛可用于呼唤武警、监狱人民警察共同制止狱内罪犯的犯罪行为时以及需要动员群众协助追捕正在逃跑的罪犯时。

民警外出执行追捕逃犯等任务时，应将警笛装在上衣左口袋内，用27厘米长的白尼龙绳系在衣袋的纽扣上。

5. 其他警具的使用范围。

（1）对讲机。监狱内部设置频道，用于监狱内部的通信联络及报警。

（2）工作机。即警务通，系通联及查验装备，主要用于核查人员信息、监狱警察内部通联。工作机设有报警功能，须24小时开机，保持24小时的即时通联。

（3）辣椒水。即警用防暴辣椒水喷射器，系催泪喷射器的一种，可用于快速应对个别罪犯的危险行为。辣椒水喷射器作为新武器，不会造成人身永久性伤害和痕迹，在无严重治安危害、治安对象一时无法控制的情况下使用，能迅速控制局面。内容物是高纯度辣椒提取素（OC），无毒无后遗症，非催泪瓦斯，绝不是违禁品。辣椒水喷射器现已成为不少地方监狱民警的标配装备之一，但在使用中要严格使用条件，防止滥用。严禁辣椒水与电警棍同时使用，防止烧伤事件的发生。

（4）警用约束带。系地方规定使用的警械具，主要用于罪犯情绪狂躁，无故损坏物品或追逐、殴打其他罪犯，或者有自伤自残等严重威胁行为等被加戴手铐或脚镣仍无法制止的情形。

（5）催泪弹。即一种用催泪瓦斯制成的防暴警械。它能够释放出大量瓦斯气体使人双目流泪而暂时失明，可用以对付大规模罪犯暴动，以便监狱人民警察伺机予以制服。

（6）催泪枪。与催泪弹具有同样功能的另一种警械是催泪枪。它由储药瓶、输药管和枪体三部分组成。装入催泪药后，催泪药能使暴动罪犯眼睛流泪，视线模糊，喘气困难，失去反抗能力。

（7）特种防暴枪。即一种与普通枪支无异而使用特种子弹，如橡皮弹、木栓弹、麻醉弹、声爆弹等非致命性软质弹药的防暴械具。可供监狱人民警察制服实施暴乱的罪犯头目或危险分子来使用。催泪弹、催泪枪、特种防暴枪属于武器范围。

（8）高压水枪。即一种用气压原理制成的高性能扬水警械。它主要用于罪犯群体强行冲越监区警戒线、袭击监狱人民警察和聚众暴动，不听劝阻、制止时予以喷射，是制服罪犯的理想械具。

（9）特种音响报警器。即特种车装备之一，用它发出双音转换调式紧急调频调，可为驾车执行公务的监狱人民警察向有关方面报警提供方便，对防范目标也具有一定的驱逐效果。安装特种音响报警器或红色回转警灯的警车在奉命执行公务时，其他车辆应当避让。

6. 使用警戒具的审批。使用警戒具应当事先填写《申请使用警戒具审批表》，报监区主管领导审批后方可使用。紧急情况下可以先使用，事后及时补办有关手续。特别是警棍、催泪喷射器的使用情形都常常具有突发性、急迫性，来不及在使用前办理手续。使用警棍后，及时填写《使用警棍报告表》，报批、备案。

7. 警戒具的使用要求和注意事项。对罪犯不得同时使用手铐、脚镣（死刑待批或等待执行死刑、押解途中的罪犯除外），严禁戴背铐。对老、病、残犯禁止使用手铐、脚镣；对女犯除个别特殊情况外，也不得使用。凡加戴手铐、脚镣的罪犯均不得再出工劳动，防止再次发生危险。

使用手铐、脚镣等戒具的时限，根据罪犯的危险行为是否消失予以确定，一般为7天至15天。在此期间经过工作，仍不能消除危险的，应再办理延长手续，除死刑待批执行罪犯、专案审查对象除外最多延长7天。纯属押解需要而加戴戒具的，到达目的地后应立即解除。

使用警戒具应当以制止罪犯违法犯罪行为为限度，尽量避免对罪犯造成伤害。对于制服性警械，罪犯违法违规行为得到制止的，应当立即停止使用；造成罪犯身体伤害的，应当及时予以救治。使用催泪喷射器的，制服罪犯后应当及时进行清洁。对罪犯使用警戒具后，民警必须抓紧对其进行教育，促使罪犯认罪认错，当危险行为消除时，应立即解除戒具。

8. 警戒具的管理。警戒具应落实专人专柜（或专库）保管。警棍、手铐、脚镣、催泪喷射器等现已成为一些监狱每个基层值班民警的标配，下班后警戒具要及时收入专柜。对警戒具应当及时保养和维护，确保警戒具性能良好和正常使用。根据工作需要和可能，监狱应配备一定数量的催泪弹（或催泪枪）、高压水枪和特种防暴枪，由防暴队统一保管，统一使用。

（二）单警装备的规范佩戴

单警装备是监狱民警在执勤、执法等任务中所配备的个人基本装备，它具有防护、约束、制服、杀伤、通讯等基本功能。单警装备是为执勤民警提供不同层级武力手段的重要依托和条件。司法部 2008 年 8 月 11 日公布的《监狱人民警察警用装备配备标准（试行）》中规定，监狱民警在监管现场应配备的单警装备包括自卫喷雾器、手铐、防割手套、警棍、强光手电、警哨、多功能腰带、警用水壶、手持对讲机/内部小灵通。

其中警棍、手铐、自卫喷雾器属于驱逐性、制服性、约束性装备；防割手套属于防护性装备；强光手电、警哨属于应急性装备；多功能腰带、警用水壶属于辅助性装备。

警棍包括电警棍、伸缩警棍、橡胶警棍、警拐（T 型警棍）等，监狱民警单警装备一般配备短电警棍。自卫喷雾器即催泪喷射器，一般配备辣椒水。防割手套即警用防割手套、警用抗针刺手套，属于特种警用装备，用于防划、防割、防刺，但不能防穿刺、劈砍、削切。警用强光手电具有暗夜条件下的搜索、照明、辅助镇暴制服、破窗救援等功能。多功能腰带具有集成装备、应急自卫的功能。

1. 单警装备的规范佩戴和使用方法。

（1）使用前检查警棍和强光手电筒等电量是否充足，电量不足应及时充电；检查自卫喷雾器是否在使用期限内，超过期限的应及时调换；检查手铐和钥匙是否配套齐全。

（2）检查多功能腰带上的装备是否按要求全部佩戴。以多功能腰带扣为准从左到右的顺序为手铐、自卫喷雾器、防割手套、警用水壶、警哨、警棍、强光手电筒。

（3）根据自身季节性腰围尺寸，调整好主腰带长短。佩戴时，先将主腰带固定好，不要太紧，保持松紧适中。

（4）将斜挂带与主腰带固定在一起。穿过左肩章，将斜挂带的扣环扣好。

（5）佩戴基本要求是"齐、好、牢、紧"，即装备齐全，配套可靠；扣好扣子，装备完好无损；腰带牢固，不阻碍运动；腰带扎紧后仅能容纳 2 个大拇指空间，所有配件挂件稳固于腰间。

（6）使用后要及时将单警装备放置于专用装备柜并上锁。

2. 执法记录仪规范佩戴和使用方法。目前，现场执勤民警除规范佩戴司法部规定的单警装备外，还应佩戴执法记录仪。执法记录仪是一种能够实时记录声音和视频的便携式电子设备，当前，执法记录仪已成为单警装备的标配，对于现场执法保全证据起到了越来越重要的作用。

执法记录仪又称警用执法记录仪、现场执法记录仪、单警执法视音频记录仪，属于特种警用装备。执法记录仪是民警执行公务时随身佩戴的集实时视音频摄录、照相和录影等功能于一体的取证技术装备。集数码摄像（录音录像）、数码照相、对讲送话、定位、存储功能于一身，同时可以通过 4G（或 5G）无线实时视频传输，能够对执法过程中进行动态、静态的现场情况数字化记录，便于民警在各种环境中执法使用。

通过提供有效的现场影像资料，可供民警办案取证。执法记录仪具有体积小、便于携带、待机时间长等功能。一般状态下，考虑到执法记录仪电池续航等因素，民警在现场巡查过程中执法记录仪处于关机状态，需要使用时随时打开。执法记录仪具有一键录像功能，在关机状态下按录像键2秒钟，执法记录仪就处于录像录音状态，民警在遇到突发情况时只需长按摄像键即能开启执法录音录像。

执法记录仪规范佩戴和使用方法如下：

（1）执法过程中执勤民警均应使用执法记录仪全程进行同步录音录像，客观、真实地记录具体执法工作情况及相关证据。

（2）按照"谁使用、谁保管、谁负责"的原则，执法记录仪使用人员应当及时检查执法记录仪的电池容量、内存空间，保证执法记录仪正常使用，并定期进行保养维护。

（3）使用前检查，机器外观无破损，屏幕无裂缝。使用人长按开关机键，打开执法记录仪，查看执法记录仪屏幕，检查时间、日期、电量显示、分辨率、内存量。

（4）执法记录仪应当佩戴在左肩部或者左胸部等有利于取得最佳声像效果的位置。一般将执法记录仪卡子卡在警服上衣左肩章下，也可卡在左胸前口袋处。在现场执法取证时，可以手持执法记录仪进行摄录。

（5）按下摄像键，听到提示音确认录制开始后开始使用。使用完毕后，再次按下摄像键，听到提示音确认录制结束并关机。

现场警戒具的使用

三、工作任务实施

（一）工作情境描述

民警A今日起床迟了，胡乱吃了点早餐就匆匆赶到罪犯劳动习艺场所。民警A今天是白班，工作任务是现场巡查。民警A佩戴好单警装备后却找不到执法记录仪，无奈只好先到现场巡查。在罪犯劳动习艺现场巡查过程中，发现罪犯王某在缝纫机上踩鞋垫，即上前询问有无审批手续。罪犯王某未起立，坐着沉默不语。民警A责令罪犯王某起立回答，王某不理并用一副不屑的眼光看着民警A。民警A非常生气，并大声呵斥："给我站起来！"罪犯王某懒洋洋站了起来，口中嚷嚷："没钱买鞋垫就自己拿了点废料踩踩，有什么大不了的。"民警A对罪犯王某大声训斥："没钱买鞋垫就可以私自做了？一点规矩都不懂。"罪犯王某继续嘟囔："你就看我不顺眼！就踩个鞋垫也大惊小怪的。你有本事就把我关禁闭啊！"民警A火气更是上来："你说什么?! 要关禁闭去？"罪犯王某声音响起来："关就去关嘛！你关呀！"民警A一把将罪犯王某从机位上拉起来："不要敬酒不吃吃罚酒!"这时，罪犯王某情绪激动并用手用力推开民警 A。民警 A 气愤不已："你还吃了豹子胆了！敢顶撞管教，还对抗执法！"随即从单警装备中迅速取出电警棍对罪犯王某进行电击，罪犯王某故意大声喊叫："你们看！你们看！民警打人啦！民警打人啦！"劳动习艺现场顿时一片混乱。面子下不来的民警 A 对罪犯王某说："好！你等着！"随即离开。后分监区长和管教员迅即赶往现场，用背拷将罪犯王某强行带离现场。经审批，王某被高度戒备管理 3 个月。

试问：民警 A 在现场执法中的处置是否得当？该案例中的警戒具使用是否符合相关规定？正确的现场处置方法应该是怎样的？

（二）工作任务目标

1. 了解并熟知警戒具使用规范。

2. 熟练规范佩戴单警装备。

3. 知晓执法记录仪的规范佩戴方法和相关的使用规定。

（三）工作流程与活动

活动 1：任务确立（课前自学）。

活动 2：问题解答——对工作任务导入问题 1~3 和工作情境描述的问题作答。

活动 3：模拟执勤——规范佩戴单警装备，包括执法记录仪的规范佩戴和使用。

活动 4：评价与总结——教师评价和警用装备行业专家作现场指导及疑问解答。

项目五　现场突发事件应急处置

一、工作任务导入

1. 涉案罪犯基本情况。罪犯杜某，男，1975 年出生，曾因犯非法持有毒品罪被判处有期徒刑 3 年 6 个月，2009 年因盗窃罪被判处有期徒刑 11 年。

罪犯李某，男，1980 年出生，曾 2 次因犯诈骗罪分别被判处有期徒刑 2 年和 2 年 6 个月，2008 年因犯合同诈骗罪被判处有期徒刑 10 年。

罪犯胡某，男，1984 年出生，曾 2 次因犯盗窃罪分别被判处有期徒刑 1 年 2 个月和 2 年 6 个月，2012 年又因犯盗窃罪被判处有期徒刑 6 年。

2. 案件发生经过。2013 年 2 月 1 日，某省某监狱五监区干警胡某、陈某和顾某 3 人带领 125 名罪犯在车间劳动。21 点 55 分收工时，干警胡某检查劳动现场发现有部分废纸箱没有清理干净，就询问罪犯组长杨某："现场没有清理干净谁让你们收工的？"这时，罪犯杜某在队列中喊道："胡警官，是你让收工的，怕收晚了生活区门锁了进不去。"在场的干警陈某让杜某闭嘴，杜某不听并开始语言顶撞干警陈某，态度十分嚣张。杜某看干警陈某向其走近，就边喊"干警打人了"，边向陈某扑去，并向陈某脸上打了两拳，腿上踢了一脚。此时站在队尾的罪犯李某也冲向干警陈某，并朝陈某脸上打了两拳，致使陈某鼻子出血。罪犯队列开始混乱，杜某等十几名罪犯将干警陈某围在中间，对其拳打脚踢。

干警胡某上前将罪犯和干警分开，并喝令罪犯蹲下，让干警顾某整队集合，将罪犯带回监舍。监区对杜某等罪犯殴打干警事件进行调查，罪犯杜某、李某继续起哄顶撞干警，致使调查无法进行，在请示监狱后将二犯禁闭。后经医院诊断干警陈某颅脑软组织挫伤、脸部软组织挫伤。

3. 案件处理结果。案件终结后，经法院审判，罪犯杜某、李某、胡某 3 人分别以破坏监管秩序罪被判处有期徒刑 1 年 6 个月、1 年 3 个月和 9 个月。

4. 原因及教训。

第一，干警防范意识较差。本次事件的发生，反映了干警对复杂的狱情和犯情缺乏深刻了解和掌控，敌情观念淡薄，没有充分认识到狱内斗争的尖锐性和复杂性。

第二，干警处置突发事件能力不强。面对出现的突发情况，干警应急处置能力弱化，对狱情处置不当，未能及时启动应急预案，降低了现场处置效力。同时，个别干警对罪犯中出现的问题，缺乏处置措施，导致其他罪犯围攻，场面一度混乱，由单个事件演变为群体事件。

第三，监区劳动时间安排不妥。本案发生的时间接近 22 时，其他监区都已经收工，只剩该监区 3 名干警带领 100 余名罪犯劳动，从时间上不利于干警管控。

二、知识准备

（一）突发事件范围的界定

监狱突发事件是指监管改造罪犯过程中所发生的突发"事件"，并没有一个十分明确的规定，但是，从实际工作来看，可以认为，凡是对社会安全、监狱安全，威胁公民、监狱工作人员和服刑罪犯生命安全的，给监狱监管工作带来影响的，统称为"事件"。

突发事件是监管场所源自罪犯自身、监管设施、民警管理及狱外环境存在的隐患或诸多因素共同作用导致出现监管秩序受到损害的危险事故，或造成不稳定状态。狱内突发事件是不可预见的，如果防范不到位、处置不及时，不但会造成重大人身财产损害，而且会造成重大社会影响，给监管工作带来严重破坏力。

（二）处置事件的法律依据

狱内突发事件的发生，应如何处置，在法律、法规上作了一定的规范，如《监狱法》第 41 条规定，监狱的武装警戒由人民武装警察部队负责；第 42 条规定，监狱发现在押罪犯脱逃，不能即时抓获的，应当立即通知公安机关，由公安机关负责追捕；第 44 条规定，监区、作业区周围的机关、团体、企事业单位和基层组织，应当协助监狱做好安全警戒工作。这些条款虽然并没有从法律上明确各部门的法定职责、任务和工作程序。但实际上是监狱处置"事件"的法律依据。

（三）突发事件处置的要求

监狱关押着人员密集的罪犯，犯情复杂多变，暗流涌动，罪犯常常会因矛盾而引发冲突，也有罪犯为了达到某种目的，采取极端的方式，这些行为都给监狱安全稳定造成了极大的破坏，可谓危险就在身边，突发事件随时可能发生。所以进入监管区域执勤就是进入战斗状态。

1. 切实提高思想认识。要紧紧围绕打造"世界上最安全监狱"的目标，以"时时放心不下"的责任感，牢固树立底线思维，不断强化风险防范意识，全面提升监狱应急处置水平，切实把应急处置能力建设作为全面深化信息化实战指挥体系建设和不断深化监狱系统"强素质、树形象"主题活动的重要举措。

2. 广泛开展学习培训。要加强对现场执勤、联勤指挥部和内部应急部门工作人员的教育培训、宣传指导和考核，做到全警动员、全员掌握。特别要加强对联勤指挥部各岗位人员的培训，不断提升应对突发情况的应急指挥能力和综合协调能力。

3. 常态开展处置演练。要以实战为导向，坚持平战结合，采用各层面处置力量分练与合练相结合的方式，分层分级常态化开展应急处置演练，并建立起应急演练长效工作机制。以常态化的训练来打造一支处突不惊、忙而不乱、来之能战、战之能胜的实战队伍，不断提升应急处置能力。

4. 高效整合处置力量。要打破部门间的壁垒，理顺权属职责，实现内部应急力量的高效整合，努力将"局部应对"转化为"整体应对"。深化与武警、公安、消防、医院等外部力量的联防联控，切实打造联勤联动、合力处置的应急力量。

5. 全力提升保障水平。要围绕"队伍、装备、保障"三个要素，选优配强指挥队伍，配齐配强工作专班，进一步加强防暴（特警）队建设和狱内快速反应机制建设，配备必要的应急装备，努力提升应急处置综合保障水平。

（四）处置要点和处置流程

1. 开机。突发事件现场，首先要打开执法记录仪，全程录音录像。

2. 喝止。大声呼喊，命令罪犯停止违规违法行为，呼喊现场其他人员一同制止。如："请停止你的违规行为！""大家都别靠近！"

3. 报警。监管场所报警的方式：

（1）对讲机；

（2）报警按钮；

（3）警用工作手机。

报警要点：四要素（时间、地点、人物、事件），如："报告指挥中心，××监区××分监区××监舍或××号厂房，发生两名罪犯劫持一名罪犯事件"。

报警的作用：让监狱指挥中心实时关注事态发展，监狱联勤指挥部启动应急预案，多部门协同作战，多部门配合，安排警力支援，对监狱大门、围墙警戒作出安排。

4. 管控。稳定现场秩序，控制现场事态发展。主要有警戒、稳控、疏散。

（1）警戒。现场民警保持戒备状态，等待增援。

（2）稳控。稳定控制，具体做法如下，

a. 警告用词：目的是告诫歹徒停止违规违法行为，其实也是喝止；

b. 缓解情绪：稳定情绪，了解情况，转移对方注意力；

c. 正面响应：对其提出问题和要求，正面回应，不回避；

d. 指明出路：告知对方听从劝告，停止违法违规行为，接下来应该怎么做；

e. 告知后果：继续这么做的后果，再次告诫停止违规行为；

当然上述各个步骤，可以前后调整，其中一步完成了，下一步就不需要了。但只要没有制止成功，过程中这些步骤都要有。

（3）疏散。疏散现场无关人员，便于现场处置，不伤及其他。

5. 善后。证据固定，隔离审查，有受伤的及时安排就医，商议处理方法，化解矛盾，谈话教育。

现场突发事件应急处置

三、工作任务实施

（一）工作情境描述

1. 罪犯基本情况。罪犯邵某，男，初中文化，1997 年 9 月 15 日生，贵州省毕节市人，抢劫罪，原判 2 年 6 个月，2016 年 3 月 23 日入监。

2. 案件发生经过。2017 年 3 月 26 日中午 11 时 30 分许，某省某监狱一监区四分监区罪犯金某在收工站队过程中动手拍了同犯邵某一下，邵某以为是开玩笑并没有在意，后金某趁邵某不注意又用手拍打了邵某头部一下，邵某遂心生愤恨。

中午 12 时 40 分，分监区出工后，邵某因怀恨在心，以修机器为由向分监区机修工借得一字螺丝刀一把，冲到金某身后使用螺丝刀向金某刺去，造成金某肩领部 0.5 厘米宽创口，后被边上同犯及时制止。

2017 年 4 月 10 日，经司法鉴定，金某损伤程度构成轻伤二级。

（1）针对两犯在收工过程中的行为，作为现场民警，应该如何处理？

（2）出工后，发生行凶行为，作为现场民警应如何处置？

（二）工作任务目标

1. 掌握罪犯现场组织要点。

2. 掌握现场罪犯发生争吵、争执等突发事件的处置、矛盾化解的能力。

3. 熟悉现场突发事件处置的要点和流程。

（三）工作流程与活动

活动 1：任务确立（课前自学）。

活动 2：讨论和解答——①对工作任务导入案例进行讨论如何防范和突发事件。②对工作情境描述的问题作答。

活动 3：方案制订——现场突发事件处置要点和流程。

活动 4：评价与总结——教师评价和行业专家指导（课后拓展）。

参考文献

1. 吴丙林、王定辉主编：《狱政管理学》，法律出版社 2022 年版。

2. 廖土生主编：《分监区标准化建设实务》，上海交通大学出版社 2017 年版。

3. 唐新礼主编：《狱政管理》，法律出版社 2020 年版。

4. 万安中、李忠源主编：《狱政管理》，中国政法大学出版社 2011 年版。

5. 房玉国：《北京监狱狱政管理实务》，中国财政经济出版社 2013 年版。

6. 王泰主编：《新编狱政管理学》，中国市场出版社 2005 年版。

7. 乔成杰主编：《监狱执法实务》，化学工业出版社 2012 年版。

8. 应朝雄编著：《监狱分监区工作实务》，中国政法大学出版社 2006 年版。

9. 应朝雄主编：《监狱管理基础规程》，法律出版社 2009 年版。

10. 曾小滨等：《监狱刑罚执行法律理论与实务》，中国政法大学出版社 2010 年版。

11. 严浩仁主编：《监狱执法岗位职责规范》，上海交通大学出版社 2018 年版。

12. 郭明主编：《监狱学基础理论》，中国政法大学出版社 2015 年版。

13. 汪勇主编：《监狱刑务处理实务》，华中科技大学出版社 2011 年版。

14. 刘向红编著：《罪犯改造工作概述和业务流程》，新疆科学技术出版社 2015 年版。

15. 戴国牛主编：《监狱管理实务工作手册——监狱民警职工岗位工作标准》，法律出版社 2013 年版。

16. 李福全主编：《监狱民警执法质量评估》，法律出版社 2008 年版。

17. 王志亮：《外国刑罚执行制度研究》，广西师范大学出版社 2009 年版。